Steven J. Jensen

Die menschliche Person

Eine thomistische Psychologie für Anfänger

EDITIONES SCHOLASTICAE

Steven J. Jensen

Die menschliche Person

Eine thomistische Psychologie für Anfänger

Aus dem Amerikanischen übersetzt von
Rafael Hüntelmann

Bibliographic information published by Deutsche Nationalbibliothek
The Deutsche Nationalbibliothek lists this publication in the Deutsche Nationalbibliographie; detailed bibliographic data is available in the Internet at http://dnb.ddb.de

Originally published in English as
The Human Person. A Beginner's Thomistic Psychology

This edition published by arrangement with
The Catholic University of America Press
in conjunction with their duly appointed agent
Agence Deborah Druba, Paris, France.

53819 Neunkirchen-Seelscheid
www.editiones-scholasticae.de

ISBN 978-3-86838-227-3

2020

Printed on acid-free paper

Printed in Germany
by CPI Buchbücher.de GmbH

Für Rachel, Sam und Sarah

Studium philosophiae non est ad hoc quod sciatur quid homines senserint, sed qualiter se habeat veritas rerum.

Thomas von Aquin, De caelo et mundo, I, 22

In memoriam
Thomas E. Jensen (1929–2014)

Ad perfectam beatitudinem requiritur quod intellectus pertingat ad ipsam essentiam primae causae. Et sic perfectionem suam habebit per unionem ad Deum sicut ad obiectum, in quo solo beatitudo hominis consistit.

Thomas von Aquin, Summa theologiae, I-II, 3, 8

Danksagung

Ich möchte allen danken, die mir bei diesem Buch geholfen haben. Zwei anonyme Gutachter haben wertvolle Vorschläge gemacht. Meine Frau Christine und meine Tochter haben den Text aufmerksam gelesen und korrigiert. Auch schätze ich Anne Needhams hilfreiche Vorschläge und aufmerksame redaktionelle Bearbeitung des Manuskripts. Überdies bin ich Kenny Phillips und meinem Sohn Louis dankbar für ihre Hilfe bei Kapitel 10. Für das schöne Titelbild schulde ich Rebecca Schreiber von Kachergis Book Designs Dank. Schließlich möchte ich allen beim Verlag Catholic University of America Press danken, die dieses Projekt realisiert haben, besonders John Martino, Trevor Lipscombe, Theresa Walker und Brian Roach.

Abkürzungen

ST Thomas von Aquin, *Summa theologiae (Summe der Theologie)*

SCG Thomas von Aquin, *Summa contra Gentiles (Summe gegen die Heiden)*

QDV Thomas von Aquin, *Quaestiones disputatae de veritate (Über die Wahrheit)*

QDM Thomas von Aquin, *Quaestiones disputatae de malo (Über das Böse)*

QDA Thomas von Aquin, *Quaestiones disputatae de anima (Über die Seele)*

DPN Thomas von Aquin, *De principia naturae (Prinzipien der Natur)*

Sppl Thomas von Aquin, *Supplement to the Summa theologiae*

In Meta Thomas von Aquin, *Kommentar zu Aristoteles'* Metaphysik

In NE Thomas von Aquin, *Commentary on Aristotle's Nicomachean Ethics*

In DA Thomas von Aquin, *Die Seele. Erklärungen zu den drei Büchern des Aristoteles* Über die Seele

Meta Aristoteles, *Metaphysics / Metaphysik*

DA Aristoteles, *De anima / Über die Seele*

EN Aristoteles, *Nicomachean Ethics / Nikomachische Ethik*

Inhalt

Einführung

Ein ungeprüftes Leben ist nicht lebenswert.
Sokrates

„Erkenne dich selbst." Dieser Aufruf, der uns aus dem antiken Griechenland erreicht und dem Philosophen Sokrates zugeschrieben wird, ist heute dringender als in früheren Zeiten. Wir haben vergessen, wer wir sind. Wir verkünden entschlossen, dass wir keine menschliche Natur hätten. Wir seien nichts weiter als eine komplizierte Ansammlung von Chemikalien, ein kosmischer Unfall gewissermaßen, der zufällig auf etwas gelandet ist, das wir Bewusstsein oder Bewusstheit nennen und das Vergnügen und Schmerz mit sich bringt. Wir können hoffen, dass wir etwas Vergnügen haben werden und so viel Schmerz wie möglich vermeiden können. Wir sollten nur wenig mehr vom Leben erwarten.

Sokrates warnt uns davor, dass wir, wenn wir uns selbst nicht erkennen lernen, arroganterweise glauben werden, dass wir mehr wüssten, als es tatsächlich der Fall ist. Indem der Mensch sich selbst erkennt, so Sokrates, lernt er zu verstehen, was er weiß und was er nicht weiß. Wenn wir die Selbsterkenntnis ignorieren, dann sind wir dazu verdammt zu glauben, dass unsere Ignoranz Wissen sei. Die schlimmste Art arroganter Selbstherrlichkeit gibt sich als Demut aus. „Ich weiß jetzt", verkündet der Mensch, „dass Vernunft zu keiner Wahrheit führen kann. Ich bin besser als andere, weil sie glauben, etwas selbst zu wissen. Ich weiß es besser. Ich weiß, dass Wissen unmöglich ist." Sokrates nannte diese Arroganz *Misologie*, den Hass auf die Vernunft. Heute nennen wir sie Skeptizismus.

Indem wir uns selbst verstehen lernen, erkennen wir, dass die Vernunft nicht zu hassen ist. Wir haben einen Verstand, mit dem wir die Wahrheit begreifen können. „Ich kann nichts wissen", ist der Schrei von jemandem, der in der Dunkelheit steht. „Ich kann die Wahrheit entdecken", das ist der Schrei von jemandem, der das Licht sieht und die Hand ausstreckt, um es zu erfassen. Die Wahrheit kann erreicht werden, aber der Weg dorthin ist mit Schwierigkeiten und Irrtümern behaftet. Sokrates bietet einen Leitfaden, um den Weg zu festigen: Erkenne dich selbst.

Moderne Philosophen wie John Locke und David Hume haben, indem sie den menschlichen Geist auf eine Sammlung von Bildern reduzierten, das Wichtigste im menschlichen Geist aus dem Auge verloren. Sie verkannten die Macht, ohne Bilder zu erkennen, die Macht, die Natur der Dinge zu erfassen; sie verloren die Macht der Vernunft. Diese Macht ist immer tiefer unter der Bilderflut der fortgeschrittenen Technologien begraben worden. Man führt uns hin zu der Annahme, dass das, was wir uns nicht vorstellen können, nicht existiere. Wir haben gelernt, wie Sokrates meint, die Vernunft zu hassen und stattdessen die rein tierische Kraft der Vorstellungskraft zu schätzen.

Wenn man sich den Menschen ohne den Funken der Wahrheit in ihm vorstellt, wird er zu einer bloßen Ansammlung konkurrierender emotionaler Wünsche. Wenn wir uns so begreifen, wie Locke oder Hume es getan haben, bleibt uns nur noch die Suche nach Vergnügen und die Flucht vor dem Schmerz, aber nicht mehr viel mehr. Wir werden zu nichts weiter als Unmenschen, wie es scheint. Als solche können wir als Rüpel behandelt werden. Das zwanzigste Jahrhundert, berühmt für seine vollmundigen Menschenrechtserklärungen, war berüchtigt für seine brutale Missachtung der Menschenwürde. Es hatte diese Würde aus den Augen verloren, nachdem es zuerst die menschliche Natur aus den Augen verloren hatte.

Der Philosoph Boethius definiert eine Person als ein Individuum rationaler Natur. Ein Mensch ist eine Person, weil er ein Individuum ist und eine rationale Natur hat. Eichhörnchen sind keine Personen. Obwohl sie Individuen sind, haben sie keine rationale Natur. Bestimmte moderne Auffassungen haben den Menschen seines rationalen Charakters und damit auch seines besonderen Charakters als einzigartiges Individuum beraubt. Menschen haben aufgehört, Personen zu sein, und sind zu bloßen Exemplaren der Spezies geworden, die von ihren Sinnen und nicht vom individuellen Licht ihrer eigenen Vernunft geleitet werden. Wenn wir menschliche Personen wirklich verstehen wollen, müssen wir ihre besondere Kraft der Vernunft verstehen.

Die antike Forderung des Sokrates, heute nur noch schwach vernommen inmitten dreister Verlautbarungen, dass der Mensch sich selbst schaffen müsse, spricht uns auch heute noch an. Wir ignorieren sie auf eigene Gefahr. Der Mensch steht vor einer schweren Entscheidung. Erkenne dich selbst, oder geh zugrunde. Wir müssen unsere menschliche Natur und unsere Fähigkeit, die Wahrheit der Welt um uns herum zu begreifen, wiederentdecken. Dadurch werden wir einen göttlichen Funken in uns wiederentdecken. Wir werden entdecken, dass wir nicht einfach eine Ansammlung konkurrierender Wünsche sind. Wir sind, zusammen mit anderen, zu einem höheren Gut berufen.
Für diese Wiederentdeckung können wir keinen besseren Wegweiser aufsuchen als Thomas von Aquin (1225–1274), dessen Schriften nach acht Jahrhunderten noch mit Klarheit und Einsicht sprechen. Manchmal wird uns vorgegaukelt, das Mittelalter von Thomas von Aquin sei eine Zeit der Finsternis gewesen, in der das menschliche Forschen und der Gebrauch der Vernunft unterdrückt worden seien. Die Wahrheit ist ganz anders. Die Menschen im Mittelalter hatten größeres Vertrauen in die menschliche Fähigkeit, die Wahrheit zu entdecken, als wir in unserem Zeitalter des zynischen Skeptizismus. Die Vernunft konnte keinen größeren Verteidiger finden als den bescheidenen Thomas von Aquin, der erklärte, dass die Wahrheit fest in den Argumenten der Vernunft begründet sein müsse. Thomas von Aquin glaubte, dass selbst Glaubenswahrheiten, die über die Macht der Vernunft hinausgehen und die eher von der Theologie als von der Philosophie untersucht werden, immer noch mit der Vernunft konsistent sind.

Thomas war unermüdlich auf der Suche nach der Wahrheit. Er suchte eifrig nach neuen Manuskripten, die sein scharfer Verstand verzehrte und speicherte. Er schrieb ohne Unterlass. Man nimmt an, dass er drei bis fünf Sekretären auf einmal diktierte, wobei jeder sein Diktat für ein separates Buch aufschrieb, da er drei bis fünf Bücher auf einmal schrieb. Dennoch schrieb Thomas nicht, um seinen eigenen Namen herauszustellen. Er bezog sich selten auf sich selbst, und er akzeptierte demütig Korrekturen von anderen. Am Ende sagte er, alles, was er geschrieben habe, sei wie

Stroh, verglichen mit dem, was Gott ihm offenbart habe. Aus diesem „Stroh“ können wir viel über unsere menschliche Natur lernen.
Thomas von Aquin wird manchmal als engelgleicher Lehrer bezeichnet, weil er so viel über die Natur der Engel schrieb. Er schrieb jedoch noch viel mehr über den Menschen. Mit ihm als Führer können wir uns auf den Weg der Wiederentdeckung begeben. Wir werden versuchen, die menschliche Natur zu entdecken, indem wir untersuchen, was Menschen tun. Durch menschliches Handeln lernen wir menschliche Kräfte oder Fähigkeiten zu verstehen, und indem wir unsere Kräfte verstehen, lernen wir die Natur zu verstehen, die ihnen zugrunde liegt.

In unserem Zeitalter sind wir zu Skeptikern geworden, weil wir zu der Überzeugung gelangt sind, dass das, was in unseren Köpfen ist, nichts mit einer Welt jenseits unseres Verstandes zu tun habe. Wenn wir in unsere menschliche Natur eindringen, wird es wichtig sein, einen Geist zu entdecken, der nicht in sich selbst verschlossen ist, sondern auf die Außenwelt blickt. Es wird auch wichtig sein, unsere menschlichen Sehnsüchte zu entdecken, damit wir mehr als ein Sammelsurium von Vergnügungssucht und Schmerzvermeidung erkennen können.

Das Streben nach der Wahrheit über die menschliche Natur ist also ein Streben nach dem, was man Psychologie genannt hat, d.h. nach der Untersuchung des menschlichen Geistes. Heute hat der Begriff „Psychologie“ einen begrenzteren Bedeutungsradius. Er ist einem Zweig dessen vorbehalten, was wir die Wissenschaften nennen. Ursprünglich bezog sich „Psychologie“ jedoch – wie alle Wissenschaften – auf einen Zweig der Philosophie. In der Tat bedeutet die aus dem Griechischen stammende Wurzel des Wortes „Studium der Seele“. Die moderne Wissenschaft möchte immer noch das Bewusstsein studieren, aber sie möchte sich von der Seele distanzieren. Unser Streben nach der Wahrheit der menschlichen Natur wird sich in das menschliche Bewusstsein vertiefen, aber die Seele nicht vernachlässigen. Wir werden entdecken, dass die Seele viel mehr als nur ein Bewusstsein ist. Das Studium der Seele bedeutet in der Tat ein Studium der ganzen menschlichen Person.

Im Titel dieses Buches findet sich das, worauf sich unser Hauptaugenmerk richtet: die menschliche Person. Wir versuchen, die menschliche Natur zu verstehen. Dieses Verständnis könnte man als eine Psychologie beschreiben – eine Studie der Seele –, denn die menschliche Natur wird am klarsten durch die Seele bestimmt. Darüber hinaus suchen wir unser Verständnis aus dem Denken Thomas von Aquins zu gewinnen, so dass man es als „thomistisch" bezeichnen kann. Schließlich ist dieses Buch für Anfänger gedacht. Es soll Anfängern nur einen Ausgangspunkt geben, von dem aus sie anderen Schriften nachgehen können, wenn sie wollen. Um unsere Aufmerksamkeit darauf zu lenken, werden wir die Vielfalt der umstrittenen Interpretationen von Thomas von Aquin nicht untersuchen. Soweit möglich, werden wir das Unumstrittene präsentieren. Wenn wir seine Prinzipien zur Lösung zeitgenössischer Probleme anwenden, werden wir manchmal gezwungen sein, über das hinauszugehen, was Thomas selbst ausdrücklich sagt.

Das Buch wird mit einer Untersuchung der Sinne beginnen, von denen – so denkt Thomas – unser gesamtes Wissen ausgeht. Das grundlegende Verständnis der Empfindung, das in Kapitel 2 vermittelt wird, wird es uns ermöglichen, in Kapitel 3 einige der skeptischen Sorgen der modernen Philosophie anzusprechen. Kapitel 4 befasst sich mit dem, was Thomas von Aquin die inneren Sinne nennt, d.h. mit geistigen Fähigkeiten wie Vorstellungskraft, Gedächtnis und Instinkt. Kapitel 5 befasst sich mit den Emotionen, die wir „Kräfte des Begehrens" nennen werden; im Gegensatz zu den Sinnen, die die Welt um uns herum erkennen, reagieren die Emotionen auf die Welt. Nachdem wir den menschlichen Geist so weit untersucht haben, wenden wir uns in den Kapiteln 6 bis 8 dem so genannten Leib-Seele-Problem zu. Kapitel 6 befasst sich mit der Auffassung des reduktiven Mechanismus, während Kapitel 7 die Idee des Dualismus einführt. Thomas von Aquin selbst lehnt jedoch die Dichotomie von Geist und Körper ab, wie in Kapitel 8 deutlich werden wird. Das, was wir über Menschen im Kapitel 8 diskutieren, könnte man genauso gut von Tieren sagen. Der Rest des Buches untersucht, was dem Menschen eigen ist, vor allem die Vernunft (in den Kapiteln 9 und 10) und den Willen (in den Kapiteln 12 bis 14). Kapitel 11 verwendet das, was über die Vernunft herausgearbeitet worden ist, um die Frage der Unsterblichkeit der Seele zu behandeln, und Kapitel 15 berührt den Sinn des menschlichen Lebens.

Die Verweise auf Thomas von Aquin in den Fußnoten führen den Leser zu Texten von Thomas, die sich mit den diskutierten Ideen befassen. Die meisten dieser Zitate stammen aus der *Summa theologiae*, einem Werk, das in der Weise der „Disputation" geschrieben wurde, wie auch viele andere Schriften des Aquinaten. Diese Methode untersucht ein Thema (als „Frage" bezeichnet), indem es in mehrere speziellere Fragen (etwas verwirrend als „Artikel" bezeichnet, denn etwas zu artikulieren bedeutet, seine Teile in der richtigen Reihenfolge darzustellen) zerlegt wird. Jeder Artikel (oder jede einzelne Frage) beginnt mit Einwänden gegen die Ansicht des Autors (d.h. Thomas). Der Artikel stellt dann eine kurze Erklärung des Autors vor (genannt „sed contra" oder „im Gegenteil"). Als Nächstes geht er auf das Argument des Autors für seine eigene Ansicht (genannt „Antwort" oder „Körper") ein. Schließlich schließt es mit Antworten auf die anfänglichen Einwände.

Zitate zur *Summa* bestehen aus drei oder vier Elementen. Das erste Element ist eine römische Zahl oder eine Kombination aus römischen Zahlen: I, I-II, II-II oder III. Dieses Element bezeichnet den jeweiligen Teil der *Summa*, entweder den ersten Teil (I), den ersten Teil des zweiten Teils (I-II), den zweiten Teil des zweiten Teils (II-II) oder den dritten Teil (III). Das zweite Element, bestehend aus einer arabischen Ziffer, bezieht sich auf die Frage innerhalb des Bandes. Das dritte Element ist eine weitere arabische Ziffer, die sich auf den Artikel innerhalb der Frage bezieht. Schließlich besteht das vierte Element, wenn es eines gibt, aus dem lateinischen Wort ad und einer Zahl, z.B. „ad 3", die auf die Antwort des Aquinaten zu dem nummerierten Einspruch verweist. Wenn Sie zum Beispiel auf das Zitat „ST, I, q. 82, a. 2" stoßen, dann sollten Sie im ersten Teil der Summa, Frage 82, Artikel 2, nachschlagen.

Mehrere andere Werke Thomas von Aquins folgen ebenfalls dieser Disputationsform, z.B. die Disputation über die Wahrheit, die Disputation über das Böse und die Disputation über die Seele. Einige andere zitierte Werke, die nicht der Disputationsform folgen, sind die Kommentare zu den Werken des Aristoteles, die eine genaue Lektüre der Schriften des Aristoteles beinhalten. Diesbezügliche Verweise beginnen typischerweise mit einem Hinweis auf die Buchnummer innerhalb des Werkes des Aristoteles, gefolgt von einem Verweis auf die Lektion im Kommentar des Aquinaten (der Kommentar wurde in Lektionen gegeben, die eine Aufschlüsselung des Materials nach den Vorstellungen Thomas von Aquins enthielten). Manchmal enthalten diese Verweise eine bestimmte Nummer, die sich auf eine Absatznummer bezieht, die in vielen modernen Ausgaben des

Werkes erscheint. Der Verweis „In NE, bk. 1, Lektion 1" würde den Leser zum Kommentar des Aquinaten zu Aristoteles' *Nikomachischer Ethik*, Buch 1, Lektion 1, führen. Die Liste der Abkürzungen für diese Verweise findet sich zu Beginn des Buches.

Bei der Lektüre solcher Zitate sollte sich der Leser bewusst sein, dass Thomas oft nicht genau das Thema behandelt, das im Text dieses Buches diskutiert wird. Vielmehr befasst er sich mit einer anderen Frage und bringt dabei eine Definition oder eine Unterscheidung zur Sprache, die für die Diskussion in unserem Text gilt. Der Leser sollte sich diesen Texten also mit Vorsicht nähern und sich bewusst sein, dass Thomas oft ein gewisses Maß an Hintergrundwissen voraussetzt, ein Hintergrundwissen, das dem interessierten Leser oft nicht so leicht zugänglich ist.

Kapitel 2

Die Sinne

Selbst abgesehen von ihrer Nützlichkeit
werden die Sinne um ihrer selbst willen geliebt.
Aristoteles

Wie der Philosoph Aristoteles (384–322 v. Chr.) sagt, beginnt unser gesamtes Wissen mit den Sinnen. Er verweist aber auch darauf, dass wir Realitäten jenseits der Sinne verstehen können, etwa elektromagnetische Felder oder eine menschliche Seele oder sogar Gott. Dennoch haben diese tieferen Erkenntnisse ihren Ursprung in den niederen Sinnen. Nur durch die Beobachtung wahrnehmbarer Dinge können wir die Dinge verstehen, die jenseits der Sinne liegen. Kurz gesagt, die Sinnlichkeit ist der Ausgangspunkt für alles Wissen. Folglich wird sie der Ausgangspunkt für unsere Untersuchung sein. Wir tun gut daran, zuerst die Sinneseindrücke zu verstehen, bevor wir schwierigeren Dingen nachgehen, denn wenn wir mit einem Irrtum in Bezug auf die Empfindung, aus der unser ganzes Wissen stammt, beginnen, könnte es in der Folge zu weiteren Fehlern kommen.

Empfinden bedeutet, in irgendeiner Weise zu handeln. Katzen klettern auf Bäume und töten Mäuse. Sie sehen auch Mäuse, hören Mäuse und schmecken Mäuse. Klettern, Töten, Sehen und Hören sind alles Handlungen. Der Akt des Sehens ist also in gewisser Weise wie der Akt des Tötens. Zugleich ist er dem Töten sehr unähnlich. Die Klärung der Ähnlichkeiten und Unterschiede wird uns helfen zu verstehen, was Thomas über die Empfindung zu sagen hat.

Transiente Handlungen

Thomas von Aquin unterscheidet zwei Arten von Handlungen.[1] Handlungen wie das Töten, die als „transiente" (oder manchmal auch „transitive") Handlungen) bezeichnet werden, bewegen sich vom Tätigen zu einem Leidenden oder einem Subjekt, auf das eingewirkt wird. Im Gegensatz dazu bleiben Handlungen wie das Sehen, die als „immanente" Handlungen bezeichnet werden, innerhalb des Tätigen und verwandeln keinen Leidenden oder kein Subjekt, auf das eingewirkt wird. Wenn die Katze die Maus tötet, bewirkt sie eine Veränderung in der Maus. Die Handlungen des Sehens oder Hörens der Maus lassen die Maus jedoch unverändert. Letztlich möchten wir Tätigkeiten wie Sehen oder Hören verstehen, aber wir werden mit den leichter zugänglichen Tätigkeiten wie Klettern oder Töten beginnen.

Transiente Handlungen haben drei Elemente: einen Tätigen, der handelt, einen Leidenden oder ein Subjekt, auf den/das eingewirkt wird, und eine Form oder Veränderung, die herbeigeführt wird.[2] Wenn die Katze die Maus tötet, ist die Katze das Tätige, die Maus das Subjekt, auf das eingewirkt wird, und der Tod ist die Veränderung, die herbeigeführt wird. Der einfache Satz „Die Katze tötete die Maus" drückt alle drei Elemente aus. Das Subjekt des Satzes (die Katze) drückt den Tätigen aus, der handelt; das direkte Objekt (die Maus) drückt das Subjekt aus, auf das eingewirkt wird; und das Verb (töten) drückt die Veränderung von lebendig zu tot aus. Das Verb „töten" drückt die Form weniger deutlich aus als andere Verben, wie z.B. „erhitzen". In dem Satz „Das Feuer erhitzte das Wasser" drückt das Verb deutlich die Veränderung des Erhitzens aus. Weniger deutlich ist das Verb „töten" immer verbunden mit der Veränderung des Getötet-Werdens.

Bei einigen Verben drückt das direkte Objekt nicht das handelnde Subjekt aus, oder zumindest drückt es nicht nur das handelnde Subjekt aus.[3] Im

---

[1] *In NE*, bk. 1, lect. 1, 13; *In Meta*, bk. 9, lect. 8, 1862–65.

[2] *ST*, I, q. 41, a. 1, ad 2.

[3] *ST*, I, q. 37, a. 2, ad 2.

Satz „Brett baute eine Truhe" drückt das direkte Objekt (eine Truhe) nicht das handelnde Subjekt aus; es drückt vielmehr das Ergebnis der Handlung aus. Das, woraufhin gehandelt wird, ist das Holz, aus dem die Truhe gebaut ist. Dieses Holz ist das Subjekt, das sich verändert, und die eingeführte Veränderung ist eine bestimmte Ordnung oder Struktur. Die Truhe, die das Holz zusammen mit einer bestimmten Ordnung darstellt, ist mehr als der Gegenstand, auf den eingewirkt wird; sie ist das Ergebnis der Handlung.

Das Ergebnis einer Handlung ist die Kombination aus der Veränderung und dem Gegenstand, auf den eingewirkt wird: Es ist heißes Wasser oder eine tote Maus. Typischerweise wird das Ergebnis durch die Kombination des Verbs und des direkten Objekts ausgedrückt, auch wenn das Ergebnis von „heißem Wasser" durch „erhitztes Wasser" ausgedrückt wird. Bei dem Verb „bauen" hingegen drückt das direkte Objekt selbst das Ergebnis aus, und das Subjekt, auf das eingewirkt wird, ist nur eine Komponente des Ergebnisses. Auch in dem Satz „Anna zeichnet ein Bild" drückt das direkte Objekt (ein Bild) das Ergebnis der Handlung aus, das ein Subjekt (Papier) zusammen mit einer Form oder Veränderung (bestimmte geordnete Formen) ist.

Drei Charakteristika transienter Handlungen

Wir können also eine transiente Handlung als eine Handlung definieren, die bei einem Leidenden eine gewisse Veränderung hervorruft. Bevor wir untersuchen, inwiefern immanente Handlungen davon verschieden sind, werden wir drei wesentliche Merkmale transienter Handlungen betrachten. Erstens macht der Handelnde den Leidenden bzw. den „Behandelten" sich selbst ähnlich. Zweitens handelt der Tätige mit irgendeiner Form oder Aktualität. Drittens steuert die Handlung des Tätigen auf ein endgültiges Ziel oder einen Zweck zu.[4]

Manchmal ist es offensichtlich, dass der Tätige den Leidenden sich selbst ähnlich macht. Das Feuer ist heiß, erhitzt das Wasser, „macht" das Wasser

---

[4] First feature: ST, I, q. 6, a. 1; second feature: ST, I, q. 5, a. 5; third feature: ST, I, q. 2, a. 3; I-II, q. 1, a. 2.

heiß. Eine Katze, die Kätzchen zeugt, bewirkt etwas, das ihr ähnlich ist. Wenn die Billardkugel auf eine andere trifft, verleiht die sich bewegende Kugel der anderen eine Bewegung. Im letzteren Beispiel ist zu beachten, dass die ruhende Kugel auch auf die bewegte wirkt, indem sie ihr etwas von ihrer eigenen Ruhe verleiht, so dass die ruhende Kugel wie die bewegte wird, zumindest indem sie sich weniger schnell (oder vielleicht in die entgegengesetzte Richtung) bewegt.

Bei anderen Tätigkeiten ist nicht sofort klar, wie das Tätige das Leidende sich selbst ähnlich macht. Die Katze lebt, und doch tötet sie die lebendige Maus. Brett ist natürlich nicht wie die Truhe, die er baut. Im letzteren Fall können wir jedoch sehen, dass Brett etwas in sich trägt, das der Wirkung gleicht, die er hervorbringt, denn er hat eine Vorstellung von der Truhe und er macht aus Holz etwas, das dieser Vorstellung entspricht.[5] Menschliche Handlungen passen oft in dieses Muster. Wir haben eine Idee, und wir verändern die Dinge um uns herum, damit sie der Idee entsprechen. Anna hat zum Beispiel das Bild eines Pferdes im Kopf, und wenn sie zeichnet, verändert sie das Papier so, dass es diesem geistigen Bild ähnelt.

Ähnliches könnte in Bezug auf die Katze gesagt werden. Die Katze hat eine Vorstellung davon, wie die Maus sein soll – vielleicht nicht gerade eine Vorstellung davon, dass sie „tot" ist, sondern eher, dass sie unbeweglich ist oder etwas Ähnliches –, und die Katze bringt diese Veränderung in der Maus hervor. Bei bewusst Handelnden kann der Tätige, wenn er den Leidenden sich selbst ähnlich macht, diesen nicht wie sein physisches Selbst machen, sondern wie eine Idee in seinem Geist.

Es ist jedoch noch lange nicht klar, dass der Tätige den Leidenden immer sich selbst ähnlich macht. Denken Sie an ein Feuer, das Wachs schmilzt und Ton härtet. Das Feuer selbst scheint weder weich noch hart zu sein, und doch bewirkt es diese gegensätzlichen Effekte bei zwei verschiedenen Dingen. Auf welche Weise macht es also das Wachs und den Ton wie sich selbst?

Wir müssen zwischen einer primären Wirkung eines Tätigen (auch als direkte Wirkung bezeichnet) und einer sekundären Wirkung (auch als

[5] *ST*, I, q. 44, a. 3, ad 1.

indirekte Wirkung bezeichnet) unterscheiden. In erster Linie erhitzt das Feuer. In zweiter Linie macht es weich und es härtet. Es bringt direkt Wärme hervor, die in der Tat ihr selbst ähnlich ist. Sobald die Wärme in das Wachs und in den Ton eingebracht wird, treten die sekundären Effekte des Weichwerdens und Härtens ein. Dies geschieht indirekt, durch die Wärme.

Wenn ein Tätiges das Leidende sich selbst ähnlich macht, so tut es das (oder muss es tun) nur im Hinblick auf die primäre Wirkung.[6] Sekundäre Wirkungen können vielfältig und unterschiedlich sein, ganz verschieden vom Tätigen. Die weiße Billardkugel überträgt die Bewegung in die ruhende Acht, die dann auf den Boden springt und zersplittert. Die weiße Kugel macht die Acht in Bezug auf die Bewegung wie sich selbst, aber der Sekundäreffekt (das Zersplittern) findet keine Entsprechung in der weißen Kugel.

Der erste Aspekt transienter Tätigkeiten – dass das Tätige das Erleidende sich selbst ähnlich macht – hilft uns, den zweiten Aspekt zu erkennen: dass das Tätige in irgendeiner Form handelt. Das Feuer erhitzt sich, indem es zunächst heiß ist; die weiße Kugel bewegt sich, indem sie sich zunächst in Bewegung setzt; die Katze zeugt Kätzchen, indem sie zunächst eine Katze ist; und der Handwerker baut die Truhe, indem er sich zunächst eine Vorstellung davon macht.

Der Grundgedanke dabei ist, dass ein Tätiges nichts geben kann, was es nicht selbst hat.[7] Ich kann Ihnen keine Million Dollar geben, wenn ich nicht eine Million Dollar habe. Das Feuer kann keine Wärme abgeben, wenn es nicht zuerst Wärme hat. Was das Tätige selbst gibt, ist die primäre Wirkung, und es muss etwas besitzen, durch das es diese Wirkung gibt. Bei sekundären Wirkungen verhält es sich anders. Das Tätige muss nichts besitzen, was den sekundären Wirkungen entspricht. Das Feuer muss nicht weich und es muss nicht hart sein; es muss nur heiß sein. Sekundäre Wirkungen entstehen nicht durch das Tätige, sondern durch die primäre Wirkung.

---

[6] *QDM*, q. 1, a. 3.

[7] *ST*, I, q. 4, a. 2.

Richtig ist, dass die Wirkung des Tätigen in erster Linie eine gewisse primäre Wirkung hat. Diese Hauptwirkung muss in gewisser Weise bereits im Tätigen vorhanden sein, obwohl sie im Tätigen nicht im wörtlichen Sinne vorhanden sein muss, wie ja auch die Truhe im Handwerker nicht buchstäblich vorhanden ist. Ausgehend von der Form, die der Tätige besitzt, kann der Tätige so wirken, dass er beim Erleidenden eine ähnliche Form hervorruft. Wenn die Form erst einmal im Erleidenden vorhanden ist, kann sie dann alle möglichen anderen Veränderungen bewirken, z.B. Erweichung oder Verhärtung.

Der Leser hat vielleicht bemerkt, dass wir bei der Verwendung des Wortes „Form" recht flexibel geworden sind. Wir begannen damit, dass wir uns damit auf eine Veränderung bezogen, die beim Erleidenden selbst dann eintritt, wenn Wärme im Wasser auftritt. Jetzt verwenden wir sie, um uns auf eine gewisse Aktualität zu beziehen, durch die das Tätige wirkt, selbst wenn Feuer durch die Wärme, die es bereits besitzt, erhitzt wird.

Diese Flexibilität ist kein Zufall. Das Wort wird benutzt, um eine bestimmte Eigenschaft einer Sache zu bezeichnen. Seine ursprüngliche Bedeutung ist „Form": ein bestimmtes Merkmal, an dem wir viele Objekte erkennen können. Derselbe Ton kann als Vase oder als Topf geformt sein, und die Form – oder „Gestalt" – verleiht dem Ton eine bestimmte Eigenschaft. Die Form gibt dem Ton die Form einer Vase oder eines Topfes. In ähnlicher Weise nimmt das Wasser, das erhitzt wird, durch die Form der Hitze eine bestimmte Eigenschaft an. Darüber hinaus hat das Feuer selbst diese bestimmte Eigenschaft, so dass wir auch von einer Form der Hitze im Feuer sprechen können. Auch vom Töpfer kann man sagen, dass er eine Form hat; in seiner Vorstellung von der Vase, die er formt, hat er eine bestimmte Eigenschaft, durch die er handelt. Diese Flexibilität des Wortes „Form" wird sich fortsetzen und noch weiter als bisher ausgedehnt werden.

Das dritte Merkmal transienter Tätigkeiten – dass sie zu einem Ziel oder Endpunkt führen – folgt auf das erste und das zweite. Der Erwärmungsvorgang ist auf den Endpunkt des Heißwerdens hingeordnet. Der Akt des Tötens steuert auf den Endpunkt des Todes zu. Der Akt des Bauens ist auf irgendeine Struktur gerichtet. Und so weiter. Wenn der Tätige irgendeine

Form hat, die er an das Subjekt weitergibt, folgt daraus, dass die Handlung darauf abzielt, dass die Form in das Subjekt kommt. Wir können eine Handlung nur dann identifizieren, wenn wir den End- oder Zielpunkt identifizieren, auf den sie zusteuert. Wir könnten den Akt des Erhitzens nicht vom Akt des Tötens unterscheiden, wenn wir nicht wüssten, dass das Erhitzen auf das Ziel der Hitze und das Töten auf das Ziel des Todes gerichtet ist.

Wir sind jetzt bereit, immanente Handlungen zu untersuchen – und das ist das Ziel, auf das wir zusteuern –, denn wir wollen die Sinnlichkeit verstehen, und Sinnlichkeit ist eine besondere Art von immanenter Tätigkeit. Immanente Handlungen lassen sich am besten in ihrem Gegensatz zu transienten Handlungen verstehen.

Immanente Handlungen

In dem Satz „Die Katze sieht die Maus" können wir die drei Elemente der Handlung unterscheiden: Tätiges, Erleidendes und Form. Die Katze scheint zweifellos das Tätige zu sein – d.h. dasjenige, das handelt –, und die Maus scheint dasjenige zu sein, auf das hin gehandelt wird – d.h. das Erleidende. Wir stoßen jedoch auf Schwierigkeiten, wenn wir versuchen, die Form zu identifizieren. Was ist das für eine Veränderung, die die Katze in der Maus hervorbringt? Gar keine, wie es scheint. Die Maus verändert sich nicht. Natürlich kann es passieren, dass sich die Maus verändert. Sie könnte Angst bekommen, sie könnte sich wegdrehen und davonlaufen und so weiter. Bei diesen Veränderungen handelt es sich jedoch nicht um direkte Veränderungen, die dadurch entstehen, dass die Katze die Maus sieht; sie entstehen vielmehr als Folge davon, dass die Maus sich der Katze bewusst wird.

Bei einem unbelebten Objekt lässt sich der entscheidende Gesichtspunkt leichter erfassen. Wenn Sarah den Tisch sieht, verändert sie damit den Tisch nicht. Das Sehen eines Tisches verändert keinen Tisch. Immanenten Handlungen scheint also das dritte Element der Handlung, nämlich die Form, zu fehlen.

Wenn den immanenten Handlungen das dritte Element fehlt, ist jedoch nicht klar, wie sie das zweite Element haben können. Der Erleidende ist das Subjekt, auf das eingewirkt wird, aber auf die Maus wird nicht wirklich eingewirkt, denn sie ändert sich nicht. Auch auf den Tisch wird nicht eingewirkt, denn er verändert sich nicht. Der Begriff „Erleidendes" weist auf etwas hin, was eine Veränderung oder einen Prozess durchläuft. Daher kann dieser Begriff weder auf die Maus noch auf den Tisch angewendet werden. Stattdessen könnte ein anderer Begriff das erfassen, was wir bei der Maus und beim Tisch wahrnehmen: Beide sind „Gegenstände, Objekte" des Sehens. Bei immanenten Handlungen wird also nicht auf die Erleidenden eingewirkt, aber sie haben Objekte, auf die die Handlung gerichtet ist. Der Akt des Sehens der Katze ist auf das Objekt der Maus gerichtet.

Der Begriff „Gegenstand" erscheint flexibler als der Begriff „Erleidendes", denn er kann sowohl auf transiente als auch auf immanente Handlungen angewandt werden. Die Maus ist sowohl Gegenstand des Sehaktes als auch des Tötungsaktes. Transiente Handlungen sind auf ein Erleidendes gerichtet, und als solches kann der Erleidende als Objekt bezeichnet werden, denn ein Objekt ist nichts anderes als das, auf das eine Handlung gerichtet ist. Der Begriff „Objekt" trifft aber auch für immanente Handlungen zu. Die Handlung des Sehens ist auf den Tisch gerichtet, obwohl die Handlung den Tisch nicht verändert; als solcher ist der Tisch das „Objekt" der Handlung des Sehens.

Bezüglich der drei Elemente von Handlungen scheint es also zunächst so zu sein, dass immanente Handlungen nur das erste Element, einen handelnden Akteur, beibehalten. Dennoch haben diese Handlungen etwas, das dem zweiten Element entspricht, nämlich ein Objekt, auf das die Handlung gerichtet ist. Wir werden nun sehen, dass sie auch etwas haben, das dem dritten Element entspricht, nämlich eine Form oder Veränderung, die zustande kommt.

Bei immanenten Handlungen verändert sich das Objekt nicht, zumindest nicht genau in dem Maße, in dem auf es „eingewirkt" wird. Allein durch Sarahs Akt des Sehens ändert sich zum Beispiel der Tisch nicht. Dennoch ändert sich bei immanenten Handlungen etwas. Obwohl sich das Objekt nicht ändert, ändert sich der Tätige, die sehende Sarah selbst. Wenn Sarah den Tisch sieht, ist sie selbst durch den Akt des Sehens anders. Es ist etwas Neues in ihr, wenn sie sieht. Es wird schwierig sein, dieses „etwas Neues" zu bestimmen. Dennoch ist der Sachverhalt unbestreitbar. Die Akteurin, die sieht, unterscheidet sich in gewisser Weise durch den Akt des Sehens selbst, obwohl der Gegenstand, den sie sieht, derselbe bleibt.

Wir können damit beginnen, dieses „etwas Neues" zu verstehen, indem wir das erste Merkmal transienter Handlungen betrachten. Wir haben gesehen, dass bei transienten Handlungen der Tätige den Erleidenden sich selbst gleich oder ähnlich macht, so wie das heiße Feuer Wasser heiß werden lässt. Dasselbe kann man von immanenten Handlungen nicht sagen, denn diese Handlungen haben keinen Erleidenden; sie verändern das Objekt in keiner Weise.[8] Dennoch haben immanente Handlungen etwas, das dem ersten Merkmal transienter Handlungen entspricht, aber das Merkmal wird umgekehrt. Der Tätige macht das Objekt nicht sich selbst ähnlich, sondern der Tätige macht sich selbst dem Objekt ähnlich.[9] Wenn Sarah den Tisch sieht, macht sie sich selbst wie den Tisch, oder wir können sagen, sie erhält ein Abbild des Tisches. Wenn der Tisch braun ist, hat sie jetzt eine Empfindung von „Bräune". Das „Neue" in ihr ist in gewisser Weise wie der Gegenstand, den sie wahrnimmt.

Dieser Punkt bedarf einer Klärung, denn die Empfindung ist ziemlich komplex. Während die Empfindung selbst eine immanente Handlung ist, beinhaltet sie doch eine vorherige oder gleichzeitige transiente Handlung, und wir müssen vorsichtig sein, damit wir beides nicht verwechseln. Angenommen, Sam legt seine Hand an ein Feuer und spürt dessen Hitze. In seinem Akt des Fühlens wird er wie das Feuer, d.h. er spürt eine Art „Hitze". Gleichzeitig – und für den Akt des Fühlens unerlässlich – wird seine Hand physisch heiß. Diese physische Hitze ist jedoch nicht das Ebenbild der Wärme, die Sam beim immanenten Akt des Fühlens aufnimmt. Vielmehr ist sie ist die Wirkung einer bestimmten und vorhergehenden transienten Handlung, bei der das Feuer das Tätige ist. Nehmen wir an, dass Sam, bevor er seine Hand an das Feuer hält, mit einem Anästhetikum betäubt wurde. Seine Hand wird immer noch körperlich heiß, aber er spürt die Hitze nicht wirklich. Körperlich heiß zu werden ist also nicht

[8] *SCG*, bk. 1, c. 100, 3.
[9] *ST*, I, q. 85, a. 2.

dasselbe wie Wärme zu spüren, obwohl es ein notwendiger Vorläufer für den Akt des Wärmeempfindens ist.

Der Akt des Fühlens, so scheint es, erfordert zwei Handlungen, eine transiente und eine immanente, aber nur letztere ist der eigentliche Akt des Fühlens.[10] Bei der transienten Handlung ist das Feuer das Tätige und Sams Hand das Erleidende. Das Feuer bringt die Hand dazu, wie es selbst zu sein, d.h. es bringt sie dazu, heiß zu sein. In der immanenten Handlung ist Sam selbst der Tätige, und er nimmt die Gestalt des Feuers an. Natürlich ist er bereits physisch wie das Feuer geworden (als Folge der transienten Tätigkeit des Feuers), aber wenn er die Hitze spürt, wird er auf eine neue Weise wie das Feuer, auf eine gewissermaßen „nichtphysische“ Weise.[11] Seine Erfahrung von Hitze ist wie Hitze, aber sie ist keine tatsächliche physische Hitze.

Die anfängliche transiente Tätigkeit ist für den Akt des Wärmeempfindens offensichtlich. Thomas selbst war nicht der Meinung, dass die physische Aufnahme der Form für die anderen Sinne (mit Ausnahme des Geschmacks) erforderlich sei.[12] Bei unserem derzeitigen Wissen über die Empfindung gibt es jedoch gute Gründe für die Annahme, dass auch diese anderen Sinne eine vorherige transiente Aktivität beinhalten, bei der die Form zuerst physisch empfangen wird.[13]

Die Problematik wird im Akt des Hörens von Tönen deutlich. Der äußere Klang wirkt auf dic Sinneshaarfollikel ein, die ihrerseits Vibrationen oder Geräusche aufnehmen. Die eigentliche Schwingung dieser Haarfollikel ist jedoch nicht dasselbe wie der Akt des Hörens von Tönen, denn geschädigte Follikel können vibrieren, obwohl die Person nicht hört.

Der Tätige für den immanenten Akt des Hörens ist nicht der äußere Klang, sondern der Mensch, der hört. Er hat den Schall physisch aufgenommen (als Erleidender einer transienten Handlung), aber in seinem Akt des Hörens nimmt er ihn auf nichtphysische Weise auf. Als Tätiger des Höraktes empfängt er die Ähnlichkeit des Objekts.

---

[10] *ST*, I, q. 84, a. 6; I, q. 85, a. 2, ad 3.
[11] *ST*, I, q. 78, a. 3.
[12] *ST*, I, q. 78, a. 3; for a possible conflicting text see *ST*, I, q. 75, a. 3.
[13] *ST*, I, q. 75, a. 3.

Für den Akt des Sehens kann die vorherige transiente Handlung wahrgenommen werden - allerdings weniger deutlich -, solange wir zwischen Farben in der Potenzialität und Farben in der Aktualität unterscheiden. Der Tisch ist braun gefärbt, aber in einem abgedunkelten Raum ist die Farbe nur eine Disposition, die sich durch Licht aktualisiert. Aktuale Farbe hat - im Gegensatz zur bloßen Farbdisposition - ein Element für die Interaktion mit der Umgebung. Wie wir heute sagen würden, ist es nicht der Gegenstand in Isolation, sondern der Gegenstand, der bestimmte Lichtwellen reflektiert. Auch in den Zapfen und Stäbchen der Netzhaut haben bestimmte Proteine Farbe, aber diese Farbe bleibt nur eine Disposition, bis Licht auf sie fällt. Dann wird das Protein tatsächlich gefärbt – tatsächlich blau oder rot oder grün –, und auf diese Weise nimmt das Auge physikalisch die Farbe des Objekts an. Der Tisch reflektiert Licht, das dann auf die Proteine in der Netzhaut einwirkt, so dass diese Proteine tatsächlich gefärbt werden.

Mit dem Geschmacks- und Geruchssinn ist es schwieriger. Auf welche Weise wirkt der Geschmack oder Geruch physisch auf das Sinnesorgan ein, damit es diesen Geschmack oder Geruch empfindet? Die Verbindungen auf der Zunge binden sich mit bestimmten Proteinen in den Geschmacksknospen, und diese Proteine werden dann modifiziert. Ist diese Modifikation eine Umwandlung in etwas, das den Geschmack der Chemikalie hat? Die Sache ist alles andere als klar. Nichtsdestotrotz scheinen auch diese Empfindungen - so kann man vermuten - eine vorhergehende transiente Tätigkeit zu beinhalten, bei der der wahrgenommene Gegenstand (über einen Geschmack oder Geruch) derjenige ist, der das Sinnesorgan physikalisch umwandelt, so dass es physikalisch ihm ähnlich wird; die Chemorezeptoren besitzen einige Proteine, die die entsprechende Eigenschaft annehmen. Nachdem die Eigenschaft physisch transformiert wurde, wird die Person dann - im Akt des Empfindens - dem Objekt auf nichtphysische Weise ähnlich.

Nichtphysische Ähnlichkeit

Wenn das Tätige wie das Objekt wird, kann die Veränderung, die in ihm stattfindet - die Form, die es annimmt -, als „nichtphysisch" bezeichnet werden. Diese Beschreibung ist einfach das Bestreiten der physischen Ähnlichkeit. Sie liefert wenig positiven Inhalt. Um dieser negativen Beschreibung etwas Fleisch zu geben, müssen wir andere Möglichkeiten in Betracht ziehen, wie sich immanente Handlungen von transienten Handlungen unterscheiden.

In Anlehnung an Aristoteles behauptet Thomas von Aquin, dass bei transienten Handlungen die Form sukzessive entsteht.[14] Im Wasser zum Beispiel entsteht die Form der Wärme gradweise. Ebenso nimmt das Holz beim Bau der Truhe Stück für Stück, nicht auf einmal, die entsprechende Struktur an. Im Gegensatz dazu wird die nichtphysische Form bei immanenten Handlungen auf einmal, in einem Augenblick, vollständig. Es gibt keinen bestimmten Grad an „Hitzegefühl", das langsam zunimmt. Die Person spürt entweder Hitze oder sie spürt keine Hitze.

Dieser Aspekt wird noch komplizierter, weil sich viele der Gegenstände, die wir spüren, mit der Zeit verändern. Manchmal bringt die Natur des Objekts selbst eine Reihe von Veränderungen mit sich, wie bei Geräuschen. Wir hören zum Beispiel einen Vogelgesang nicht auf einmal, weil Vogelgesang naturgemäß nicht auf einmal existiert, sondern sich sukzessive realisiert. Wir müssen also zwischen der immanenten Tätigkeit des Wahrnehmens und dem wahrgenommenen Objekt unterscheiden. Die immanente Tätigkeit selbst kommt nicht allmählich zustande, aber der erfasste Gegenstand kann nacheinander entstehen. Wenn Krystyna einem Vogelgesang zuhört, wird ihr Hörvorgang nicht nacheinander stattfinden, so als ob sie nur teilweise hören würde und allmählich zum vollen Hörvorgang käme. Was sich nacheinander einstellt, ist der Gegenstand, den sie hört.

Ein eng damit zusammenhängender Punkt betrifft die Beendigung von Handlungen. Eine transiente Handlung dauert so lange an, wie die Form sukzessive entsteht; wenn die Form vollständig ist, hört die Handlung auf. Der Akt des Bauens dauert so lange an, wie die Struktur im Holz entsteht; wenn die Form der Truhe vollendet ist, hört die Handlung des Bauens auf. Im Gegensatz dazu setzt sich eine immanente Handlung fort, auch wenn die Form vollständig ist. Wenn Sarah den Tisch sieht, ist die Ähnlichkeit

---

[14] *ST*, I, q. 18, a. 3, ad 1.

des Tisches in ihr vollendet (da diese nicht nacheinander und stufenweise entsteht), und doch geht die Handlung des Sehens weiter.

Einen sprachlichen Hinweis auf diesen letztgenannten Gesichtspunkt liefert die Verwendung des Präsens und des Perfekts.[15] Das Präsens deutet auf eine laufende Handlung hin, während das Perfekt eine Handlung ausdrückt, die nicht mehr läuft, sondern abgeschlossen ist. „Brett baut die Truhe" deutet auf eine laufende Tätigkeit des Aufbauens hin. Im Gegensatz dazu deutet „Brett hat die Truhe gebaut" auf eine abgeschlossene Tätigkeit hin. Aristoteles beobachtet, dass sich das Präsens und das Perfekt bei transienten und bei immanenten Handlungen unterschiedlich verhalten. Bei transienten Handlungen sind das Präsens und das Perfekt inkonsistent, bei immanenten Handlungen können sie jedoch zusammenfallen. Wir können von Brett nicht sowohl sagen, dass er die Truhe baut, als auch, dass er die Truhe gebaut hat. Wenn er die Truhe gebaut hat, dann ist die Form der Truhe vollständig, seine Handlung hat aufgehört, und es gibt keine laufende Tätigkeit des Aufbauens. Im Gegensatz dazu können wir sagen, dass Sarah den Tisch sieht, und auch, dass sie den Tisch gesehen hat. Beides kann zusammenfallen, denn obwohl die Form vollständig ist, geht die Handlung des Sehens weiter. Aus diesem Grund bezeichnet Thomas von Aquin die immanenten Handlungen als „vollständige Handlungen", während die transienten Handlungen „unvollständig" sind, d.h. nur insofern existieren, als die Form noch nicht vollständig ist.[16]

Dieser Test hat aber seine Grenzen. Manchmal haben transiente Handlungen sowohl die Form des Präsens als auch die des Perfekt gleichzeitig. Gehen ist eine vorübergehende Handlung; dennoch können wir (bezüglich desselben Gehens) sowohl sagen, „Rachel geht", als auch, „Rachel ist gegangen". Der Grund für diese Anomalie hängt mit einem weiteren Unterschied zwischen transienten und immanenten Handlungen zusammen. Wie wir gesehen haben, sind transiente Handlungen auf einen Endpunkt gerichtet. Dasselbe kann auch von immanenten Aktionen gesagt werden. Bei beiden ist der Endpunkt tatsächlich die Form. Bei transienten Handlungen liegt die Form jedoch außerhalb der Handlung selbst und wird sukzessive erreicht. Bei der Erwärmung zum Beispiel ist die Form die Wärme,

[15] Aristoteles, *Meta*, bk. 9, c. 6, 1048b30.
[16] *ST*, I, q. 14, a. 2, ad 2.

die im Wasser entsteht. Im Gegensatz dazu ist die Form bei immanenten Handlungen nicht von der Handlung selbst unterscheidbar und entsteht auf einmal. Wenn Sarah den Tisch sieht, ist die Form das Ebenbild, das sie im Bewusstsein erhält, und dieses Ebenbild ist nichts anderes, als dass sie den Tisch sieht. In gewisser Weise ist also das Ziel einer immanenten Handlung die Handlung selbst.[17]

Wenn Rachel zur Eisdiele geht, dann ist das Ende ihrer Handlung ein von der Handlung selbst getrennter Zustand, nämlich der Zustand, in dem sie sich in der Eisdiele befindet. Folglich sagen wir nicht: „Sie geht zur Eisdiele", und auch nicht: „Sie ist zur Eisdiele gegangen". Die Form der Gegenwart und die Form des Perfekts sind unvereinbar. Wenn sie zur Eisdiele geht, dann ist sie noch nicht zur Eisdiele gegangen. Wenn Rachel andererseits zum Vergnügen geht – so dass der Akt des Gehens selbst ihr Ziel ist –, dann sagen wir sowohl „Rachel geht" als auch „Rachel ist gegangen".

Betrachten wir einen letzten Unterschied zwischen transienten und immanenten Tätigkeiten. Jede Handlung geht ihrem Wesen nach über sich selbst hinaus. Allein durch sich selbst ist zum Beispiel Wärme auf nichts außerhalb ihrer selbst gerichtet; im Gegensatz dazu ist der Akt des Erwärmens auf Wärme gerichtet, die im Subjekt entsteht. Transiente Handlungen sind darauf gerichtet, dass sie in irgendeiner Form in irgendeinem Subjekt entstehen, und diese Form ist auch der Endpunkt der transienten Tätigkeit.

Wie wir gesehen haben, ist der Endpunkt von immanenten Handlungen auch die Form, aber die Form ist nicht von der Handlung selbst zu unterscheiden. Dennoch sind immanente Handlungen wie transiente Handlungen auf etwas jenseits ihrer selbst gerichtet, denn immanente Handlungen „betreffen" ein Objekt. Wenn Sarah den Tisch sieht, ist ihr Akt des Sehens auf den Tisch gerichtet. Der Tisch ist nicht das Ende ihrer Handlung, aber er ist das Objekt ihrer Handlung. Immanente Handlungen sind also auf ein Objekt außerhalb ihrer selbst gerichtet. Diese Richtung ist manchmal als „Intentionalität" beschrieben worden, die man auch als

[17] *ST*, I, q. 18, a. 3, ad 1; QDP, q. 10, a. 1; *In Meta*, bk. 9, c. 8, 1862–65.

„Auf-etwas-hin“ bezeichnen könnte. Kurz gesagt, immanente Handlungen beziehen sich auf etwas.

Dieser letzte Punkt gibt uns die Charakterisierung des Wissens als Etwas-anderes-Werden, wobei man sich selbst gleich bleibt.[18] Wenn das Feuer das Wasser erhitzt, macht es das Wasser zu sich selbst. In gewisser Weise wird das Wasser dann etwas „anderes“: Es wird heiß, wie das Feuer, was es vorher nicht war. Wenn das Feuer Sams Hand erwärmt, dann wird seine Hand „eine andere“: sie wird wie das Feuer, was sie vorher nicht war. Weder das Wasser noch Sams Hände werden jedoch zu etwas anderem, obgleich sie sie selbst bleiben. Beide werden körperlich anders; beide werden körperlich heiß.

Bei der nichtphysischen Ähnlichkeit ist das anders. So wie Sams Hand wie das Feuer wird (indem sie heiß wird), so nimmt auch sein Geist eine Ähnlichkeit mit der Hitze an. Sein Bewusstsein wird also ein anderes; er wird wie das Feuer. Sein Bewusstsein nimmt jedoch nicht eine physische Ähnlichkeit mit der Hitze an. Es nimmt eine Ähnlichkeit mit der Wärme an, ohne tatsächlich heiß zu werden. Sein Bewusstsein wird also ein anderes und bleibt dennoch es selbst. Die physische Wärme ist im Feuer, aber dieselbe Form, „Hitze“, ist auch in Sam, wenn auch auf nichtphysische Weise. Die nichtphysische Wärme in Sam betrifft die Wärme, die im Feuer existiert, sie ist „gerichtet auf ...“. Sie ist „eine andere“ – d.h. die Hitze im Feuer –, und doch bleibt sie sie selbst. Sie betrifft die physische Hitze, ist aber nicht selbst physisch heiß.

Sinnlicher Realismus

Thomas von Aquins Auffassung der Empfindung könnte man als Sinnesrealismus bezeichnen, d.h., er glaubt, dass unsere Sinne die Welt um uns herum wirklich widerspiegeln. Die Empfindung entspricht dem empfundenen Gegenstand. Sams Erfahrung von Hitze ist wirklich wie die Hitze im Feuer, denn das Tätige wird dem Gegenstand ähnlich. Wenn die Empfindung tatsächlich der Anfang all unseres Wissens ist, dann muss sie die Welt widerspiegeln. Andernfalls bestünde unser Wissen sozusagen nur

[18] *ST*, I, q. 14, a. 1.

aus Wolkenschlössern. Es hätte keine Verbindung zur Welt um uns herum.

Hat Thomas von Aquin Recht, wenn er einen Sinnesrealismus behauptet? Es möchte den Anschein haben, dass er sich irrt. Unsere Sinne spiegeln nicht unbedingt die Welt um uns herum wider. Der Mond zum Beispiel sieht für uns klein aus, aber in Wirklichkeit ist er riesig. Auch haben wir manchmal Illusionen. Wenn wir z.B. an einem heißen Tag unterwegs sind, kann es so aussehen, als sei die Straße vor uns mit Wasser bedeckt, obwohl sie in Wirklichkeit vollkommen trocken ist. Eine farbenblinde Person kann Grün mit Rot verwechseln. Auch ohne Farbenblindheit haben wir oft falsche Wahrnehmungen. Wir sehen jemanden und halten ihn für einen alten Freund, aber wenn wir uns unserem alten Freund nähern, bemerken wir, dass er ein Fremder ist. Wie kann Thomas von Aquin angesichts dieser vielen Wahrnehmungsfehler behaupten, dass die Sinne wirklich die Welt um uns herum widerspiegeln?

Vielleicht sollten wir die aristotelische Vorstellung aufgeben, dass unser Wissen mit den Sinnen anhebt. Vielleicht können wir eine andere Grundlage finden, auf der wir unser Wissen aufzubauen vermögen. Das war der Versuch von René Descartes, der die Sinne für unzuverlässig hielt. Er versuchte, unser Wissen nicht auf die Sinne, sondern auf das innere Denken selbst zu gründen, und initiierte damit das, was man heute die moderne Philosophie nennt. Im nächsten Kapitel werden wir die Vorzüge dieses philosophischen Projekts untersuchen.

Kapitel 3

Skeptizismus

Nach der Konvention süß, nach der Konvention bitter;
nach der Konvention heiß, nach der Konvention kalt;
nach der Konvention Farbe;
aber in Wirklichkeit:
Atome und die Leere.

Demokrit

Als René Descartes (1596–1650) vor dem Kamin saß, bezweifelte er, dass das Feuer wirklich existierte; ja er bezweifelte, dass er überhaupt einen Körper besaß, durch den er den Raum um sich herum erfahren konnte. Damit lancierte Descartes eine neue Herangehensweise an die Philosophie, die den älteren aristotelischen Ansatz untergrub, nach dem all unser Wissen mit unseren Empfindungen beginnt. Descartes dachte, dass die Sinne uns nicht mit der Außenwelt in Kontakt bringen. Vielmehr müssen wir zunächst durch Argumente die Existenz einer Außenwelt selbst feststellen. Wir können nicht mit der Welt beginnen, sondern müssen mit unserem Verstand beginnen. Für Descartes ist der Gegenstand der philosophischen Untersuchung also der Inhalt unseres Verstandes.

René Descartes

In seinem Programm des Zweifels fragt sich Descartes, ob unsere Sinne die Welt um uns herum wirklich wahrnehmen (die folgende Darstellung von Descartes' Ideen stammt weitgehend aus seinen *Meditationen*). Ist seine Wahrnehmung von Wachs wirklich eine Wahrnehmung von etwas, das jenseits seines Verstandes liegt, oder sind es nur Bilder, die in seinem eigenen Geist eingeschlossen sind und keine Verbindung zu einer Außenwelt haben? Es scheint, dass er seinen Sinnen nicht trauen kann, denn sie haben ihn schon einmal getäuscht. Der Mond erscheint ihm klein, aber er weiß durch intellektuelle Argumente, dass der Mond sehr groß ist. Deshalb kann Descartes seinen Sinnen nicht zuverlässig trauen, dass sie die Welt um ihn herum widerspiegeln. In der Tat könnte die gesamte äußere Welt eine Erfindung seines Bewusstseins sein. Vielleicht träumt er, und das Feuer vor ihm ist nichts anderes als ein Phantom seiner Fantasie. Oder vielleicht ist Descartes das Opfer eines bösen Genies, das so mächtig ist, dass es in seinem, nämlich Descartes' Geist jede Illusion schaffen kann, die er sich vorstellt. Wenn dem so ist, dann muss alles, was Descartes von seinen Sinnen geglaubt hat, in Zweifel gezogen werden.

Die „Gehirn im Tank"-Hypothese, die von Hilary Putnam eingeführt und durch die *Matrix*-Filme popularisiert wurde, ist eine moderne Version von Descartes' bösem Genie. Nach dieser Hypothese könnten Sie ein Gehirn in einem Tank in irgendeinem Labor sein. Wissenschaftler stimulieren Ihre Neuronen, wodurch Sie den (fiktiven) Raum um Sie herum mit all seinen Objekten erleben. Die Objekte und der Raum existieren nicht wirklich, aber sie erscheinen Ihnen real und substanziell. Wenn die Gehirn-im-Tank-Theorie eine echte Möglichkeit ist, wie können Sie dann jemals Ihren Sinnen vertrauen?

Descartes beginnt mit dem Zweifel, aber er glaubt, Gewissheit erlangen zu können. Selbst wenn er gerade von einem bösen Genie getäuscht wird, weiß er, dass er Gedanken und Ideen hat. Genau die Ideen, mit denen das Genie ihn täuscht, sind immer noch seine eigenen (Descartes') Ideen. Betrogen werden heißt immer noch, dass man denkt. Und wenn Descartes denkt, dann muss er existieren. Das böse Genie kann ihn in diesem Punkt nicht täuschen. In Latein ausgedrückt lautet das Argument „Cogito, ergo sum": „Ich denke, also bin ich."

Wenn Descartes sagt, dass er existieren muss, meint er damit nur, dass sein Geist existieren muss. Die Existenz seines Körpers bleibt weiterhin zweifelhaft. Es wird ein langer Weg sein, bis Descartes irgendeine Art von eingeschränkter Gewissheit über seinen Körper oder andere materielle

Objekte erlangen kann. Vom Sprungbrett seines Geistes und seiner Ideen aus muss er sich zunächst zur Existenz Gottes vorwagen, und von der Existenz Gottes aus muss er sich zur Gewissheit jener Ideen bewegen, die ihm klar und deutlich erscheinen. Erst dann kann er sich eine Vorstellung von den materiellen Objekten machen, die außerhalb seines Verstandes existieren. Descartes ist also letztlich kein Skeptiker. Dennoch bleibt er ein Skeptiker in Bezug auf die Sinne. Im Gegensatz zu Thomas von Aquin hält er nicht am Sinnesrealismus fest, der behauptet, dass unsere Sinne einen direkten Kontakt mit der Welt um uns herum herstellen.

John Locke

Auf unterschiedliche Weise haben nachfolgende Philosophen bei der kartesianischen Vermutung angesetzt, dass der erste Ausgangspunkt aller Untersuchungen der Inhalt unseres Geistes sei. Wenn wir jemals die Welt um uns herum kennen lernen wollen (sagen diese Philosophen), müssen wir mit unserem Bewusstsein beginnen und ein Argument finden, um die Existenz einer Außenwelt zu bestätigen. Gemäß dem Philosophen John Locke (1632–1704) sind unsere Ideen das Erste, was wir wissen, und die ersten dieser Ideen sind die, die sich in der Sinnlichkeit finden (die folgende Darstellung von Lockes Ideen ist weitgehend seinem *Essay über den menschlichen Verstand* entnommen).

Bei der Untersuchung sinnlicher Eigenschaften unterscheidet Locke zwischen zwei Arten, die er als primär und sekundär bezeichnet. Zu den primären Qualitäten gehören Ausdehnung, Form und Bewegung. Zu den sekundären Qualitäten gehören Klang, Farbe und Wärme. Primäre Qualitäten können durch mehr als eine Empfindung beobachtet werden. So können wir zum Beispiel die Form eines Objekts nicht nur durch Sehen, sondern auch durch Tasten erkennen; wir können die Bewegung eines Objekts durch Sehen, Tasten und Hören erfassen. Im Gegensatz dazu können sekundäre Qualitäten nicht durch einen anderen Sinn bestätigt werden. Farben werden nur durch das Sehen wahrgenommen, und Töne werden nur durch das Hören wahrgenommen.

Da sekundäre Eigenschaften nicht durch mehrere Sinne bestätigt werden können, geht Locke davon aus, dass sie nur im Bewusstsein zu finden sind und dass ihnen nichts in der Welt entspricht. Objekte sind nicht wirklich farbig, und obwohl es schnelle Bewegungen gibt, die Schwingungen genannt werden (was primäre Qualitäten sind), gibt es weder eine Qualität des „Tons“ außerhalb des Bewusstseins, noch gibt es die Qualität, „heiß“. Im Gegensatz dazu können wir primäre Qualitäten mit multiplen Empfindungen bestätigen; daraus können wir schließen, dass diese Qualitäten nicht nur im Bewusstsein vorhanden sind; sie haben eine echte Entsprechung in der Welt außerhalb unseres Bewusstseins.

Manchmal hört man die Frage: „Wenn ein Baum im Wald umfällt und niemand in der Nähe ist, um es zu hören, gibt der Baum dann ein Geräusch von sich?“ Locke zufolge muss die Antwort anscheinend „Nein“ lauten. Tatsächlich macht der Baum nicht wirklich ein Geräusch, selbst wenn jemand in der Nähe ist, der es hört, aber in diesem Fall erscheint zumindest ein „Geräusch“ im Kopf des Beobachters. Locke erkennt, dass der Baum mit oder ohne Beobachter Schwingungen verursacht, die primäre Eigenschaften sind.

So wie Descartes Gründe fand, an seinen Sinnen zu zweifeln, so findet auch Locke Gründe, an sekundären Qualitäten zu zweifeln. Blut sieht für das bloße Auge rot aus, aber wenn es unter dem Mikroskop untersucht wird, erscheint es weitgehend transparent oder schwach gefärbt. Wasser, das sich lauwarm anfühlt, könnte Sam, der seine Hand zuerst in einen Eimer mit Eiswasser gesteckt hat, als kochend heiß erscheinen.

Diese Skepsis in Bezug auf sekundäre Qualitäten drückt sich heute manchmal in Fragen wie den folgenden aus: „Wenn Sie einen roten Ball sehen, woher wissen Sie, dass andere die gleiche Erfahrung von ‚Rot‘ machen?“ Vielleicht wird das, was Ihnen rot erscheint, von Krystyna als so etwas wie blau empfunden. Natürlich bezeichnet sie ihre Erfahrung mit dem Wort „rot“, aber das bedeutet nur, dass Sie und Krystyna gemeinsame Wörter haben, nicht, dass Sie beide gemeinsame Erfahrungen machen, die den Wörtern zugrunde liegen.

Locke präsentiert uns das, was man die „mind in a box“-Sicht der Dinge nennen könnte. Im Inneren des Kastens befindet sich das Auge unseres Bewusstseins. Vor diesem geistigen Auge schweben verschiedene Ideen – einschließlich der Ideen der Empfindung –, die wir dann kennen.

Außerhalb des Kastens befindet sich die „reale Welt", aber wir haben keinen direkten Zugang zu ihr. Wir wissen unmittelbar nur das, was sich innerhalb der Box befindet, d.h. in unserem Bewusstsein, in unseren Ideen. Nichtsdestotrotz können wir uns auf die Existenz einiger Dinge außerhalb der Box berufen. Wenn wir bestimmte Empfindungen bestätigt finden (primäre Eigenschaften), können wir daraus schließen, dass sie nicht nur innerhalb des Kastens, sondern auch außerhalb des Kastens existieren.

George Berkeley

In Anlehnung an Locke unternimmt der Philosoph George Berkeley (1685–1753) den kühnen Schritt, alle Realitäten jenseits des Bewusstseins, sowohl die primären als auch die sekundären Qualitäten, zu leugnen (die folgende Darstellung von Berkeleys Ideen stammt weitgehend aus seinen *Drei Dialogen zwischen Hylas und Philonous* und seiner *Abhandlung über die Prinzipien der menschlichen Erkenntnis*). In der Tat leugnet er die Existenz aller materiellen Objekte außerhalb des Geistes. Die einzigen Dinge, die existieren, so Berkeley, sind das Bewusstsein und die Ideen in ihm. Nichts existiert außerhalb des Bewusstseins. Es gibt Dinge, die außerhalb eines bestimmten Bewusstseins existieren. Außerhalb des Verstandes von Anna finden sich zum Beispiel andere Bewusstseine, etwa das Bewusstsein von Louis und das Bewusstsein von Clare. Nirgendwo jedoch existiert etwas außerhalb eines bestimmten Bewusstseins.

Warum kommt Berkeley zu einer solch kontraintuitiven Schlussfolgerung? Er stellt richtig fest, dass Locke keine Grundlage für die Behauptung der Existenz primärer Qualitäten hatte. Nur weil eine Eigenschaft durch mehrere Quellen innerhalb des Kastens bestätigt wird, folgt daraus nicht, dass diese Eigenschaft außerhalb des Kastens zu finden ist. Wenn Sie sich in einem Filmtheater befinden (entsprechend der Box) und ein Auto über die Leinwand rast, während gleichzeitig mehrere Lautsprecher einen Ton liefern, der sich über das Kino hinweg bewegt, folgt daraus, dass sich gerade jetzt außerhalb des Theaters wirklich ein Auto bewegt? Natürlich nicht. Tatsächlich könnte der Film animiert sein, so dass es überhaupt kein entsprechendes Auto gibt, weder jetzt noch in der Vergangenheit.

Ebenso folgt aus der Tatsache, dass wir die Form eines Balls sehen und diese auch fühlen, nicht, dass die Form eines Balls außerhalb unseres Bewusstseins besteht. Genauer gesagt folgt diese Schlussfolgerung nicht der Annahme von Locke (die Berkeley teilt), dass wir vor allem anderen unsere Ideen erkennen. Was wir unmittelbar erkennen, ist einfach eine farbige Form in unseren Köpfen und eine strukturierte Form in unseren Köpfen. Zwei Formen in unserem Bewusstsein, die sich gegenseitig bestätigen, sind keine Form außerhalb unseres Bewusstseins.

Wenn diese Schlussfolgerung einmal bestätigt ist, folgen Berkeleys übrige Schlussfolgerungen ganz von selbst. Wir haben keinen einsichtigen Grund, zu behaupten, dass Farben, Klänge, Formen und Bewegungen außerhalb unseres Geistes existieren. Aus welchem Grund können wir dann annehmen, dass Autos und Bälle außerhalb unseres Geistes existieren? Die einzige Grundlage für die Behauptung, dass diese materiellen Objekte existieren, sind unsere Empfindungen; aber wenn unsere Empfindungen im Kasten des Bewusstseins eingeschlossen sind, dann bieten sie keine Grundlage für die Annahme, dass materielle Objekte außerhalb unseres Bewusstseins existieren.

Berkeleys Schlussfolgerung ist noch stärker: Wir haben guten Grund zu der Annahme, dass es keine materiellen Objekte gibt. Was ist die Grundlage für diese provokative Behauptung? Gesunder Menschenverstand, sagt Berkeley. Der gesunde Menschenverstand verlangt, dass wir die Existenz materieller Objekte leugnen. Wenn wir damit anfangen, die Existenz materieller Objekte anzunehmen, werden wir bald zu einem hoffnungslosen Skeptizismus geführt, dem Gegenteil des gesunden Menschenverstandes.

Warum ist Berkeley der Meinung, dass der gesunde Menschenverstand eine solch unsinnige Schlussfolgerung verlangt? Weil der gesunde Menschenverstand die Verlässlichkeit der Sinne bejaht. Die Dinge sind so, wie sie uns erscheinen. Nach der Locke'schen Vermutung ist jedoch das, was uns real erscheint, nichts anderes als die Empfindungen in unserem Bewusstsein. Da Locke einen „echten" Ball jenseits der Empfindungen behauptet – behauptet Berkeley –, ist Locke gezwungen zu leugnen, dass das, was uns erscheint, wahr ist. Der Ball scheint rot zu sein, und doch sagt

Locke, dass er es nicht sei. Kurz gesagt, Lockes Ansicht führt zu Skepsis gegenüber unseren Sinnen.

Berkeley möchte diesen Skeptizismus zurückweisen. Der Ball, sagt er, ist genau so, wie er scheint. Solange wir den Ball im Kopf von dem wirklichen materiellen Ball trennen, ist Skepsis unvermeidlich, da die beiden nicht miteinander übereinstimmen. Deshalb müssen wir diese Trennung ablehnen. Es gibt keinen materiellen Ball, der von dem Ball im Kopf getrennt ist. Es gibt nur den Ball im Bewusstsein. Der Ball erscheint rot, und er ist rot, denn der Ball ist nur eine Idee in unserem Bewusstsein und nichts anderes. Das ist, so scheint es, der Preis, den wir zahlen müssen, um die Verlässlichkeit der Sinne zu bestätigen.

Kurz gesagt, Berkeley ist konsistenter als Locke. Beide beginnen mit der Annahme, dass wir zunächst einmal die Ideen in unseren Köpfen kennen. Locke geht fälschlicherweise davon aus, dass er dann für die Existenz von Dingen jenseits seines Bewusstseins argumentieren könne (primäre Eigenschaften). Berkeley begnügt sich damit, anzuerkennen, dass wir, wenn wir mit unserem Bewusstsein beginnen, in unserem Bewusstseins bleiben müssen. Auf keinen Fall können wir über den Rahmen unseres Bewusstseins hinausgehen.

Berkeley klammert sich an einige verbleibende Ungereimtheiten. Er besteht darauf, dass wir die Existenz von Köpfen kennen können. Anna ist sich nämlich nicht nur ihrer eigenen Ideen bewusst; sie ist sich auch ihres Bewusstseins bewusst, durch das sie diese Ideen kennt. Sie ist sich in der Tat bewusst, dass es andere Geister gibt, wie den göttlichen Geist oder andere menschliche Geister. Der Philosoph David Hume (1711–1776) wird diese verbleibenden Ungereimtheiten beseitigen.

David Hume

In mancher Hinsicht ist David Hume zurückhaltender als Berkeley (die folgende Darstellung von Humes Ideen beruht weitgehend auf seiner *Abhandlung über die menschliche Natur* und seiner *Untersuchung über den menschlichen Verstand*). Während Berkeley die Existenz von materiellen Objekten außerhalb unseres Bewusstseins bestreitet, stellt Hume lediglich fest, dass wir keinen guten Grund haben, an die Existenz materieller Objekte außerhalb des Bewusstseins zu glauben. Möglicherweise existieren sie, vielleicht aber auch nicht. Wir werden es nie genau wissen, denn alles, was wir wissen, sind die Ideen in unserem Bewusstsein. Hume bemerkt jedoch auch, dass unsere Empfindungen uns keinen guten Grund liefern, an die Existenz anderer Bewusstseine zu glauben. Tatsächlich geben sie uns nicht einmal einen guten Grund, an unser eigenes Bewusstsein zu glauben.

Diese letzte Schlussfolgerung ergibt sich aus einem anderen Gedankengang, der mit Descartes angefangen hat. Erstens unterscheidet Descartes zwischen einer Substanz und ihren Eigenschaften. Ein Stein ist eine Substanz; seine Farbe, die Form, das Gewicht und so weiter sind Eigenschaften des Steins. Ein Baum ist auch eine Substanz; seine Bewegungen, seine Temperatur und die Textur der Rinde sind seine Eigenschaften. Diese unproblematische Unterscheidung wird dann durch die Linse der cartesischen Skepsis gegenüber den Sinnen betrachtet. Die Sinne, so sagt Descartes, nehmen Eigenschaften und nichts als Eigenschaften wahr. Wenn wir eine Kugel sehen, sehen wir ihre Form, die Farbe und die Bewegung, aber wir sehen nicht die Kugel selbst. Dennoch haben wir ein Bewusstsein der Kugel. Dieses Bewusstsein kommt nicht von den Sinnen, sondern von einem Verstand mit höheren Kräften als denen der Sinne. Kräfte wie der Intellekt, der als eine Art von spiritueller Erkenntniskraft bezeichnet werden kann, können die Natur der Substanz erfassen.

Diese Argumentation wandelt sich bei Locke, der (im Gegensatz zu Descartes) meint, dass alle unsere Ideen mit den Sinnen anheben und auf die Sinne reduziert werden müssen. Daher glaubt er an keinen Intellekt oder an einen „höheren Verstand“, der die Substanz direkt wahrnehmen kann. Er gelangt daher zu der Schlussfolgerung, dass er keine klare Vorstellung von der Substanz hat. Sie ist, sagt er, „etwas, von dem ich nicht weiß, was es ist“ (something I know not what).

Berkeley, dessen Ziel es ist, den Verstand von all diesem vagen skeptischen Unsinn zu befreien, leugnet einfach die Existenz von Substanzen. Wenn wir keine Ahnung haben, was die Substanz ist, warum nehmen wir dann an, dass es sie überhaupt gibt? Was wir „Substanz“ nennen, ist einfach eine Ansammlung von Eigenschaften, eine Ansammlung, die wir mit

Hilfe von Namen zusammenfassen. Wir verwenden den Namen „Stein“, um die verschiedenen Eigenschaften zusammenzufassen, die wir mit Steinen assoziieren.

Berkeley ist in diesem Punkt jedoch nicht wirklich konsequent, denn er scheint den Geist als eine bestimmte Art von Substanz und seine Ideen als so etwas wie Eigenschaften zu verstehen. Was er also bestreitet, ist nicht die Substanz als solche; er bestreitet die Existenz materieller Substanzen. Geistige Substanzen bevölkern auch weiterhin Berkeleys Universum.

Hume, stets getreu dem Grundsatz, dass alle unsere Ideen auf sinnliche Ideen reduziert werden müssen, eliminiert daher auch die geistigen Substanzen einschließlich seines eigenen Bewusstseins. In gewissem Sinne braucht natürlich auch Hume ein Bewusstsein. Sein Bewusstsein ist jedoch keine Substanz; vielmehr ist Humes Verstand (und Hume selbst) einfach eine Reihe oder Ansammlung von Ideen. Hume hat also offensichtlich Descartes' „cogito“-Argument schlicht beseitigt. Descartes beginnt den Zug des modernen Denkens mit dem „Ich denke, also bin ich“; Hume schließt ihn mit dem „Ich denke“ ab.
Die Eliminierung aller Substanzen hat neben der Reduktion aller Ideen auf die Empfindung eine weitere Grundlage. Sie stützt sich auf Humes Begriff der Kausalität, der seine Wurzeln in Lockes Denken hat. Nach Locke kommen wir durch die Beobachtung neuer Ideen und durch das Erkennen von Mustern zu der Vorstellung von der Macht zur Veränderung oder der Macht, verändert zu werden; wir kommen zu dem Schluss, dass ähnliche Veränderungen auf ähnliche Ursachen zurückzuführen sind. Wenn wir die Idee des Rauchs, die aus der Idee des Feuers entsteht, beobachten, kommen wir zu dem Schluss, dass Rauch durchweg aus Feuer entsteht. Berkeley macht ähnliche Aussagen, nur dass der Begriff des „Entstehens“ gestrichen wird. Man muss nicht sagen, dass Rauch aus Feuer entsteht; es reicht aus zu sagen, dass Rauch auf Feuer folgt.

Hume unterscheidet sich, außer in den Details, nicht dramatisch von Berkeley. Kausalität wird auf eine Abfolge zweier Ideen reduziert, zusammen mit der mentalen Erwartung, dass die zweite auf die erste folgen wird. Feuer „verursacht“ Rauch, weil wir erwarten, dass das eine auf das andere folgt, und weil wir eine starke Erwartung daran knüpfen, dass die beiden irgendwie miteinander verbunden sind. Diese Analyse scheint die

Tatsache zu ignorieren, dass wir oft Wirkungen kennen und erst dann die Ursache erfassen. Unzählige Male erfahren wir zuerst den Rauch und sehen erst später das Feuer, das den Rauch verursacht, und dennoch nennen wir den Rauch nicht die Ursache des Feuers.

Jedenfalls liefert Hume einen Härtetest für die Kausalität: Es muss sich immer um die Wiederholung einer Idee handeln, die auf eine andere folgt. Wir haben keine Idee von der Substanz, auf die die Idee ihrer Eigenschaften folgt; wir haben tatsächlich auch keine sinnliche Empfindung einer Substanz, da wir (in Anlehnung an Descartes) nur Eigenschaften erfassen und (nicht in Anlehnung an Descartes) unsere Ideen nie über die sinnlichen Empfindung hinauskommen. Wir erleben Feuer und dann Rauch, Feuer und dann Rauch, Feuer und dann Rauch, und schließlich erwarten wir, dass Rauch auf Feuer folgt; also sagen wir, dass Feuer die Ursache von Rauch ist. Im Gegensatz dazu erleben wir nicht zuerst eine „Substanz" und dann deren Eigenschaften, „Substanz" und dann deren Eigenschaften ... Tatsächlich erleben wir „Substanz" überhaupt nicht. In keiner Weise kann also „Substanz" die Ursache von Eigenschaften sein. Aber für Hume haben wir keinen anderen Grund zu der Annahme, dass Substanzen existieren, außer dass wir davon ausgehen, dass sie Eigenschaften verursachen. Wenn wir daher an der Existenz von Substanzen glauben, tun wir dies ohne philosophische Grundlage.

Sinnlicher Realismus

Descartes' ursprüngliches Projekt, die Sinnlichkeit zu untergraben und unser Wissen auf eine andere Grundlage zu stellen, hat keine günstigen Ergebnisse gebracht. Es hat zu Zweifeln an der eigentlichen Grundlage geführt, um die es Descartes ging, nämlich dem Wissen um seine eigene Existenz als ein denkendes Ding. Mit David Hume sind „denkende Dinge" in den Mülleimer vergangener Fantasien geworfen worden. Man kann sich also fragen, ob Descartes' Projekt, die Sinne anzuzweifeln, von Anfang an fehlgeleitet war. Vielleicht sollten wir unseren Sinnen vertrauen, anstatt an ihnen zu zweifeln. Vielleicht hatte Aristoteles doch Recht. Vielleicht müssen wir die Sinnesdaten als Ausgangspunkt nehmen, von dem all unser Wissen seinen Ausgang nimmt.

Aber wie können wir unseren Sinnen vertrauen? Hat Descartes nicht doch Recht? Unsere Sinne haben uns in der Vergangenheit getäuscht, und sie täuschen uns auch jetzt noch. Ist es nicht töricht naiv anzunehmen, dass unsere Sinne die Welt um uns herum richtig widerspiegeln? Angesichts der Einwände von Descartes erscheint der Sinnesrealismus von Thomas von Aquin eher unrealistisch. Wie kann Thomas die Instrumente zur Verfügung stellen, mit denen wir aus dem Bewusstsein hinauskommen?

Berkeley, so scheint es, liegt hier richtig. Kein Werkzeug im Himmel oder auf Erden kann uns aus der Box unseres Bewusstseins herausholen. Wir können nur vermeiden, in der Kiste eingesperrt zu sein, indem wir uns weigern, hineinzugehen. Wenn wir Lockes Diktum akzeptieren, dass das Erste, was wir wissen, unsere Ideen sind, dann bleiben uns nur noch Berkeley und Hume; wir haben keine Möglichkeit mehr, aus unserem Bewusstsein hinauszukommen.

Der Physiker Arthur Eddington (1882–1944) stellte einmal eine Erörterung über zwei Tische an: den vertrauten Tisch und einen wissenschaftlichen Tisch. Der vertraute Tisch ist der Tisch, den wir wahrnehmen, der eine Ausdehnung hat, der einen Raum einnimmt, der substanziell ist, der eine Farbe hat und so weiter. Der wissenschaftliche Tisch ist hingegen ein leerer Raum, der nur mit winzigen beweglichen Elektronen gefüllt ist; er ist nicht substanziell, er hat keine Farbe und so weiter. Das Entscheidende ist, dass sich der vertraute Tisch nur in unseren Köpfen befindet, während der wissenschaftliche Tisch der wirkliche Tisch ist. Eddington, so scheint es, hatte die von John Locke Jahrhunderte zuvor vorgeschlagene Trennung übernommen. Auf der einen Seite gibt es das, was wir wahrnehmen, was nur in unseren Köpfen ist; auf der anderen Seite gibt es die reale Welt, die wir mit Hilfe der Argumentation erreichen können.

Berkeleys Argumente gegen Locke sind aber ebenso wirksam gegen Eddington. Wenn Wissenschaft mit den Sinnen beginnt und endet, wie Eddington offenbar meint, dann kann die Wissenschaft nur das erklären, was wir durch die Sinne erkennen. Wenn uns die Sinne nur das zeigen, was in unserem Kopf ist, dann kann uns die Wissenschaft keinesfalls die „wirkliche“ Welt zeigen. Siebenhundert Jahre vor Eddington stellte Thomas von Aquin fest, dass, wenn das zuerst Erkannte unsere Ideen sind, sich die Wissenschaft nur auf das beziehen kann, was in unseren Köpfen erscheint; der wissenschaftliche Tisch kann nicht realer sein als der vertraute Tisch.[1] Insofern hat Berkeley Recht: Wir sollten jeder Theorie misstrauisch gegenüberstehen, die die vertraute Welt der Empfindungen wegerklärt, egal ob diese Theorie von John Locke oder von einem renommierten Physiker kommt.

Was ist die Alternative zu Lockes Bewusstsein in der Kiste? Wir müssen seine Vermutung zurückweisen, dass das Erste, was wir wissen, die Ideen in unseren Köpfen seien. Wir müssen stattdessen betonen, dass unsere Sinne uns tatsächlich mit der Welt in Berührung bringen. Die ersten Dinge, die wir erkennen, sind nicht die Ideen in unseren Köpfen; im Gegenteil sind die Gegenstände in der Welt das zuerst Erkannte.

Lange bevor Locke auf der Bildfläche erschien, hat Thomas die Folgen von Lockes Ausgangspunkt vorhergesagt; er sah die Schlussfolgerungen von Berkeley und Hume voraus.[2] Thomas fragt, ob das Erste, was wir wissen, unsere Ideen sind, d.h. ob Locke mit seinem Ausgangspunkt richtig liegt. Seine Frage betrifft eher das intellektuelle Wissen als die Sinne, aber wir können seine Argumente durchaus auch auf die Sinne übertragen. Thomas von Aquin argumentiert, dass eine solche Vermutung zu zwei absurden Schlussfolgerungen führt. Erstens: Unser Wissen bezieht sich nur auf das, was in unserem Bewusstsein ist, und nicht auf eine Realität außerhalb unseres Bewusstseins. Zweitens ist dann alles, was uns erscheint, wahr.

Berkeley hielt keine der beiden Schlussfolgerungen für absurd. Ihm zufolge ist die zweite Schlussfolgerung in der Tat nichts anderes als gesunder Menschenverstand, die eine notwendige Voraussetzung ist, um Skepsis zu vermeiden. Das Argument Thomas von Aquins wird als *reductio ad absurdum* bezeichnet. Man beginnt mit der Position, die man widerlegen möchte, und zeigt, dass sie logischerweise zu etwas Absurdem führt. Dann schließt man, dass die ursprüngliche Position ein schlechter Ausgangspunkt gewesen sein muss. Berkeley kommt zu genau den gleichen Schlussfolgerungen wie Thomas – er zeigt die logischen Implikationen von Lockes Position auf –, aber im Gegensatz zu Thomas von Aquin lehnt

[1] *ST*, I, q. 85, a. 2.
[2] Ibid.

er Lockes Ausgangspunkt nicht ab. Aber warum nicht? Weil Berkeley die Schlussfolgerungen nicht für absurd hält.

Es ist eine Sache, Lockes Ausgangspunkt zurückzuweisen. Es ist eine andere, einen Ersatz dafür anzubieten. Welchen Ersatz bietet Thomas? Wie vermeidet er das in einem Kasten eingeschlossene Bewusstsein? Thomas betrachtet zwei verschiedene Rollen der Ideen in unserem Bewusstsein.[3] Einerseits könnten es die Objekte sein, die wir kennen. Auf der anderen Seite könnten sie etwas sein, *wodurch* wir erkennen. Wenn Brett Holz sägt, ist das Holz das Objekt, an dem er handelt, während die Säge das ist, womit er tätig ist. Welche Rolle spielen unsere Ideen? Sind sie die Gegenstände, auf die wir einwirken (wenn wir sie erkennen), oder sind sie die Instrumente, durch die wir erkennen? Locke nimmt die erste Position ein, Thomas von Aquin die zweite. Locke nimmt an, dass, wenn Sarah einen Tisch sieht, das, was sie tatsächlich erkennt, nicht der Tisch, sondern ihre Vorstellung von dem Tisch ist. Im Gegensatz dazu behauptet Thomas, dass sie in erster Linie den Tisch erfasst und ihre Idee das ist, wodurch die sie den Tisch erkennt.

Sowohl bei transienten als auch bei immanenten Handlungen handelt der Tätige durch irgendeine Form. Das Feuer erwärmt sich, indem es selbst die Form der Wärme hat. Brett baut die Kiste, indem er eine Vorstellung von der Kiste hat. Ebenso spürt Sam die Hitze des Feuers durch irgendeine Form, nämlich durch seine Idee, d.h. durch die nichtphysische Ähnlichkeit, die er annimmt. Was Sam erkennt, ist die Hitze des Feuers. Das, was er weiß, ist die nichtphysische Hitze in seinem Geist.[4]

Diese Lehre des Thomas von Aquin verbindet sich mit einem weiteren auffälligen Merkmal immanenter Tätigkeit: Die Form, durch die der Akteur handelt, ist ein und dieselbe wie die Tätigkeit selbst. Bei transienten Tätigkeiten unterscheidet sich die Form, in der der Tätige handelt, von der Handlung selbst. Die Hitze im Feuer ist das eine, seine Tätigkeit des Erwärmens eine andere. Bretts mentale Vorstellung von der Truhe ist die eine Sache, seine Handlung des Bauens ist eine andere. Bei immanenten Aktivitäten sind beide ein und dasselbe. Die Form, in der Sam die Hitze

---

[3] *ST*, I, q. 85, a. 2.

[4] *ST*, I, q. 56, a. 1; I, q. 85, a. 2.

spürt, ist eine nichtphysische Ähnlichkeit in seinem Bewusstsein; gleichzeitig ist diese nichtkörperliche Ähnlichkeit genau dasselbe wie sein Akt des Erkennens. Eine nichtphysische Ähnlichkeit mit der Wärme anzunehmen, bedeutet einfach, sich der Wärme bewusst zu sein. Für Thomas sind also „Ideen" (der Begriff Lockes) nicht die erkannten Gegenstände, sondern das, wodurch die Gegenstände erfasst werden, und sie sind der eigentliche Akt des Erkennens.

Locke unterscheidet sich also von Thomas durch die Multiplikation von Bewusstseinsakten. Für Locke muss das Bewusstsein zunächst eine Ähnlichkeit bilden, d.h. eine Idee formen, und dann muss es noch eine weitere Handlung durchführen, nämlich den Akt des Erkennens der gebildeten Idee. Für Thomas von Aquin braucht es keinen zusätzlichen Akt des Erkennens, wenn das Bewusstsein ein Abbild bildet. Die Ähnlichkeit zu bilden bedeutet zu erkennen. Das Hervorbringen des Abbildes eines Gegenstandes ist nicht der erste Schritt im Prozess des Erkennens; es ist der gesamte Prozess.

Thomas von Aquin vermeidet also das Bewusstsein im Kasten, indem er die immanente Handlung auf eine einzige beschränkt. Wir kennen die Ähnlichkeiten der Dinge nicht; vielmehr bedeutet die Ähnlichkeit eines Dings im Bewusstsein aufzunehmen, es zu erkennen. Der erkannte Gegenstand ist also keine Idee; die Idee ist vielmehr dasjenige, wodurch wir die Wirklichkeit erkennen. Die ersten Dinge, die wir erkennen, sind die Gegenstände in der Welt um uns herum. In zweiter Linie, so Thomas, werden wir uns des Erkenntnisaktes bewusst. Sam kennt in erster Linie die Hitze des Feuers; in zweiter Linie ist er sich bewusst, dass er die Hitze des Feuers spürt.

Trügerische Empfindungen

Jemand könnte einwenden, dass Thomas von Aquin naiv sei. Geht er davon aus, dass unsere Sinne nie Fehler machen? Ist er sich nicht dessen bewusst, dass der Mond klein aussieht, obwohl er wirklich riesig ist? Ist er sich nicht dessen bewusst, dass sich lauwarmes Wasser für Sam, der seine Hand zuerst in einen Eimer mit Eiswasser gesteckt hat, glühend heiß anfühlt? Weiß er etwa nicht, dass jemand, der eine rosarote Brille trägt, weiße Gegenstände nicht als weiß, sondern als rosa sieht? Kurz gesagt, ist er sich nicht der vielen Fälle bewusst, in denen unsere Sinne die Wirklichkeit nicht so erfassen, wie sie wirklich ist?

Thomas war sich sehr wohl der Tatsache bewusst, dass die Sinne trügen können. Er fragt sich, ob die Sinne Falschheit haben können, und er bejaht diese Frage.[5] Seine Argumentation unterscheidet, ähnlich wie diejenige Lockes, zwischen primären und sekundären Eigenschaften. Bei Thomas von Aquin geht es jedoch nicht um Qualitäten, sondern um „Ähnlichkeiten". In unserem Bewusstsein formen wir primäre und sekundäre Ähnlichkeiten mit den uns umgebenden Objekten. Thomas fügt noch eine dritte Kategorie von zufälligen Ähnlichkeiten hinzu. Er geht davon aus, dass es Wahrheit bei den Sinnen nur für primäre Ähnlichkeiten gibt. Bei sekundären und zufälligen Ähnlichkeiten sind Fehler im Überfluss vorhanden.

Verwirrend ist die Tatsache, dass Thomas von Aquins Unterscheidung das genaue Gegenteil derjenigen von Locke zu sein scheint. Für Locke gehören zu den primären Eigenschaften Ausdehnung, Form und Bewegung, während zu den sekundären Eigenschaften Farbe, Wärme und Klang gehören. Bei Thomas ist genau das Gegenteil der Fall. Für Locke können primäre Qualitäten mit mehr als einem Sinnesorgan wahrgenommen werden, da die Gestalt eines Dinges sowohl gesehen als auch gefühlt werden kann, während seine sekundären Qualitäten nur mit einem Sinnesorgan wahrgenommen werden können, da z.B. die Farbe nur durch den Sehsinn wahrgenommen wird. Bei Thomas ist das Gegenteil der Fall.

Vielleicht ist der Unterschied aber nur semantischer Natur. Vielleicht treffen beide genau die gleiche Unterscheidung, verwenden aber eine entgegengesetzte Terminologie. Vielleicht ist auch etwas Grundlegenderes am Werk. Locke unterscheidet in dem, was er „Qualitäten" nennt; Thomas unterscheidet hingegen in dem, was er als „Ähnlichkeiten" bezeichnet. Mit anderen Worten: Thomas von Aquin beschäftigt sich weder mit der Farbe von Dingen noch mit der Gestalt von Dingen. Vielmehr geht es ihm um die Ähnlichkeit der Farben in unserem Bewusstsein und um die Ähnlichkeit der Gestalten in unserem Geist.

---

[5] *ST*, I, q. 17, a. 2.

Tafel 3.1 Primär und Sekundär bei Locke und Thomas von Aquin

	Locke (Qualitäten)	Thomas (Ähnlichkeiten)
Ausdehnung, Gestalt und Bewegung	primär	sekundär
Farbe, Töne, Temperatur etc.	sekundär	primär
Mit mehreren Sinnen wahrgenommen	primär	sekundär
Mit nur einem Sinn wahrgenommen	sekundär	primär

Diese Unterscheidung ist parallel zu der zuvor diskutierten Unterscheidung für transiente Tätigkeiten, bei denen der Tätige den Erleidenden sich selbst ähnlich macht. Wir stellten jedoch fest, dass der Tätige den Erleidenden nur bei primären Wirkungen sich selbst ähnlich macht. Weitere Wirkungen, die auf die primären Wirkungen folgen, müssen nicht wie der Tätige sein. Das Feuer erhitzt zunächst das Wachs und macht das Wachs heiß, wie es selbst ist. In zweiter Linie wird das Wachs durch die Hitze weich; in dieser Hinsicht ist das Wachs dem Feuer nicht ähnlich.

In ähnlicher Weise nimmt Sarah, wenn sie den Tisch sieht, die Ähnlichkeit des Tisches in ihrem Geist auf. Was sie jedoch zuallererst annimmt, ist die Farbe des Tisches. Da die Farbe aber immer geformt von einer Gestalt begleitet wird, nimmt sie auch eine gewisse Gestalt auf.[6] Die Ähnlichkeit der Gestalt ist jedoch nur zweitrangig und folgt auf die Ähnlichkeit der Farbe. So ist es mit jedem Sinnesorgan. Jedes nimmt eine gewisse Ähnlichkeit mit der Qualität an. Indem es diese primäre Ähnlichkeit annimmt, kann das Sinnesorgan auch andere sekundäre Ähnlichkeiten annehmen. Wenn der Gehörsinn die Ähnlichkeit mit dem Geräusch eines Autos annimmt,

[6] *ST*, I, q. 78, a. 3, ad 2.

kann er auch die Position oder die Bewegung des Autos annehmen, aber diese Ähnlichkeiten sind zweitrangig.

So wie sekundäre Wirkungen transienter Handlungen nicht so sein müssen wie der Handelnde, so müssen auch sekundäre Ähnlichkeiten nicht wie das ursprüngliche Objekt sein.[7] Wenn Sarah die Farbe des Tisches in ihr Bewusstsein aufnimmt, nimmt sie auch eine gewisse Gestalt auf, aber es muss nicht die tatsächliche Gestalt des Tisches sein. Die Tischplatte kann zum Beispiel rechteckig sein, aber wenn Sarah sie aus einem Winkel betrachtet, nimmt sie sie als ein Parallelogramm ohne rechte Winkel wahr.

Für dieses Beispiel ist es hilfreich, zwischen dem zu unterscheiden, was tatsächlich wahrgenommen wird, und dem, was durch weitere mentale Kräfte, die über die Sinne hinausgehen, „wahrgenommen" wird. Was Sarah tatsächlich wahrnimmt, ist ein nicht-rechtwinkliges Parallelogramm; aber was sie wahrnimmt, ist rechteckig. Ihr Bewusstsein korrigiert die Verzerrung, weil es sich um ein regelmäßiges Muster handelt, an das es sich gewöhnt hat. Ähnlich verhält es sich, wenn ihr Blickfeld einen Welpen in der Nähe und einen Elefanten in der Ferne erfasst. Die Ähnlichkeit der Größe, die sie bei beiden aus diesem Blickwinkel aufnimmt, wird korrigiert, weil sie weiß, dass der Elefant viel größer ist als der Welpe.

Thomas von Aquin könnte auch durch Descartes' Beispiel des klein erscheinenden Mondes verwirrt werden. Natürlich erscheint der Mond klein, und natürlich geben die Sinne die Realität falsch wieder. Darüber sollten wir nicht überrascht sein. Die Größe des Mondes hat eine sekundäre Ähnlichkeit, die von den Sinnen üblicherweise verzerrt wird. Diese Verzerrung stellt aber kein Problem für uns dar, denn die Verzerrungen der sekundären Ähnlichkeiten folgen regelmäßigen Mustern, an die wir uns schnell anpassen.

Was Thomas von Aquin über die Zuverlässigkeit der primären und sekundären Ähnlichkeiten sagt, steht im Widerspruch zu John Locke, der sagt, dass die sekundären Ähnlichkeiten (seine sogenannten primären Eigenschaften) wirklich in der Welt außerhalb unseres Bewusstseins seien,

---

[7] *ST*, I, q. 17, a. 2.

während die primären Ähnlichkeiten (seine sekundären Eigenschaften) nur in unserem Bewusstsein seien. Im Gegensatz dazu sagt Thomas von Aquin, dass die primären Ähnlichkeiten wirklich die Welt um uns herum wiedergeben, während die sekundären Abbilder üblicherweise die Realität verzerren. Natürlich denkt Thomas gleichwohl, dass einige Dinge in der Realität den sekundären Ähnlichkeiten entsprechen; es ist nur so, dass sie nicht genau mit ihnen übereinstimmen. Der Tisch hat wirklich eine Gestalt; er hat nur nicht die gleiche Gestalt, die uns in der Wahrnehmung erscheint.

Wenn ein Baum im Wald umfällt und niemand in der Nähe ist, um dies zu hören, gibt er dann ein Geräusch von sich? Diese Frage bezieht sich auf die Realität der primären Ähnlichkeiten (oder Lockes sekundäre Eigenschaften). In diesem Punkt ist Thomas klar und eindeutig. Es sind die primären Ähnlichkeiten, die sich als die zuverlässigsten erweisen.[8] Farben und Töne sind Dinge, von denen wir erwarten können, dass sie so sind, wie sie uns erscheinen. Sie können sicherlich nicht nur dem Bewusstsein zugeschrieben werden.

Fehler bei der primären Ähnlichkeit

Thomas konzediert, dass selbst bei primären Ähnlichkeiten Fehler auftreten.[9] Er nennt zwei Möglichkeiten, wie diese Fehler entstehen könnten. Erstens kann das Sinnesorgan defekt sein. Jemand, der krank ist, könnte zum Beispiel Süßes schmecken, als ob es bitter wäre, oder jemand mit Gelbsucht könnte weiße Gegenstände als gelb wahrnehmen. Zweitens können Fehler bei der Wahrnehmung auftreten, wenn die wahrgenommene Qualität von dem Sinnesorgan nur über ein Medium erfasst und beim Durchqueren des Mediums verzerrt wird. Die Farbe eines Schwans zum Beispiel erreicht das Auge nur über die dazwischen liegenden Lichtstrahlen. Trägt die Person eine rosarote Brille, dann werden diese Lichtstrahlen verzerrt, bevor sie das Auge erreichen. Was eigentlich weiß ist, wird rosa, wenn es das Sinnesorgan erreicht. Aus diesem Grund erscheint

---

[8] *ST,* I, q. 17, a. 2.

[9] *ST,* I, q. 17, a. 2.

die Farbe von Gegenständen je nach Licht und Schatten und ähnlichen Umweltfaktoren unterschiedlich.

In beiden Fällen von Fehlwahrnehmung wird die im Sinnesorgan erfasste Form verzerrt. Im ersten Fall entsteht die Verzerrung, weil das Sinnesorgan selbst nicht richtig für die Aufnahme der Form disponiert ist; im zweiten Fall entsteht die Verzerrung durch das dazwischenliegende Medium. In beiden Fällen entsteht der Fehler also aufgrund eines Versagens der vorhergehenden transienten Aktivität, bei der das wahrgenommene Objekt auf das Sinnesorgan einwirkt. Entweder kann das Sinnesorgan diese Aktivität nicht richtig empfangen, oder die Handlung selbst verzerrt die Form, weil sie über ein Medium geschieht.

Illusionen fallen häufig in die letztere Kategorie. Das „Wasser", das beispielsweise an einem heißen Tag sich auf der Straße spiegelt, entsteht durch Verzerrungen der gebrochenen Lichtstrahlen. Tatsächlich entstehen die Verzerrungen, die bei sekundären Ähnlichkeiten auftreten, oft auch auf diese Weise. Die Gestalt des Tisches gelangt nur durch Lichtstrahlen ins Auge, die die Gestalt verzerren können, wenn sie sich schräg vom Tisch wegbewegen.

Die Fehlwahrnehmung von lauwarmem Wasser scheint dagegen eher zur ersten Kategorie von Wahrnehmungsfehlern zu gehören, d.h. zu Fehlern, bei denen ein Defekt des Sinnesorgans vorliegt. Die Temperaturempfindung ist bei Thomas von Aquin ein Sonderfall. Wie wir gesehen haben, beinhaltet jede Empfindung eine vorherige transiente Tätigkeit, bei der der Gegenstand die Form an das Sinnesorgan übermittelt, selbst dann, wenn das Feuer Sams Hand erwärmt. Im Idealfall, so sagt Thomas, ist das Sinnesorgan „nackt" von der zu empfangenden Form. Die Follikel im Ohr müssen nicht bereits in Schwingung sein, um die Schwingung von außen empfangen zu können. Die Proteine in der Netzhaut müssen nicht aktiv eingefärbt werden, damit sie von den Lichtstrahlen aktiviert werden können.

Im Falle der Temperatur ist diese Abwesenheit der zu empfangenden Form jedoch unmöglich. Jedes physikalische Objekt, auch der menschliche Körper, hat eine gewisse Temperatur. Wenn das Sinnesorgan die Temperatur von irgendeinem Objekt empfängt, dann empfängt es diese nur im Verhältnis zu der Temperatur, die der Körper bereits besitzt.[10] Wenn Sam zuvor seine Hand in einen Eimer mit Eiswasser gelegt hat, dann nimmt er lauwarmes Wasser im Verhältnis zu der gegenwärtig niedrigen Temperatur seiner Hand wahr.

Farbenblindheit ist gelegentlich ein weiterer Fehler bei primären Ähnlichkeiten. In Wirklichkeit handelt es sich bei der Farbenblindheit nicht um einen Wahrnehmungsfehler, sondern um ein Versagen bei der Unterscheidung von Farben. Ein Tier, das nur Grauschattierungen sieht, nimmt die Ähnlichkeit von Farben nicht falsch wahr, sondern eher die Ähnlichkeit mit sehr wenigen Unterscheidungen. Dasselbe gilt für jemanden, der farbenblind ist. Kein Tier kann alle möglichen Farbschattierungen aufnehmen. Seine begrenzte Fähigkeit, Farben zu unterscheiden, ist keine Verfälschung.
Ein ähnliches Versagen bei der Unterscheidung gilt für Lockes Beispiel der Farbe des Blutes. Blut erscheint uns rot, aber wenn man es unter dem Mikroskop betrachtet, stellt man fest, dass es teils rot und teils transparent erscheint und teils andere Farben hat. Ein Mikroskop erlaubt es uns, kleine Objekte aus nächster Nähe zu betrachten. Ohne Mikroskop ist es so, als ob wir kleine Objekte aus der Entfernung betrachten würden, und wenn wir Objekte aus der Entfernung betrachten, unterscheiden wir die Grenzen der Farben nicht so deutlich. Eine hervorstechende Farbe ist möglicherweise alles, was wir sehen, vielleicht weil sie heller ist. Es gelingt uns nicht, andere vorhandene Farbschattierungen zu unterscheiden, aber dieses Versagen ist keine Verfälschung.

Zufällige Ähnlichkeit

Thomas hat also kein Problem damit, Fehler bei der Sinneswahrnehmung einzugestehen. Bei sekundären Ähnlichkeiten kann es viele Verzerrungen geben, und selbst primäre Ähnlichkeiten können verzerrt werden, wenn die Form nicht richtig in das Sinnesorgan aufgenommen wird. Wir haben bereits erwähnt, dass Thomas neben den primären und sekundären

[10] *In DA*, bk. 2, lect. 11, 23, 547.

Ähnlichkeiten eine dritte Kategorie kennt. Er spricht von zufälligen Ähnlichkeiten.[11]

Diese dritte Kategorie ist in Wirklichkeit überhaupt keine Ähnlichkeit. Vielmehr ist sie etwas, das mit der Ähnlichkeit in der Empfindung (entweder primär oder sekundär) zusammenhängt. Descartes bemerkte, dass wir, wenn wir Wachs wahrnehmen, seine Farbe, Form, seinen Geruch usw. erfassen, aber wir nehmen die Substanz des Wachses nicht selbst wahr. Thomas von Aquin würden zumindest in diesem Punkt zustimmen: Die Sinne nehmen nur die Ähnlichkeit von Eigenschaften wie Farbe oder Form an, nicht aber die Ähnlichkeit der Substanz selbst. Die Substanz ist aber mit den Eigenschaften verbunden, sodass wir sagen, dass der Mensch das Wachs zufällig sieht.

Ähnlich verhält es sich, wenn Sam Rachel anschreit. Rachel spürt Sams Zorn nicht direkt, sondern nur beiläufig. Sie nimmt den Klang von Sams Stimme wahr (und in zweiter Linie die Position der Stimme); sie nimmt die Farbe seines Gesichts wahr (und in zweiter Linie den Gesichtsausdruck). Sie nimmt den Zorn nur aber nur beiläufig wahr, sofern er mit diesen Eigenschaften verbunden ist, die sie unmittelbar erfährt. Mit der Unterscheidung, die wir vorhin gemacht haben, können wir sagen, dass sie Geräusche und Farben wahrnimmt, während sie Wut wahrnimmt. In diesen Fällen ist der zufällig wahrgenommene Gegenstand nicht direkt über die äußeren Sinne erkannt worden, die nur sinnliche Qualitäten erkennen. Andere Erkenntniskräfte jenseits der äußeren Sinne (die in künftigen Kapiteln besprochen werden sollen) erkennen diese Gegenstände.

Wie bei sekundären Ähnlichkeiten irren sich die Sinne oft in Bezug auf das beiläufig Wahrgenommene. Narrengold zum Beispiel wird fälschlicherweise für echtes Gold gehalten. Vorhin haben wir das Beispiel einer irrtümlichen Identifizierung angeführt, wenn wir jemanden sehen, der wie ein alter Freund aussieht. Ebenso können Wasserstoffperoxid oder Franzbranntwein leicht mit Wasser verwechselt werden, wenn wir uns nur auf den Sehsinn verlassen.

[11] *ST*, I, q. 17, a. 2.

Thomas von Aquin wäre also nicht überrascht gewesen von den modernen Versuchen, die Wahrhaftigkeit der Sinne in Frage zu stellen. Er selbst erkannte ihre Tendenz zur Verzerrung der Wirklichkeit. Er verteidigt die Wahrhaftigkeit der Sinne nur bei primären Ähnlichkeiten, wobei er selbst bei diesen gewisse Fehler anerkennt. Nichtsdestotrotz bringen uns die Sinne in Kontakt mit der Wirklichkeit jenseits unseres Bewusstseins. Wir erkennen nicht zuerst irgendein Bild in unserem Bewusstsein. Vielmehr erkennen wir in erster Linie Qualitäten von Objekten in der Welt, wie Farbe und Klang, und in zweiter Linie lernen wir andere Qualitäten – wie Gestalt und Größe – kennen, wenn auch auf verzerrte Weise. Kurz gesagt, Thomas besteht auf einem Realismus der Sinne.

Kapitel 4

Innere Sinne

> Denken ist etwas anders als Wahrnehmen
> und wird teils als Vorstellung, teils als Urteil verstanden.
> *Aristoteles*

Wir haben damit begonnen, die Sinne zu untersuchen, weil Thomas ein Sinnesrealist ist, der glaubt, dass unser ganzes Wissen mit den Sinnen beginnt. Wir können nun einen Schritt zurücktreten und ein wichtiges Merkmal der Sinne feststellen, das für das meiste gilt, was wir noch besprechen werden: Bei den Sinnen handelt es sich um bestimmte Kräfte oder Fähigkeiten. Wir sprechen von der Kraft des Sehens oder von der Fähigkeit zu hören. Wir können auch das Wort „Potenz" verwenden, einen Begriff, der die Tatsache erfasst, dass sich unsere Sinne in zwei verschiedenen Zuständen befinden können: entweder potenziell oder aktual. Wenn unsere Augen geschlossen sind oder wenn wir uns in einem völlig dunklen Raum befinden, dann befindet sich unsere Sehkraft in einem potenziellen Zustand. Wenn wir unsere Augen öffnen (oder wenn das Licht eingeschaltet ist), dann sehen wir aktual.

Potenzialität und Aktualität

Ähnlich ist es auch bei anderen Kräften. Wir sind in der Lage, uns zu erinnern, aber wir erinnern uns nicht immer wirklich, d.h. aktual. Wir können uns etwas vorstellen, aber wir stellen uns nicht immer aktual etwas vor. Die Unterscheidung zwischen Potenzialität und Aktualität ist so allgegenwärtig, dass sie so gut wie jede Kategorie betrifft. Wenn Sie ein Medizinstudium absolvieren, dann können wir sagen, dass Sie potenziell ein Arzt sind; nach Ihrem Abschluss sind Sie tatsächlich, d.h. aktual ein Arzt. Kaltes Wasser ist potenziell heißes Wasser; wenn Sie es übers Feuer stellen, wird es aktual heiß. Holz ist potenziell eine Truhe; nach der konstruktiven Tätigkeit eines Tischlers wird es aktual zu einer Truhe.

Potenzialität deutet auf eine Fähigkeit hin; Aktualität zeigt die Verwirklichung dieser Fähigkeit an. Was lediglich potenziell ist, kann aktual sein, aber es ist noch nicht aktual. Die Aktualität ist bestimmter als die Potenzialität. Wenn Sie aktual sehen, sehen Sie etwas sehr Bestimmtes, wie zum Beispiel einen braunen Tisch. Im Gegensatz dazu ist die Potenz, zu sehen, für viele Möglichkeiten offen: Sie sehen vielleicht einen braunen Tisch, ein gelbes Feuer oder eine Menge anderer Objekte. Potenzialität impliziert eine Beziehung oder Gerichtetheit auf die Wirklichkeit. Die Erinnerungspotenz zum Beispiel ist auf den Akt des Erinnerns gerichtet.

Die Unterscheidung zwischen Potenzialität und Aktualität ist so grundlegend, dass sie schwer zu definieren ist. Das Bewusstsein greift die Unterscheidung auf, indem es einfach bestimmte Vorkommnisse betrachtet. Die Unterscheidung ist auch auf andere Weise grundlegend. Sie ist die Grundlage des klaren Denkens. Diese Unterscheidung war der Schlüssel, den der Philosoph Aristoteles benutzte, um die Welt um uns herum zu begreifen. Wenn man diese Unterscheidung aufgibt, folgen daraus in der Regel Fehler und Verwirrung.

Für unsere Zwecke ist die Unterscheidung zwischen Potenzialität und Aktualität grundlegend für das Verständnis der menschlichen Person. Es ist nicht nur wichtig zu verstehen, dass Empfindungen die Aktivitäten von Sinneskräften sind, die sich in Potenz befinden, um aktiv zu werden; es ist auch wichtig zu erkennen, dass wir durch das Verständnis für die Kräfte einer Sache diese Sache selbst verstehen lernen. Dieser Punkt geht auf Descartes' Unterscheidung zwischen einer Substanz und ihren Eigenschaften zurück, eine Unterscheidung, die zuerst von Aristoteles herausgestellt wurde. Sowohl die Kräfte einer Sache als auch ihre Tätigkeiten sind Eigenschaften. Rachel ist eine Substanz; ihre Fähigkeit zu gehen und ihre Tätigkeit des Gehens sind beides Eigenschaften, die zu ihr gehören. Ebenso ist Sarah eine Substanz; sowohl ihre Fähigkeit zu sehen als auch ihr Akt des Sehens sind Eigenschaften oder Attribute.

Im Deutschen mag es etwas seltsam klingen, von Tätigkeiten als „Eigenschaften“ zu sprechen. Wenn wir von „Eigenschaften“ sprechen, neigen wir dazu, an Qualitäten wie Farbe, Form, Gewicht, Textur und so weiter zu denken. Normalerweise denken wir nicht an Tätigkeiten. Ebenso wenig sind wir geneigt, an Beziehungen zu denken, wie zum Beispiel, dass Dan der Vater von Sarah ist. Die Beschränkung des Wortes ist kein Zufall, denn es ist schwierig, so unterschiedliche Dinge wie Farbe, Gehen und Vaterschaft mit einem einzigen Wort zu erfassen. So unterschiedlich sie auch sein mögen, diese „Eigenschaften" haben gemeinsam, dass sie sich auf eine Substanz beziehen. Alle diese „Eigenschaften" gehören in irgendeiner Weise zu einer Substanz. Sie existieren nicht unabhängig voneinander, sondern sind abgeleitet. „Gehen" gehört zu Rachel, „braun" gehört zum Tisch, und so weiter.

Die Substanz unterscheidet sich von allem anderen. Während die Substanz die Grundlage für die anderen (sogenannten Eigenschaften) ist, hat sie ihrerseits keine Grundlage in etwas anderem. Das deutsche Wort „Ding" ist sehr flexibel, aber es trifft am besten auf die Substanz zu. Wenn wir den Tisch betrachten, sagen wir normalerweise nicht, dass es dort viele Dinge gibt: die Farbe Braun, die rechteckige Form, ein bestimmtes Gewicht und so weiter. Vielmehr sagen wir, dass es ein Ding gibt, den Tisch, mit vielen Eigenschaften oder Attributen.

Eine Substanz hat normalerweise mehrere Kräfte oder Vermögen. So hat der Tisch zum Beispiel das Vermögen, Gegenstände, die auf ihn gelegt werden, zu halten, und er hat die Kraft, Gegenstände, die unter dem Gewicht der Tischbeine liegen, zusammenzudrücken. Ebenso hat Rachel die Kraft zu gehen, die Kraft zu sehen, die Kraft sich zu erinnern und so weiter. Jede dieser Kräfte ist ein Attribut, das zu Rachel gehört. Wenn Rachel tatsächlich geht, tatsächlich sieht und sich tatsächlich erinnert, sind auch diese Aktivitäten Attribute, die zu Rachel gehören.

Wie wir Substanzen erkennen

In diesem Buch wollen wir versuchen, Menschen wie Rachel zu verstehen. Wir können dies aber nur, wenn wir ihre Eigenschaften verstehen. Diese verstehen wir aber insbesondere dadurch, dass wir ihre Kräfte verstehen. Rachel unterscheidet sich von einem Baum, weil sie viele Kräfte hat, die in einem Baum nicht zu finden sind. Mit dem Baum (aber nicht mit dem

Tisch) teilt sie die Kraft zu wachsen. Andererseits teilt sie mit dem Baum nicht ihre Kraft zu sehen oder sich zu erinnern, obwohl sie diese Kräfte mit der Katze und mit der Maus teilt. Je besser wir Rachels vielfältige Kräfte verstehen, desto besser werden wir Rachel verstehen. Darüber hinaus werden wir ihre Kräfte verstehen, wenn wir ihre Handlungen beobachten. Zunächst stellen wir fest, dass Rachel tatsächlich geht, woraus wir schließen, dass sie die Kraft zum Gehen hat. Wenn wir wissen, dass sie die Kraft zum Gehen hat, verstehen wir ein wichtiges Merkmal von Rachel als Substanz.

Unsere Ordnung des Entdeckens, wie Rachel ist, beginnt also mit der Aktualität, bewegt sich zur Potenzialität oder zu den Kräften und Vermögen, und gelangt schließlich zu ihrer Substanz.[1] Diese Ordnung des Erkennens unterscheidet sich von der Ordnung der realen Kausalität. Wenn wir jemanden stolpern sehen oder ihn mit undeutlicher Stimme sprechen hören, können wir daraus schließen, dass er betrunken ist. Unsere Ordnung des Erkennens bewegt sich also von seiner Handlung zu seinem inneren Zustand. Sein wankender Gang lässt uns wissen, dass er betrunken ist. Die Reihenfolge der Kausalität ist jedoch umgekehrt.[2] Sein Stolpern führt nicht dazu, dass er betrunken ist; vielmehr führt sein Stolpern dazu, dass er stolpert, wenn er betrunken ist.

Unser Wissen beginnt mit der Empfindung, und die Eigenschaften, die wir wahrnehmen, sind oft die Wirkungen von Ursachen, die wir nicht wahrnehmen. Wir spüren die Bewegung des wankenden Ganges und wir hören die Geräusche der undeutlichen Stimme. Diese Verhaltenseigenschaften haben eine tiefere Ursache, die wir nicht sofort wahrnehmen. Vielmehr ziehen wir aus den Eigenschaften, die wir beobachten, Rückschlüsse auf die Ursache. Um zu wissen, ob eine bestimmte Substanz Wasser, Essig oder Franzbranntwein ist, schauen wir uns ihre Eigenschaften an. Wir beobachten die Farbe, den Geruch und den Geschmack und kommen zu einer Schlussfolgerung bezüglich der Art der Substanz, mit der wir es zu tun haben. Natürlich ist eine Chemikerin bei den Eigenschaften, die sie zur Identifizierung von Substanzen wählt, genauer. Die zugrunde

[1] *ST*, I, q. 77, a. 3.

[2] *ST*, I, q. 77, a. 3, ad 1.

liegende Substanz ist die Ursache der Eigenschaften, aber wir verwenden die Eigenschaften, um die zugrunde liegende Substanz kennen zu lernen.

Wenn es um die Substanz eines Dinges geht, sind die wichtigsten Eigenschaften die Tätigkeiten und Kräfte, die diesen Aktivitäten zugrunde liegen. Dieser Gesichtspunkt ist bei Lebewesen besonders offensichtlich, aber selbst der Chemiker ist geneigt, die verschiedenen Aktivitäten – wie die chemischen Reaktionen – zu berücksichtigen, die zu einer Substanz gehören. Der Biologe wird Attribute wie Form und Farbe in Betracht ziehen, aber normalerweise sind diese Attribute für ihn weniger wichtig. Um einen Organismus zu identifizieren, sind die wichtigsten Eigenschaften seine Tätigkeiten.

Das Prinzip, dass unser Erkennen mit der Empfindung beginnt, führt uns dazu, der Ordnung des Erkennens ein viertes Element hinzuzufügen, nämlich den Gegenstand der Handlung.[3] Wir verstehen den Akt des Erhitzens insofern, als wir wissen, dass die Hitze auf ein Ziel hingeordnet ist. Ebenso verstehen wir den Akt des Gehens insofern, als wir wissen, dass er auf einen Zweck, das Sich-Bewegen, hingeordnet ist. Wir verstehen den Akt des Sehens, wenn wir wissen, dass er auf Farben gerichtet ist, ein Akt somit, der sich vom Akt des Hörens unterscheidet, dessen Gegenstand die Töne sind. Die vollständige Ordnung des Erkennens bewegt sich also (1) vom Objekt der Aktivität über (2) die Aktivität selbst (3) zur Kraft für die Aktivität (4) und hin zu der Substanz, die dieser Kraft zugrunde liegt.

Tafel 4-1

Die Ordnung des Erkennens und die Ordnung des Seins

Ordnung des Erkennens

Objekt der Tätigkeit → Tätigkeit → Kraft → Substanz

Ordnung des Seins

Substanz → Kraft → Tätigkeit

Da wir versuchen, den Menschen zu verstehen, wird es uns darum gehen, die Tätigkeiten zu beobachten, die Menschen ausüben. Um diese Tätigkeiten zu verstehen, werden wir versuchen, einen geeigneten Gegenstand zu

[3] *ST*, I, q. 77, a. 3.

identifizieren, der eine Aktivität von einer anderen unterscheidet. Die Tätigkeiten des Empfindens haben wir bereits diskutiert. Wir haben den Akt des Sehens vom Akt des Hörens anhand der Objekte Farbe und Klang unterschieden. Ebenso wird der Akt des Schmeckens durch seinen Gegenstand, den Geschmack, unterschieden. Der „Tastsinn" ist eigentlich eine Kategorie, die zu mehreren Sinnen gehört, einschließlich der Fähigkeit, Temperaturen zu empfinden, und der Fähigkeit, Texturen wahrzunehmen.[4]

Wir werden uns vor allem mit den Aktivitäten des Bewusstseins beschäftigen. Neben dem Empfinden werden wir das Gedächtnis, die Vorstellungskraft und die Emotionen untersuchen; wir werden die Kraft der Vernunft und die Willenskraft untersuchen. Die beiden letztgenannten mentalen Aktivitäten, mit denen unsere Studie ihren Höhepunkt erreicht, sind für den Menschen am wichtigsten. Wesen mit rationalen Kräften werden oftmals als Personen bezeichnet, um sie von Hunden, Bäumen oder Felsen abzugrenzen. Als rationale Wesen haben wir das, was man heute „Individualität" nennt, d.h. wir bewegen uns nicht einfach nach allgemeinen Mustern unserer Natur. Vielmehr bewegen wir uns als Individuen. Ein Individuum rationaler Natur ist also unverwechselbar. Jeder einzelne Mensch hat nicht nur als Vertreter seiner Spezies einen Wert. Jeder hat einen Wert als jemand, der sich selbst bewegen kann – eben als Individuum –, um das Gute zu erreichen.

Da menschliche Personen vor allem durch Vernunft und Willen ausgezeichnet sind, könnte man meinen, dass das Studium anderer Kräfte und Vermögen des Menschen, wie z.B. der Empfindung, für unsere Untersuchung irrelevant sei. Ein vollständiges Verständnis der menschlichen Person muss Personen jedoch so verstehen, wie sie sind. Sie sind nicht einfach nur denkende Wesen. Sie sind Tiere, die vernünftig denken. Wir können also den Menschen nicht verstehen, wenn wir ihn nicht auch als Tier verstehen. Mit Tieren teilen Menschen viele mentale Kräfte. Alle Tiere haben die eine oder andere Empfindung, auch wenn ihnen vielleicht eine bestimmte Empfindung fehlt, wie zum Beispiel der Sehsinn. Die meisten Tiere haben auch noch andere mentale Kräfte, zum Beispiel die Fähigkeit, sich zu erinnern oder sich etwas vorzustellen. Darüber hinaus haben sie

---

[4] *ST*, I, q. 78, a. 3, ad 3.

das Vermögen, etwas zu wünschen und dies durch Gefühle auszudrücken. Diese Kräfte, die wir mit den Tieren teilen, sind zwar weniger spezifisch für die menschliche Person, aber sie sind dennoch wichtig.

Noch weniger spezifisch sind jene Kräfte, die wir mit allen Lebewesen teilen. Der Mensch wächst und vermehrt sich wie ein Baum. Eine Studie, die diese Aktivitäten berücksichtigt, liefert ein möglichst vollständiges Verständnis der menschlichen Person. Wir werden daher den so genannten nichtmentalen Lebenskräften, d.h. den Kräften, die wir mit Pflanzen teilen, im Folgenden unsere Aufmerksamkeit widmen.

Nichtmentale Lebenskräfte

Thomas von Aquin identifiziert drei Vermögen, die allen Lebewesen gemeinsam sind: die Kraft des Wachstums, die Kraft der Selbsterhaltung und die Kraft der Fortpflanzung.[5] Bäume können von einem winzigen Samen zu einem riesigen Organismus heranwachsen. Die Fähigkeit zu wachsen ist bei winzigen Einzellern nicht so ausgeprägt, aber sie ist sogar dort zu finden. Wenn sich die einzelne Zelle in zwei teilt (wodurch die Fortpflanzungskraft realisiert wird), sind die beiden neuen Organismen zu klein, um sich weiter zu teilen. Sie müssen sich vergrößern, was sie durch die Kraft des Wachstums tun.

Wie die Kraft des Wachstums braucht die Kraft der Selbsterhaltung Nahrung oder Nährstoffe, um diese Nahrung für den Organismus zu verwandeln. Für die Selbsterhaltung wird die Nahrung jedoch nicht für das Größenwachstum verwendet. Vielmehr braucht der Organismus die Nahrung zur Selbsterhaltung, damit er am Leben bleibt, sowohl durch die Reparatur von Schäden als auch durch die Bereitstellung von Energie für Aktivitäten des Lebens. Die Kraft zur Fortpflanzung bringt einen neuen Organismus der gleichen Art hervor. Eine Katze z.B. zeugt durch ihre Fortpflanzungsfähigkeit Kätzchen; ebenso bildet eine Blume Samen und bringt dadurch mehr Blüten hervor.

---

[5] *ST*, I, q. 78, a. 2.

Diese drei Kräfte finden sich in allen lebenden Organismen, seien es Pflanzen oder Tiere, aber sie finden sich nicht in unbelebter Materie wie Felsen, Sternen und Wasser. Natürlich haben nichtlebende Dinge ihre eigenen Kräfte. Heiße Dinge haben die Kraft, andere Dinge zu erhitzen, leuchtende Körper haben die Kraft, Licht zu erzeugen, Wasser hat die Kraft, bestimmte Dinge aufzulösen, und so weiter.

Man könnte sich fragen, ob die Wachstumskräfte auf lebende Dinge beschränkt sind. Schließlich wachsen ja auch Kristalle. Genauer wäre es jedoch zu sagen, dass sich Kristalle bilden. „Wachsen" im definierten Sinne bedeutet, dass irgendein Wesen Material von außen aufnimmt und es in sich selbst umwandelt, um dadurch an Größe zuzunehmen. Kristalle tun nichts dergleichen. Vielmehr bilden sich unter den richtigen Bedingungen (z.B. beim Verdampfen) bestimmte regelmäßige Bindungen zwischen Molekülen, wodurch die Kristalle entstehen. Dieser Prozess hat keinen Endpunkt, d.h., die Kristalle hören nicht auf zu „wachsen". Sie nehmen an Größe immer weiter zu, solange die Bedingungen stimmen. Im Gegensatz dazu streben Lebewesen eine für die Fortpflanzung geeignete Größe an, nach der das Wachstum dann üblicherweise aufhört.

Man könnte sich auch fragen, ob Viren die Fähigkeit haben, sich zu vermehren, da sie sich anscheinend selbst replizieren. In der Tat könnte diese Fähigkeit der Replikation den Eindruck erwecken, dass Viren selbst lebendig seien. Sie zeigen jedoch nicht die anderen Fähigkeiten von Lebewesen, nämlich Wachstum und Selbsterhaltung. Darüber hinaus stellt sich bei näherer Betrachtung heraus, dass die Replikation von Viren nicht dasselbe ist wie die Fortpflanzung. Viren replizieren sich nicht selbst, sondern sie werden von lebendigen Zellen repliziert.

Allen drei „lebendigen" Kräften ist gemeinsam, dass sie eine Aktivität des Organismus in Bezug auf sich selbst darstellen, jedoch auf unterschiedliche Weise.[6] Die Kraft des Wachstums und die Kraft der Selbsterhaltung wirken beide auf die Nahrung ein und verwandeln die Nahrung in den Organismus selbst ein. In zweiter Linie wirkt der Organismus also auf sich selbst ein, denn wenn er die Nahrung in sich selbst umwandelt, verändert er sich auch selbst, entweder indem er sich vergrößert oder indem er

---

[6] *In Meta*, bk. 7, lect. 8, ¶1442.

seinen Zustand gegen zerstörerische Kräfte aufrechterhält.[7] Die Kraft zur Fortpflanzung wirkt auch auf den Organismus selbst ein, aber auf eine andere Weise. Bei dieser Kraft wirkt der Organismus direkt auf einen Teil von sich selbst ein und verwandelt diesen Teil dadurch in eine neue Instanz des Organismus.[8] Für Wachstum und Selbsterhaltung wirkt der Organismus also direkt auf die Nahrung ein und damit auf sich selbst; für die Fortpflanzung wirkt der Organismus direkt auf sich selbst ein und damit auf seine Nachkommenschaft. Wenn ein Einzeller sich z.B. fortpflanzt, wirkt er auf sich selbst ein, indem er sich teilt, um damit ein neues Mitglied seiner Art zu erzeugen. Höher entwickelte Lebewesen teilen sich nicht in ihrer Gesamtheit, sondern teilen einen Teil von sich mit – ein Spermium oder eine Eizelle, die dann, wenn sie zusammengefügt werden, zu einem neuen Glied der Spezies werden können.

Bei den Tätigkeiten dieser drei Kräfte verändert sich also das Tätige selbst. Wie wir gesehen haben, verändern transiente Handlungen ein Subjekt, das jenseits des Tätigen ist, während sich bei immanenten Handlungen das Tätige selbst verändert. Folglich könnte jemand zu dem Schluss gelangen, dass es sich bei diesen drei lebendigen Tätigkeiten eher um immanente als um transiente Handlungen handele.

Diese Schlussfolgerung wäre jedoch falsch, wie aus den folgenden drei Gründen offensichtlich wird. Erstens verändert das Tätige bei diesen Tätigkeiten etwas außerhalb seiner selbst: Es wandelt Nahrung in sich selbst um, oder es bringt einen neuen Organismus hervor. Zweitens bezieht es, insofern diese lebendige Tätigkeit auf das Tätige selbst einwirkt, einen Teil des Organismus mit ein, der auf einen anderen Teil des Organismus einwirkt; die Tätigkeit geht also immer über den Teil hinaus, der die Rolle des Tätigen spielt. Im Gegensatz dazu verändert bei immanenten Tätigkeiten wie dem Sehen die Sehkraft nicht einen anderen Teil der Person, sondern die Sehkraft selbst wird durch ihre eigene Tätigkeit verändert. Schließlich wird die immanente Tätigkeit vor allem dadurch bestimmt, dass sie sich auf ein Objekt auswirkt, das sie nicht verändert, wie wenn der Akt des Sehens den Tisch nicht verändert. Im Gegensatz dazu verändern die Akte des Wachstums, der Selbsterhaltung und der Reproduktion

[7] *ST*, I, q. 78, a. 2, ad 4.
[8] *ST*, I, q. 78, a. 2, ad 2.

das Objekt, auf das sie gerichtet sind. Sie verändern die Nahrung, und sie verändern den Organismus selbst.

Lebende Dinge unterscheiden sich also am deutlichsten von nichtlebenden Dingen, indem sie auf sich selbst wirken. Unbelebte Dinge können andere Objekte verändern, aber sie wirken nicht auf sich selbst ein.

Die vier inneren Sinne

Neben den äußeren Sinnen nennt Thomas von Aquin vier weitere Erkenntnisvermögen, die er als „innere Sinne“ bezeichnet. Die Terminologie mag verwirrend sein, denn im modernen Deutsch bezeichnen wir diese Vermögen in der Regel nicht als „Sinne“, weil dieses Wort sich heute auf die Benennung der fünf äußeren Sinne beschränkt. Zu den vier Erkenntnisvermögen gehören das Gedächtnis und die Vorstellungskraft, die wir nicht als eine Art Sinn bezeichnen. Thomas meint dennoch, dass sich das Wort „Sinn“ angemessen auf diese vier Kräfte anwenden lässt, weil sie bestimmte Merkmale mit den äußeren Sinnen gemeinsam haben.

Die vier Sinne werden bezeichnet als: (1) Gemeinsinn, (2) Vorstellungsvermögen, (3) Schätzungsvermögen (oder kognitives Vermögen) und (4) Gedächtnis. Aber diese Namen geben wenig Aufschluss: eher vermöchten sie in die Irre zu führen. Der Gemeinsinn (engl. common sense) zum Beispiel hat wenig mit dem zu tun, was wir üblicherweise als gesunden Menschenverstand bezeichnen, und das Gedächtnis und die Vorstellungskraft erweisen sich auch nicht als genau das, was wir üblicherweise darunter verstehen.

Die Vorstellungskraft ist wahrscheinlich am leichtesten zu verstehen. Thomas sagt, dass die Vorstellungskraft ein Vermögen ist, das das bewahrt, was mit den fünf Sinnen wahrgenommen wurde. Weil Sarah früher einen Tisch wahrgenommen hat, kann sie sich jetzt einen Tisch vorstellen, auch wenn dieser jetzt nicht gegenwärtig ist. Sie erinnert sich an das, was sie zuvor wahrgenommen hat. Für diese Tätigkeit würden wir eher die Bezeichnung „Erinnerung“ statt „Vorstellungskraft“ verwenden. Wir denken, dass die Vorstellungskraft eher etwas Originales ins Bild setzt. Wenn Sarah lediglich das Bild von einem Tisch behält, nennen wir dies

Erinnerung. Wenn sie sich einen Tisch aus Gold vorstellt, nennen wir dies Vorstellungskraft.

Thomas von Aquin leugnet nicht die Möglichkeit der Originalität, aber er fordert sie auch nicht. Wenn Sarah das Bild eines goldenen Tisches in ihrem Bewusstsein bildet, behält sie immer noch das, was sie wahrgenommen hat, denn sie hat schon früher Tische wahrgenommen, und sie hat die Farbe Gold wahrgenommen. Sie kombiniert diese Empfindungen zu einem Bild, das sie zuvor nicht wahrgenommen hat, aber nichtsdestoweniger ist das Bild aus dem abgeleitet, was von den Sinnen behalten wurde. In diesem Sinne ist es Vorstellungskraft. Aber auch dann, wenn Sarah sich an den Tisch genau so erinnert, wie sie ihn zuvor gesehen hatte, ist dies keine Erinnerung; nach Thomas von Aquin ist das eine Vorstellung.

Nach Thomas fügt das Gedächtnis etwas hinzu, das über das hinausgeht, was zuvor wahrgenommen wurde. Es fügt zum Beispiel die Zeit hinzu, zu der etwas wahrgenommen wurde.[9] Sarah hat keinen äußeren Sinn, durch den sie den Aspekt der Vergangenheit oder der Gegenwart wahrnimmt. Folglich kann sie die Wahrnehmung der Vergangenheit oder Gegenwart nicht behalten, zumindest nicht mit Hilfe der Vorstellungskraft, die nur das behält, was sie wahrgenommen hat. Wenn sie sich daran erinnert, dass sie den Tisch gestern gesehen hat, dann umfasst ihr Gedächtnis mehr als das, was sie vorher sinnlich wahrgenommen hat. Als solche ist die Wahrnehmung außerhalb der Vorstellungskraft.

Diesem Merkmal des Gedächtnisses nähert man sich am besten durch das Schätzungsvermögen, das in etwa dem entspricht, was wir „Instinkt" nennen. Auch dieses Vermögen geht über das hinaus, was man üblicherweise mit Sinn meint. Mit Hilfe des Schätzungsvermögens erkennt man Dinge als nützlich oder schädlich.[10] Ein Vogel zum Beispiel weiß, dass Zweige für den Nestbau nützlich sind; er erkennt Wanzen als gut zur Ernährung, und er nimmt wahr, dass Katzen gefährlich sind. Was der Vogel durch seine äußeren Sinne weiß, sind bestimmte sinnliche Eigenschaften, wie Farbe, Form, Geruch, Geräusche und so weiter. Nirgendwo unter diesen sensiblen Eigenschaften finden wir aber Attribute wie „hilfreich" oder

[9] *ST*, I, q. 78, a. 4.
[10] *ST*, I, q. 78, a. 4.

„schädlich". Wenn der Vogel Gegenstände als hilfreich oder schädlich wahrnimmt, dann geht das über seine äußeren Sinne hinaus. Wir können sagen, dass er seine Instinkte benutzt. Natürlich beginnt sein Wissen auch weiterhin mit den Sinnen. Er muss zuerst Zweige wahrnehmen, bevor ihm bewusst wird, dass sie nützlich sind. Dennoch gehört die Nützlichkeit nicht zu den wahrgenommenen Eigenschaften.

Das Schätzungsvermögen, so meint Thomas von Aquin, ist kein bewahrendes, kein erinnerndes Vermögen. In dieser Hinsicht ist es wie die Sinne. Es weiß, was jetzt vorhanden ist. Wenn der Vogel den Käfer jetzt sieht, urteilt er, dass der Käfer ihm schmecken wird. Angenommen, der Vogel sieht den Käfer im gegenwärtigen Moment nicht. Trotzdem erinnert er sich an Käfer aus der Vergangenheit, und er urteilt, dass es gut wäre, einige Käfer zu finden. Dieses Urteil geht über das Schätzungsvermögen hinaus, das nur Gegenwärtiges erkennt. Es geht auch über die Vorstellungskraft hinaus, die nur das erkennt, was die Sinne wissen, und dies schließt weder Nützlichkeit noch Gefahr ein. Welche Kraft nutzt der Vogel also, wenn er an etwas Nützliches denkt, das jetzt nicht vorhanden ist? Letztlich kommt dieses Urteil aus dem Gedächtnis, das das, was durch das Schätzungsvermögen bekannt ist, bewahrt.[11]

Tafel 4-2 Die Gegenstände der drei inneren Sinne

Das erkannte Objekt ist entweder	gegenwärtig	behalten
Wahrgenommen wird		vorgestellt
Was über das Wahrgenommene hinausgeht, ist	abgeschätzt	erinnert

Durch die Beobachtung des Verhaltens von Tieren kommt Thomas zu dem Schluss, dass Tiere diese drei inneren Sinnesvermögen haben. Schafe fliehen auf ganz natürliche Weise vor Wölfen, und Vögel fliehen vor Katzen. Sie müssen über ein Wissen verfügen, das über die rein sinnlich wahrnehmbaren Eigenschaften ihrer Feinde hinausgeht; sie müssen das Vermögen besitzen, zu beurteilen, was schädlich und nützlich ist. Darüber hinaus suchen Vögel nach Käfern und Katzen nach Mäusen, auch wenn

[11] *ST*, I, q. 78, a. 4.

die Käfer und Mäuse nicht gegenwärtig sind. Folglich müssen Vögel und Katzen ein Vermögen besitzen, durch das sie das Wissen über diese Objekte behalten, auch wenn die Objekte nicht gegenwärtig sind. Wir können noch hinzufügen, dass wir bei Tieren beobachten, dass sie aus ihren Erfahrungen lernen. In einer Laborumgebung kann man zum Beispiel feststellen, dass bestimmte Tiere einen blauen Balken drücken, um Wasser zu bekommen, und dass sie einen braunen Balken drücken, um Nahrung zu erhalten. Sie behalten bestimmte Erfahrungen aus der Vergangenheit, und erfassen gleichzeitig die Nützlichkeit oder Schädlichkeit, die diese Erfahrungen mit sich gebracht haben.

Die drei Vermögen unterscheiden sich also in zweierlei Hinsicht. Entweder wissen sie nur das, was die Sinne erfassen (Vorstellungsvermögen), oder sie erkennen Aspekte, die jenseits der Sinne liegen, z.B. was nützlich oder schädlich für sie ist (Schätzungsvermögen und Gedächtnis). Zweitens erkennen sie den Gegenstand als vorhanden (Schätzvermögen) oder als behalten (Vorstellungsvermögen und Gedächtnis). Die drei Kräfte sind in Tabelle 4-1 dargestellt.

Den Gemeinsinn könnte man in das leere Kästchen einfügen. Er weiß, was durch die fünf äußeren Sinne erkannt wird, und er erkennt dieses als gegenwärtig. Daher scheint der Gemeinsinn eigentlich überflüssig zu sein. Man könnte nämlich fragen, ob die fünf Sinne nicht selbst erkennen, was sie erfassen, und ob sie den Gegenstand nicht als vorhanden erkennen? Doch, das erkennen sie. Aber sie erkennen dies nicht „zusammen".

Bevor wir untersuchen, was mit dem Gemeinsinn gemeint ist, sollten wir einen Vorbehalt über die Art und Weise anmerken, wie wir sprechen. Wir haben gesagt, dass das Vorstellungsvermögen das behält, was mit den fünf Sinnen erfasst wird. Wir haben weiterhin gesagt, dass das Schätzungsvermögen Aspekte jenseits der fünf Sinne erfasst und so weiter. Diese Art und Weise zu sprechen ist zwar einfach, aber letztlich ziemlich oberflächlich, denn es ist in erster Linie der Vogel selbst, der weiß, und nicht seine Kräfte.[12] Der Vogel erfasst mit Hilfe seiner Vermögen. Wenn wir sagen, dass das Schätzungsvermögen Aspekte jenseits der fünf Sinne erkennt, dann sollten wir genauer sagen, dass der Vogel Aspekte jenseits

[12] *ST*, II-II, q. 58, a. 2.

seiner fünf Sinne durch sein Schätzungsvermögen erkennt. Dennoch kann eine solche Genauigkeit recht umständlich sein. Der Einfachheit halber werden wir deshalb davon sprechen, dass die Vermögen selbst erkennen, aber es sollte immer klar sein, dass das Tier selbst weiß, und zwar durch seine Vermögen und Kräfte.

Lassen Sie uns nun zum Gemeinsinn zurückkehren, der sich nicht auf die Fähigkeit bezieht, alltägliche Angelegenheiten zu erkennen und zu bewältigen, wie der Begriff *common sense* im modernen Englisch üblicherweise verwendet wird. Vielmehr bezieht er sich auf die Fähigkeit, die Sinnesqualitäten als gemeinsame zu erkennen. Inwiefern unterscheidet er sich von den fünf äußeren Sinnen? Zum einen weiß der Gemeinsinn, was von allen Sinnen wahrgenommen wird. Das Sehvermögen erfasst Farben, das Hörvermögen Geräusche und das Geruchsvermögen erfasst Gerüche. Im Gegensatz dazu erkennt der Gemeinsinn Farben, Klänge, Gerüche, Aromen, Texturen, Temperaturen und alles andere, was von den fünf äußeren Sinnen wahrgenommen wird. Als solcher gibt uns der Gemeinsinn eine *einheitliche* Sinneserfahrung. Ohne ihn wäre unsere Wahrnehmung von Klängen völlig anders als unsere Wahrnehmung von Farben. Wir erleben aber Farben und Klänge gemeinsam. In der Tat können wir erkennen, dass ein bestimmter Klang von einem bestimmten farbigen Gegenstand herrührt. Wenn Robin eine Trommel sieht und eine Trommel hört, ist sie sich bewusst, dass der Klang aus dem entsteht, was sie sieht.

Der Gemeinsinn erlaubt es uns also, mehrere Sinneserfahrungen zu einer einzigen zusammenzufügen. Er erlaubt uns auch, die Sinne zu unterscheiden. Auf der Ebene der Sinne erkennen wir sofort, dass Klänge sich von Farben unterscheiden. Diese Erkenntnis kann nicht vom Sehsinn selbst kommen, der nur Farben erkennt, und auch nicht vom Hörsinn, der nur Töne erkennt. Nur der Gemeinsinn, der sowohl Klänge als auch Farben erkennt, kann zwischen den beiden unterscheiden.[13]

Der Gemeinsinn könnte auch für das verantwortlich sein, was zeitgenössische Psychologen manchmal als „inneren Sinn“ bezeichnen, d.h. unser Bewusstsein über unseren gegenwärtigen Körperzustand, sowohl seine Position als auch seine verschiedenen inneren Dispositionen. Mit Hilfe

---

[13] *ST*, I, q. 78, a. 4, ad 2.

des Gemeinsinns, sagt Thomas von Aquin, sind wir uns bewusst, dass wir wahrnehmen. Die äußeren Sinne kennen die Welt um uns herum. Ebenso kennt der Gemeinsinn die Welt um uns herum, aber er kennt auch unsere eigene Wahrnehmungstätigkeit, und dadurch kennt er den Körper, mit dem wir wahrnehmen.

Zu den vier inneren Sinnen gehören also zwei Kräfte, die erkennen, was vorhanden ist, und zwei, die das behalten; dazu gehören zwei Kräfte, die erfassen, was die fünf Sinne erkennen, und zwei Kräfte, die über die fünf Sinne hinausgehen. Die vollständige Tabelle ist in Tabelle 4-2 zu sehen.

Tafel 4-3 Die vier inneren Sinne

Das erkannte Objekt ist entweder	*gegenwärtig*	*behalten*
Was wahrgenommen wird	Gemeinsinn	Vorstellung
Über das Wahrgenommene hinausgehend	Schätzungs-vermögen	Erinnerung

Thomas sagt, dass sich eine Tätigkeit und das ihr zugehörende Vermögen durch ihren Gegenstand unterscheiden.[14] Der Gemeinsinn und die Vorstellungskraft haben als Gegenstand die sinnlichen Eigenschaften im Allgemeinen. Das Schätzungsvermögen und das Gedächtnis haben als ihren Gegenstand das, was nützlich oder schädlich ist. Jeder einzelne Fall erfordert eine weitere Präzisierung. Der Gemeinsinn hat als seinen Gegenstand nicht nur sinnliche Eigenschaften, sondern sinnliche Eigenschaften als gegenwärtige. Die Vorstellungskraft hat als ihren Gegenstand die gleichen sinnlichen Qualitäten, aber als nichtgegenwärtige. Der Gegenstand des Schätzungsvermögens ist das Schädliche und Nützliche eines gegenwärtigen Dinges, und der Gegenstand der Erinnerung ist das Schädliche und Nützliche eines abwesenden Gegenstandes.

Die Ausdrücke „schädlich" und „nützlich" sind eine vereinfachte Art und Weise der Bezugnahme auf Aspekte, die von diesen beiden Vermögen wahrgenommen werden können. Einige dieser Merkmale passen nicht

---

[14] *ST*, I, q. 77, a. 3.

genau unter die Kategorien „schädlich" und „nützlich". Wir haben bereits angedeutet, dass das Gedächtnis auch Gegenstände erkennt, die in der Vergangenheit liegen, die zumindest aktuell nicht schädlich oder nützlich sind. Diese beiden Vermögen sind auch in der Lage, andere Objekte zu erfassen, die nicht genau zu den Begriffen „schädlich" und „nützlich" passen. Was diese Vermögen aber im Besonderen auszeichnet, ist die Fähigkeit, Merkmale oder Aspekte von Dingen wahrzunehmen, die über die äußeren Sinne hinausgehen.

Warum die Bezeichnung „innere Sinne"?

Wir mögen uns fragen, warum all diese Vermögen und Kräfte als „Sinne" bezeichnet werden, und weiterhin, warum sie „innere" genannt werden. Sie heißen „Sinne", weil sie alle eine konkrete, materielle Realität erfassen. Diese beiden Merkmale – dass der erfasste Gegenstand konkret und materiell ist – werden später noch deutlicher werden, wenn wir über die Vernunft sprechen, die kein Sinnesvermögen ist, gerade weil ihr Gegenstand nicht konkret und nicht materiell ist. Für jetzt reicht es festzustellen, dass die materiellen Aspekte der erkannten Gegenstände ziemlich klar sind. Dass es sich bei dem Gegenstand um ein konkretes Einzelnes handelt, ist zumindest für den Gemeinsinn und für das Schätzungsvermögen klar. Der Vogel weiß nicht, dass Zweige im Allgemeinen nützlich sind. Vielmehr nimmt er diesen einzelnen Zweig wahr und erkennt ihn als nützlich für sich.

Das Gedächtnis und die Vorstellungskraft sind weniger deutlich an das Konkrete gebunden, da der Gegenstand nicht vorhanden sein muss, um erfasst zu werden. Sarah könnte sich an das Bild eines Tisches erinnern, ohne dabei an einen bestimmten Tisch zu denken. Inwiefern weiß sie dann etwas Konkretes? Die Antwort auf diese Frage wird erst klar, wenn wir über die Vernunft und ihren Gegenstand sprechen. Ein Teil der Verwirrung entsteht dadurch, dass in unserer Erfahrung die Vorstellungskraft mit der Vernunft zusammenarbeitet; es kann für uns schwierig sein, herauszufinden, was zum Vorstellungsvermögen und was zur Vernunft gehört.

Alle vier inneren Sinne werden als „innere“ bezeichnet, weil sie ihren Gegenstand nicht von der Welt um uns herum erhalten, sondern von einer bestimmten Kraft des Bewusstseins.[15] Wie wir gesehen haben, ergeben sich die äußeren Sinne durch das Einwirken eines Gegenstandes auf die Sinnesorgane, so wie z.B. das Feuer auf Sams Hand einwirkt. Im Gegensatz dazu ergibt der durch den Akt des Gemeinsinnes erfasste Gegenstand sich durch die Anregung der äußeren Sinne. In beiden Fällen – sowohl bei den äußeren Sinnen als auch beim Gemeinsinn – kann der Gegenstand derselbe sein. Ein Schaf kann die Farbe, den Klang und den Geruch eines Wolfes erkennen. Es erkennt diese Eigenschaften individuell mit den äußeren Sinnen, aber es kennt sie als zusammen vorhanden durch den Gemeinsinn. Bei den äußeren Sinnen wird das Bewusstsein durch die Attribute selbst angeregt, da sie auf die Sinnesorgane des Schafes einwirken. Im Gegensatz dazu entsteht für den Gemeinsinn das Bewusstsein für dieselben Attribute nicht durch den physischen Kontakt mit dem echten Wolf, sondern durch die Form, die sich in den äußeren Sinnen herausgebildet hat.

Der Gemeinsinn trägt anschließend den Gegenstand zu dem Vorstellungsvermögen bei. Für das Schätzungsvermögen ist dies weniger klar. Klar ist jedoch, dass das „Nützliche“ und das „Schädliche“ nicht direkt auf das Sinnesorgan einwirkt. Vielmehr stellt der Gemeinsinn den Gegenstand einer einheitlichen Sinneserfahrung dar, und aus diesem Gegenstand zieht das Schätzungsvermögen instinktiv das heraus, was nützlich oder schädlich ist. Schließlich entsteht das Gedächtnis, das das Erkannte durch das Schätzungsvermögen behält, nicht unmittelbar aus dem äußeren Objekt, sondern durch das Schätzungsvermögen.

Die Vernunft in Interaktion mit den inneren Sinnen

Wie bereits erwähnt, arbeiten Vernunft und Vorstellungskraft oft Hand in Hand. Dasselbe lässt sich allgemein von den inneren Sinnen sagen.[16] Die Vernunft steht in einem besonderen Verhältnis zum Schätzungsvermögen. Tatsächlich gibt Thomas von Aquin beim Menschen diesem Vermögen einen eigenen Namen, denn er bezeichnet das menschliche

[15] *SCG*, bk. 4, c. 11, ¶4.

[16] *ST*, 1, q. 78, a. 4.

Schätzungsvermögen als Denkvermögen.[17] Wenn das Schätzungsvermögen in etwa dem Instinkt entspricht, dann ist das Wort „Instinkt" für den Menschen nicht angemessen. Obwohl wir einige wenige instinktive Urteile treffen, urteilen wir letztlich über die Nützlichkeit oder Schädlichkeit von Dingen mit Hilfe unserer Vernunft. Die Vernunft liefert tiefere Einsichten als das Schätzungsvermögen. Mit Hilfe unserer Vernunft können wir die wahren kausalen Beziehungen zwischen Mittel und Zweck begreifen, und wir können die Bedeutung verschiedener Ziele erkennen.

Diese Urteile der Vernunft geschehen jedoch nicht unabhängig von den inneren Sinnen. Wenn wir erkennen wollen, ob ein bestimmter Eimer gut zum Wassertransport geeignet ist, dann müssen wir den Eimer mit unseren Sinnen wahrnehmen. Darüber hinaus müssen wir die Bedeutung bestimmter Formen, die Undurchlässigkeit bestimmter Materialien usw. erkennen, was bedeutet, dass wir Informationen über diese sinnvollen Eigenschaften erhalten müssen. Streng genommen ist dieses kognitive Vermögen also kein Einzelvermögen. Es ist das Zusammenspiel von mindestens zwei Vermögen, von Vernunft und Schätzungsvermögen. Realistischerweise besteht eine Wechselwirkung der Vernunft mit dem Vorstellungsvermögen, dem Schätzungsvermögen und mit dem Gedächtnis.

So wie die Urteile des Denkvermögens über das hinausgehen, was das Schätzungsvermögen ohne Vernunft liefern kann, so finden wir auch bei Tieren, die nicht vernünftig denken, das Vorstellungsvermögen und das Gedächtnis über das hinausgehend, was diese Vermögen selbst besitzen. Der Mensch hat das, was wir „schöpferisches Vorstellungsvermögen" nennen können, was bedeutet, dass er die Dinge auf neue Weise zusammenzusetzen vermag. Tiere behalten einfach vergangene Erfahrungen. Was das Gedächtnis betrifft, sind Menschen in der Lage, in Erinnerungen zu schwelgen oder ihre Erinnerungen durchzugehen. Während Tiere sozusagen ein plötzliches Erinnern haben, können Menschen sich willentlich bemühen, sich zu erinnern, was an einem bestimmten Punkt in ihrem Leben geschehen ist. Wenn Joyce zum Beispiel nach ihren Schlüsseln sucht, kann sie versuchen, sich an das letzte Mal zu erinnern, als sie die Schlüssel noch hatte. Im Gegensatz dazu werden Tiere mit verschiedenen sinnlichen Realitäten konfrontiert, die dann bestimmte Erinnerungen

---

[17] *ST*, I, q. 78, a. 4, ad 5.

auslösen. Natürlich gibt es solche ausgelösten Erinnerungen auch bei Menschen. Es geht einfach darum, dass wir unsere Erinnerungen auch durchstöbern können.

Für den Menschen hebt die Vernunft also die Vorstellungskraft, das Schätzungsvermögen und das Gedächtnis auf eine höhere Ebene, die bei Tieren nicht zu finden ist. Obwohl wir diese Kräfte mit Tieren teilen, nehmen sie beim Menschen einzigartige Züge an.

Kapitel 5

Die Emotionen

> Der Teil des Menschen, mit dem er liebt und hungert und dürstet
> und das Flattern jedes anderen Verlangens spürt,
> kann als der irrationale oder begehrende Teil bezeichnet werden,
> als der Verbündete verschiedener Befriedigungen.
> *Platon*

Sowohl die äußeren als auch die inneren Sinne sind das, was wir als Erkenntnisvermögen bezeichnen können. Durch sie sind wir uns verschiedener Realitäten bewusst. In diesem Kapitel werden wir uns mit einer weiteren Gruppe mentaler Kräfte befassen, die wir als Begehrungsvermögen bezeichnen. Es sind keine Erkenntnisvermögen, denn sie erfassen nicht die Merkmale der Welt um uns herum. Vielmehr reagieren sie auf die Welt um uns herum und treiben uns an, die Welt zu verändern. Wir alle erleben Angst und Zorn, Begehren und Abneigung. Diese Emotionen sind keine Arten von Erkenntnis. Furcht zum Beispiel ist kein Bewusstsein von Gefahr, sondern vielmehr eine Reaktion auf Gefahr. Furcht treibt uns zum Handeln an; sie bewegt uns dazu, die Welt zu verändern.

Neigungen

Wir können diese Begehrungsvermögen besser verstehen, wenn wir sie in eine größere Kategorie einordnen, die wir „Neigungen" (Inklinationen) nennen. Als wir über transiente Handlungen gesprochen haben, sahen wir, dass jeder Tätige durch irgendeine Form handelt. Wir können nun hinzufügen, dass eine Form allein nicht ausreicht. Die Form muss mit der Bewegung oder dem Impuls verbunden werden. Das Emblem auf einem Metallsiegel zum Beispiel wirkt erst, wenn eine Person es in das Wachs drückt. Nur im Hinblick auf diese Bewegung können wir sagen, dass die Form des Siegels (seine Form) wirkt, um das Erleidende (das Wachs) sich selbst ähnlich zu machen. Die Bewegung zum Handeln ist das, was wir „Neigung" nennen.

Oft kommt die Bewegung zum Handeln von einer äußeren Quelle, so wie die Bewegung, das Siegel in das Wachs zu drücken, von der Person kommt, die es benutzt. Ebenso kommt die Bewegung eines Pfeils zum Ziel vom Bogenschützen, und die Bewegung einer Feder zum Schreiben kommt von der Person, die schreibt. Diese Bewegungen aus einer äußeren Quelle werden nur in einem sehr schwachen und erweiterten Sinn des Wortes als „Neigungen" bezeichnet. Genauer gesagt ist eine Neigung eine Bewegung, die einer Sache innewohnt. Ein Baum hat die Neigung, Wurzeln zu schlagen und zu wachsen. Sogar ein unbelebter Gegenstand wie ein Ball hat eine Neigung, sich nach unten zu bewegen, obwohl unsere Wahrnehmung dieser Neigung durch falsche Vorstellungen von der Schwerkraft als einer Art äußerer Kraft, die den Ball nach unten zieht, verdunkelt werden kann. Richtigerweise ist eine Neigung also eine inhärente Bewegung zu irgendeinem Ziel.

Neigungen können in zwei Arten unterteilt werden: unbewusste und bewusste Neigungen.[1] Die oben erwähnten Neigungen eines Baumes sind unbewusst, ebenso wie die Neigung des Balls, sich nach unten zu bewegen. Im Gegensatz dazu ist die Angst, die uns zur Flucht treibt, bewusst, denn sie entspringt dem Bewusstsein einer gewissen Gefahr.

Eine unbewusste Neigung, sagt Thomas, folgt aus einer „physischen" (oder natürlichen) Form, während eine bewusste Neigung aus der nichtphysischen Form des Erkennens folgt, die wir untersucht haben, als wir über Empfindung gesprochen haben. Aufgrund seiner Masse hat der Ball zum Beispiel die Neigung, sich nach unten zu bewegen. Ebenso hat ein heißer Gegenstand die Neigung, seine Wärme weiterzugeben, und ein Photon die Neigung, sich mit Lichtgeschwindigkeit zu bewegen. Im Gegensatz dazu begehrt Kenny Schokolade nur deshalb, weil er sich zunächst einmal der Schokolade bewusst ist. Sein Bewusstsein kann nur gering sein. Vielleicht weiß er nur, dass Schokolade ein von seiner Freundin Christine empfohlenes Nahrungsmittel ist. Zumindest ein solch begrenztes Bewusstsein ist jedoch notwendig, bevor Kenny die Schokolade begehren kann.

---

[1] *ST*, I, q. 80, a. 1; I-II, q. 26, a. 1.

Es wäre jedoch ein Fehler anzunehmen, dass bewusste Neigungen bei Tieren und Menschen zu finden sind, während unbewusste Neigungen auf Pflanzen und unbelebte Objekte beschränkt seien. Sicherlich können letztere keine bewussten Neigungen haben, da sie kein Bewusstsein haben. Der Fehler liegt in der Annahme, dass unbewusste Neigungen bei Tieren und Menschen nicht vorhanden seien. Unsere eigenen bewussten Neigungen sind für uns so offensichtlich, dass wir leicht die Tatsache aus den Augen verlieren, dass wir auch eine Vielzahl unbewusster Neigungen haben.

Wenn Barb sich zum Beispiel versehentlich schneidet, beginnt ihr Körper sofort einen Heilungsprozess. Dieser Prozess hängt nicht davon ab, ob wir uns der Situation bewusst sind oder nicht. Wenn Barb im Koma läge, würde ihr Körper auf die gleiche Weise reagieren. Der Körper hat also eine unbewusste Neigung, Wunden zu heilen. Ebenso hat Barbs Körper die Neigung, zu wachsen und sich auf andere Weise zu erhalten. Ihre Fortpflanzungsfähigkeit deutet auf die Neigung hin, das Leben weiterzugeben. Diese Neigung wird üblicherweise durch eine bewusste Tätigkeit ausgeübt. Die Neigung von bewussten und unbewussten Neigungen, im Einklang zu handeln, ist der Neigung zur Fortpflanzung nicht eigentümlich. Wenn sich ein Individuum zum Beispiel außerhalb des Mutterleibs befindet, wird die Neigung zu wachsen typischerweise nur im Einklang mit der bewussten Neigung, Nahrung zu sich zu nehmen, realisiert. Es ist jedoch klar, dass die Tätigkeit des Wachstums ganz ohne einen bewussten Wunsch zu wachsen stattfindet.

Emotionen und Wille

Bewusste Neigungen werden ihrerseits in zwei Hauptkategorien unterteilt, nämlich in die Emotionen und das Wollen.[2] Die Unterscheidung beruht im Wesentlichen auf der Art des Erkennens, das die Neigung hervorruft. Jede bewusste Neigung entsteht aus irgendeinem Erkennen, aber manchmal ist dieses Wissen (äußeres oder inneres) sinnliches Erkennen, und manchmal ist es das, was wir intellektuelles Erkennen oder das

[2] *ST*, I, q. 80, a. 2; I-II, q. 26, a. 1.

Wissen der Vernunft nennen können.[3] Die bewussten Neigungen der Emotionen folgen auf das sinnliche Erkennen. Die bewussten Neigungen des Willens folgen auf intellektuelles Wissen.

Der Unterschied zwischen diesen beiden wird erst später deutlich, wenn wir den Willen ausführlicher diskutieren. Zum jetzigen Zeitpunkt werden wir uns auf einen herausragenden Unterschied konzentrieren (jenseits des Unterschieds der Art des Erkennens, aus dem jeder von ihnen hervorgeht). Die Emotionen, mit denen wir alle vertraut sind, sind immer mit einer körperlichen Veränderung verbunden, deren wir uns bewusst werden. Wenn Clare zum Beispiel Angst hat, schlägt ihr Herz schneller, ihre Muskeln spannen sich an und sie fängt an zu schwitzen. Ähnliche Veränderungen können auftreten, wenn jemand wütend wird. Etwas Ähnliches geschieht, wenn Kenny sich schämt: Blut schießt an die Oberfläche seiner Haut, wodurch sie sich warm anfühlt und rot wird.

Diese Veränderungen treten zum Teil deshalb auf, weil sich der Körper auf Handlungen vorbereitet. Letzten Endes, so Thomas von Aquin, sind diese körperlichen Veränderungen Teil dessen, was man ‚eine Emotion haben' nennt.[4] Emotionen sind nicht nur mental; sie sind zum Teil auch körperlich. Das Gefühl der Angst ist nicht einfach ein Bewusstsein von Gefahr und der mentale Wunsch, sie zu vermeiden; wesentlich für die Angst ist das schnelle Schlagen des Herzens und die Anspannung der Muskeln. Diese körperlichen Veränderungen sind nicht nur Teil der Emotion, sondern wir sind uns auch dieser Veränderungen, die in uns stattfinden, bewusst. Emotionen haben also zwei Elemente, die mit dem Bewusstsein verbunden sind. Einerseits ergibt sich ein gewisses Bewusstsein von etwas Gutem oder Schlechtem durch die Form, aus der die Neigung entsteht, auch wenn Clares Bewusstsein der Gefahr ihre Furcht hervorruft. Andererseits sind wir uns (auf einer rationalen Ebene) des physischen Elements der Emotion bewusst, so beispielsweise, wenn Clare die Spannung in ihren Muskeln spürt. Wegen des letztgenannten Bewusstseins nennen wir Emotionen manchmal „Gefühle".

[3] *ST*, I-II, q. 26, a. 1; I-II, q. 27, a. 2.

[4] *ST*, I-II, q. 22, a. 2, ad 3; I-II, q. 17, a. 7.

Thomas vermeidet also den Fehler, zu behaupten, dass Emotionen einfach ein mentales Ereignis ohne körperliche Komponente seien. Manchmal begehen zeitgenössische Denker den gegenteiligen Fehler. Sie nehmen an, dass eine Emotion einfach eine Verbindung von körperlichen Veränderungen sei. Sie verlieren das bewusste Element aus den Augen. Dieses Element, so Thomas von Aquin, ist das wesentlichste. Eine Emotion ist eine auf ein Ziel gerichtete Neigung, und dieses Ziel kommt nur aus dem Bewusstsein. Das Gefühl der Angst zum Beispiel betrifft eine gewisse Gefahr. Eine Aufzählung von körperlichen Veränderungen, wie rasches Schlagen des Herzens, angespannte Muskeln und so weiter, erfasst nicht das Wesen der Angst; denn tatsächlich treten viele der gleichen körperlichen Veränderungen bei verschiedenen Emotionen auf. Angst wird nur dann zum Gefühl der Angst, wenn sich die Person einer Gefahr bewusst ist, angesichts derer sie dann zur Flucht neigt. Wenn Clares Herz rasch schlägt und ihre Muskeln angespannt sind, folgt daraus nicht, dass sie Angst hat. Sie hat nur dann Angst, wenn sie zusätzlich ein gewisses (vielleicht verwirrtes) Gefahrenbewusstsein hat und den Drang zur Flucht verspürt.

Manchmal ist unser Wissen über die Gefahr nur recht vage. Wir regen uns zum Beispiel über etwas auf, aber wir können nicht sagen, was genau es ist. Dieses Phänomen entsteht, weil wir die Gefahr mit unserem Urteilsvermögen einschätzen können, aber sie mit unserer Vernunft nicht klar benannt haben. Vernunft und Schätzungsvermögen haben es versäumt, sich im kognitiven Vermögen zu vereinen. Mit Übung – die in der psychologischen Behandlung oft empfohlen wird – können wir uns unserer gewohnten Gedanken, die verschiedene Emotionen hervorrufen, bewusster werden.

Bei Thomas von Aquin werden die Emotionen in zwei Hauptkategorien unterteilt, die traditionellerweise „begehrende" Emotionen (lat. *concupiscentia*) – wozu etwa Liebe, Hass, Verlangen und Vergnügen gehören – und „zornige" Emotionen – wozu etwa Wut, Angst, Verzweiflung und Wagemut gehören – genannt werden.[5] Die Bezeichnungen sind zwar nicht ganz passend, aber vielleicht die besten, die wir finden können. Wie zu erwarten (angesichts unserer früheren Analyse der Handlungen), unterscheiden sich die beiden Arten von Emotionen dadurch, dass sie

[5] *ST*, I, q. 81, a. 2.

unterschiedliche Objekte haben. Alle Emotionen betreffen eine gute oder schlechte Sache, aber die zornigen fügen eine gewisse Herausforderung oder Schwierigkeit hinzu. Thomas von Aquin sagt daher, dass die begehrenden Emotionen als ihren Gegenstand etwas haben, das einfach gut oder schlecht ist, während die zornigen als ihren Gegenstand etwas Gutes oder Schlechtes haben, das schwierig ist. Die vollständige Einteilung der Neigungen ist in Abbildung 5-1 zu sehen.

Tafel 5-1 Inklinationen

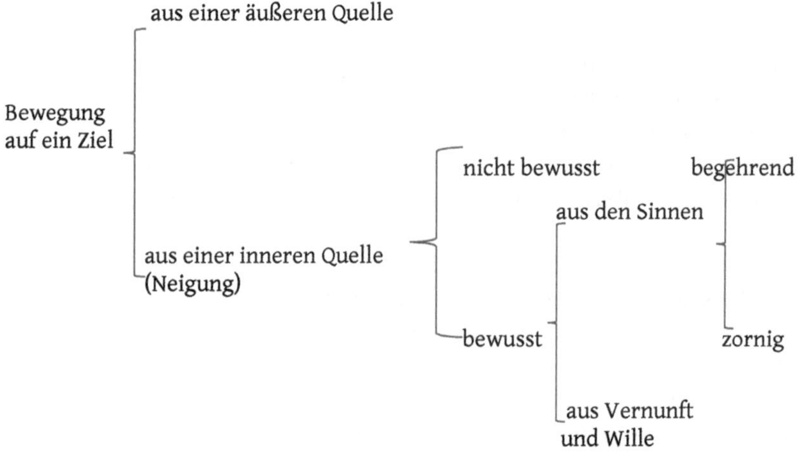

Begehrende Emotionen

Die Unterscheidung zwischen den begehrenden und den zornigen Emotionen lässt sich am besten verständlich machen, wenn die Emotionen näher betrachtet werden. Thomas identifiziert sechs verschiedene begehrende und fünf verschiedene zornige Emotionen. Die begehrenden Emotionen werden zunächst in solche, die etwas Gutes betreffen, und solche, die etwas Schlechtes betreffen, unterteilt.[6] Diese beiden werden weiter in jeweils drei unterteilt, so dass sich insgesamt sechs ergeben. Die

[6] *ST*, I-II, q. 25, a. 2.

Dreiteilung hängt von der Vorstellung ab, dass Emotionen eine Art von Bewegung darstellen, und Bewegung, so Thomas von Aquin, hat drei Zustände. Bewegung beginnt mit einem Impuls, sie wächst in die Bewegung selbst hinein, und sie erfüllt sich in der Ruhe. Nehmen wir das einfache Beispiel des Balls, den Louis in der Hand hält. Wie wir gesehen haben, hat dieser Ball den Impuls, sich nach unten zu bewegen. Wenn Louis den Ball loslässt, dann bewegt dieser sich tatsächlich nach unten. Wenn der Ball schließlich den Boden erreicht, kommt er zum Stillstand oder in einen Ruhezustand. In den Emotionen finden sich die gleichen drei Zustände: Impuls, Bewegung und Ruhe.

Am deutlichsten ist die Unterscheidung bei den begehrenden Emotionen, die das Gute betreffen, nämlich Liebe, Lust und Vergnügen (oder Genuss). Liebe ist ein gewisser Impuls in Richtung eines Gutes.[7] Wir verwenden das Wort „Liebe" – wie es üblicherweise geschieht – sehr allgemein. Wir beschränken es nicht auf eine Art edle Liebe zu Mitmenschen. Rachel liebt vielleicht tatsächlich ihren Bruder Sam, aber sie liebt auch Eiscreme. Obwohl die beiden recht unterschiedlich sind, wird für beide dasselbe Wort verwendet, weil sie ein wesentliches Merkmal gemeinsam haben: Beide sind Impulse zu einem Gut.

Auf die Liebe folgen die beiden Emotionen des Erstrebens und des Genießens.[8] Wenn wir etwas lieben, es aber noch nicht besitzen, dann begehren wir es, was eine Art Bewegung nach außen hin ist, um das Gute zu erreichen. Rachel liebt zum Beispiel Eiscreme, und sie erkennt, dass sie sie jetzt nicht hat; also will sie sie haben. Wenn wir etwas lieben und es in Besitz nehmen, dann ruhen wir darin aus, was die Emotion des Genusses oder der Freude ist. Wenn Rachel zum Beispiel beginnt, ihr Eis zu essen, dann genießt sie es.

Dieselben drei Stadien finden sich auch, wenn der Gegenstand der Emotion etwas Schlechtes ist. Der Impuls als Reaktion auf etwas Schlechtes ist Hass, die Bewegung ist Abneigung, und die „Ruhe" ist Unmut oder Schmerz.[9] Wenn wir mit etwas Schlechtem konfrontiert werden,

[7] *ST*, I-II, q. 26, a. 1.
[8] *ST*, I-II, q. 30, a. 2.
[9] *ST*, I-II, q. 30, a. 2.

beginnen wir mit dem Impuls des Hasses. Traci zum Beispiel hasst Rosenkohl. Dann gehen wir zur Abneigung über. Wenn sie mit Rosenkohl konfrontiert wird, hat Traci eine Abneigung gegen Rosenkohl. Schließlich haben wir Missfallen oder Schmerz, wenn wir uns in Gegenwart dessen befinden, was wir als schlecht für uns empfinden. Wenn Traci gezwungen wird, Rosenkohl zu essen – so dass sie die unvermeidliche Gegenwart einer schlecht schmeckenden Sache empfindet –, dann empfindet sie Missfallen oder sogar Schmerz.

Die „Emotionen" von Lust und Schmerz deuten auf eine Unzulänglichkeit des Wortes „Emotion" hin. Bei Thomas von Aquin wird das lateinische Wort *passio* verwendet, das man mit „Leidenschaft" übersetzen könnte, einem deutschen Wort, das heute eher auf eine sehr starke Emotion hinweist. Doch Thomas von Aquin spricht nicht nur von starken Emotionen, so dass das Wort „Leidenschaft" irreführend ist. Das Wort *passio* bei Thomas erfasst vielmehr die passive Qualität unserer bewussten sinnlichen Neigungen und nicht deren Stärke. Leidenschaften sind nach Thomas etwas, das wir erleben.[10] Sowohl der Schmerz eines gebrochenen Arms als auch die Trauer um einen verlorenen geliebten Menschen sind affektive Reaktionen, die uns widerfahren.

Auch das Wort „Emotion" ist unangemessen. Seine Unzulänglichkeit wird am deutlichsten bei der Beschreibung von Freuden und Schmerzen. Das Wort „Emotion" wird in der Regel nicht auf sinnliche Schmerzen angewendet, die Thomas von Aquin als äußerliche Schmerzen bezeichnet, wie z.B. den Schmerz bei einem Armbruch. Auf der anderen Seite wird das Wort „Emotion" für etwas angewendet, was Thomas als innere Schmerzen oder Trauer bezeichnet, wie die Trauer, die wir beim Tod eines geliebten Menschen empfinden. Was Thomas betrifft, so handelt es sich bei beiden um bewusste Neigungen, aber die erste beginnt mit einer körperlichen Veränderung (wie einem gebrochenen Arm), deren wir uns bewusst sind, während die zweite mit einem Bewusstseinsakt beginnt (wie dem Bewusstsein vom Tod des geliebten Menschen), der dann mit einer körperlichen Veränderung (z.B. Tränen) verbunden wird.[11] Dieselbe Unterscheidung gilt auch für Freude. Wenn wir Eis essen, haben wir eine

[10] *ST*, I-II, q. 22, a. 1.
[11] *ST*, I-II, q. 35, a. 7.

körperliche Art des Vergnügens, die sich nicht besonders gut als „Emotion" bezeichnen lässt, aber wenn wir einen Sonnenuntergang genießen, haben wir eine Freude durch einen psychischen Zustand. Die sechs Arten von begehrenden Emotionen (oder Leidenschaften) sind in Tabelle 5-1 zusammengefasst.

Tafel 5-2: Begehrende Emotionen

Objekt	*Impuls*	*Bewegung*	*Ruhe*
Ein einfaches Gut	Liebe oder Zuneigung	Wunsch	Genuss oder Freude
Ein einfaches Übel	Hass oder Abneigung	Abneigung	Kummer, Schmerz oder Missfallen

Zornige Emotionen

Wir sind jetzt darauf vorbereitet, zornige Emotionen zu verstehen, die mit einer Schwierigkeit verbunden sind. Angenommen, Sam legt Fleisch vor seinen Hund Abby. Abby hat das Gefühl von Liebe oder Zuneigung, dann der Begierde, die sie dazu bringt, das Fleisch zu essen, und dann genießt sie das Fleisch. Nehmen wir nun aber an, Sam legt das Fleisch an einem Ende des Hofes ab, während Abby am anderen Ende steht. Zwischen dem Fleisch und Abby befindet sich ein Feuer. Abby wird von dem Feuer abgestoßen, aber vom Fleisch angezogen. Die Spannung zwischen diesen beiden Bewegungen kann nicht auf der Ebene der begehrenden Emotionen gelöst werden, die sich nur mit Fragen der direkten Anziehung oder der direkten Abstoßung befassen. Um mit diesem komplexeren Gegenstand umzugehen, der sowohl Aspekte der Anziehung als auch der Abstoßung umfasst, brauchen wir die zornigen Emotionen.[12]

Auf dem Weg zu diesem schwer zu erlangenden Gut kann Abby zwei Bewegungen ausführen. Sie kann sich auf das Gut zu bewegen, was ein

[12] *ST*, I-II, q. 23, a. 1.

Gefühl der Hoffnung beinhaltet, oder sie kann sich davon entfernen, was dem Gefühl der Verzweiflung entspricht. Wenn ein Gut eine gewisse Schwierigkeit beinhaltet, dann bewegen wir uns nicht mit einfachem Wunsch, sondern mit Hoffnung darauf zu, oder wir wenden uns mit dem Gefühl der Verzweiflung davon ab.[13] In beiden Fällen ist das Erreichen des Guten nicht so einfach. Außer dem Erreichen des Guten muss auch etwas überwunden werden. Mit Hoffnung glauben wir, dass es möglich ist, die Schwierigkeit zu überwinden und das Gute zu erlangen; mit Verzweiflung denken wir, dass die Schwierigkeit zu groß ist und wir uns ihr nicht stellen können.

Bei einer schwierigen schlechten Sache, die man auch eine Gefahr nennen könnte, verhält es sich etwas komplizierter. Wir wollen vom Schlechten wegkommen. Nun tritt eine Schwierigkeit hinzu: Es ist nicht so einfach, dem Schlechten auszuweichen. In gewisser Weise kommt das Schlechte nämlich von selbst auf uns zu; es tritt hervor und holt uns ab. Wenn Traci den Rosenkohl nicht mag (oder ihn „hasst"), dann hat sie eine Abneigung gegen Rosenkohl. Es ist jedoch leicht, den Rosenkohl zu meiden. Nehmen wir aber an, dass Traci glaubt, ihre Mutter würde sie zwingen, Rosenkohl zu essen. In gewisser Weise stellt sich damit der Rosenkohl als etwas heraus, das sie gewissermaßen abholt (oder ihre Mutter kommt, um ihr Rosenkohl aufzuzwingen). Es ist nicht so leicht zu vermeiden, den Rosenkohl zu essen. Das einfache Gefühl der Abneigung reicht nicht mehr aus. Nun befürchtet Traci, dass sie den Rosenkohl essen muss.

Was ein schwer zu erlangendes Gut betrifft, so haben wir zwei Bewegungen: entweder auf das zu erlangende Gut zu, mit Hoffnung, oder von ihm weg, mit Verzweiflung. Ebenso können wir uns bei einem schlechten Ding entweder von ihm wegbewegen, nämlich mit Furcht, oder aber wir gehen ihm entgegen, nämlich mit Wagemut oder Tapferkeit.[14] Bei einer einfachen schlechten Sache hat es keinen Sinn, ihr entgegenzugehen, weil sie leicht vermieden werden kann. Wenn sich das Schlimme jedoch so zeigt, dass es unvermeidlich ist, dann können wir uns dafür entscheiden, ihm entgegenzutreten und es aufzuhalten, bevor es uns erreicht. Traci könnte also Angst haben und versuchen, das Abendessen zu vermeiden, bei dem

---

[13] *ST*, I-II, q. 40, a. 1; I-II, q. 40, a. 4.

[14] *ST*, I-II, q. 41, a. 2; I-II, q. 45, a. 1.

sie gezwungen sein wird, den Rosenkohl zu essen, oder sie könnte es wagen, ihrer Mutter zu widersprechen, indem sie darauf besteht, dass sie keinen Rosenkohl essen will.

Wenn Rachel Angst davor hat, in der Öffentlichkeit zu sprechen, dann glaubt sie, dass etwas Schlimmes auf sie zukommt, wahrscheinlich Scham oder Erniedrigung. Das Gefühl der Angst bewegt sie dazu, öffentliche Reden zu vermeiden und vor der schwierigen und unangenehmen Sache zu fliehen. Rachel muss auf diese Gefahr jedoch nicht mit Angst reagieren. Sie könnte der schwierigen schlechten Sache entgegentreten. Während das Gefühl der Angst Rachel dazu bewegt, vor der schwierigen schlechten Sache zu fliehen, treibt das Gefühl des Wagemuts sie dazu, sich ihr zu stellen, so dass sie die Demütigung beenden kann, indem sie in der Öffentlichkeit eine gute Rede hält.

Tafel 5-3: Unvollständige Liste zorniger Emotionen

Objekt	*Impuls*	*Bewegung*		*Ruhe*
Ein schwer zu erlangendes Gut	keine Anwendung	auf es zu bewegen	Hoffnung Verzweiflung	keine Anwendung
Ein schwer zu vermeidendes schlechtes Ding	keine Anwendung	auf es zu bewegen fliehen	Wagemut oder Tapferkeit Flucht	

Die vier oben diskutierten zornigen Emotionen sind in Tafel 5-2 dargestellt. Alle bisher besprochenen Emotionen finden sich in der Spalte *Bewegung*. Die zornigen Emotionen haben keinen Eintrag an der Stelle des *Impulses* (für den wir in den begehrenden Emotionen Liebe und Hass fanden), und es findet sich kein Eintrag in der Spalte Ruhe für ein schwer zu erlangendes Gut. Dieses Fehlen wird in Kürze erklärt. Man könnte vermuten, dass der leere Platz (für das Vorhandensein einer schwer zu vermeidenden schlechten Sache) mit dem Gefühl des Zorns gefüllt sein müsste, nach dem die zornigen Emotionen benannt sind.

Die zornigen Emotionen beginnen und enden mit dem Begehren

Bevor wir die Wut untersuchen, bei der es sich um eine komplizierte Emotion handelt, wollen wir verständlich machen, warum es in den drei angegebenen Spalten keine Emotion gibt. Das Fehlen von Ruhe in einem schwierigen Gut ist am einfachsten zu verstehen. Wenn der Einzelne tatsächlich das Gute erlangt, dann hat er die Schwierigkeit überwunden. Das Gute hat aufgehört, ein schwieriges Gut zu sein, und ist zu einem einfachen Gut geworden. Wenn wir jedoch ein einfaches Gut erreichen, dann haben wir das Gefühl der Freude, das ein begehrendes Gefühl ist. Es besteht also keine Notwendigkeit für ein eigenes zorniges Gefühl, das mit der Ruhe zu tun hat. Wenn Abby am Feuer vorbeikommt und beginnt, das Fleisch zu essen, dann hat sie das Gefühl des Genusses, denn die Erlangung des Guts stellt keine Schwierigkeit mehr dar.

Ähnliches kann gesagt werden, wenn der Hund Abby verzweifelt versucht, am Feuer vorbeizukommen. Abby bleibt mit dem begehrenden Gefühl der Trauer zurück, denn der Verlust eines Gutes wird als etwas Schlechtes betrachtet. Sie hat das Gut verloren und kann kein Fleisch essen. Sie hat es wegen der damit verbundenen Schwierigkeiten aufgegeben, das Fleisch zu essen, und vermeidet es, dieses Ziel weiter zu verfolgen. Nun, da die Schwierigkeit vermieden wurde, wird sie über den Verlust des einfachen Gutes trauern.

Der Impuls, der den zornigen Emotionen zugrunde liegt, entspringt der Liebe zu einem einfachen Gut oder dem Hass über eine Schwierigkeit. Der Hund Abby hat einen Impuls zum Fleisch – trotz des Feuers –, denn Fleisch zu essen ist an sich gut. Abby hat einen Impuls, dem Feuer zu entfliehen, weil das Feuer eine schlechte Sache ist, die sie leicht vermeiden kann. Angesichts dieser Spannungen auf der Ebene des Impulses kommen die zornigen Emotionen auf der Ebene der Bewegung ins Spiel. Ebenso hat Rachel gegenüber der schlechten Sache, dass sie erniedrigt werden könnte, den Impuls des Hasses. In Richtung auf die Beseitigung dieser schlechten Sache hat Rachel den Impuls der Liebe, denn die Beseitigung einer schlechten Sache wird als gut empfunden.

Wie oben erwähnt, kann der leere Platz (das Vorhandensein einer schwer zu vermeidenden schlechten Sache) mit einer begehrenden Emotion gefüllt werden. Wenn Rachel zum Beispiel tatsächlich gedemütigt wird, dann hat sie das Gefühl von Trauer oder Schmerz. Das Böse kommt nicht mehr auf sie zu, um sie zu holen, sondern es hat sie erfolgreich abgeholt, so dass das schwer zu vermeidende Böse zu einem einfachen Bösen geworden ist, das das Gefühl des Kummers vermittelt. Wenn Rachel eine erfolgreiche Rede hält, dann ist die Demütigung abgewendet. Die Beseitigung dieser schlechten Sache ist eine gute Sache, an der Rachel Freude hat.

Thomas von Aquin sagt, dass die zornigen Emotionen mit den begehrenden Emotionen beginnen und sich in den begehrenden Emotionen auflösen.[15] Der Impuls kommt immer von der Konkupiszenz, und die Ruhe (oder die unvermeidliche Gegenwart) ist ebenfalls im Begehren. Zornige Emotionen entstehen zwischen Impuls und Ruhe, auf der Ebene der Bewegung.

Zorn

Wir haben jedoch gesagt, dass das Gefühl des Zorns zu einer unvermeidlichen, schwierigen und schlechten Sache gehört. Gleichzeitig sagten wir, dass dann, wenn diese schlimme Sache eingetroffen ist, d.h. wenn dieses schlimme Ereignis die Person eingeholt hat, die Schwierigkeit sozusagen nicht mehr aussteht (sie kommt nicht mehr zu uns, um uns einzuholen, sondern sie ist jetzt da), wir dies mit der Emotion der Trauer erleben. Was ist wahr? Haben wir das begehrende Gefühl der Trauer oder das zornige Gefühl der Wut? Tatsächlich kann beides der Fall sein.

Diese zweifache Möglichkeit ergibt sich, weil das schwer zu beseitigende Übel selbst oft zweifach ist. Auf der einen Seite gibt es das Übel, das man vermeiden möchte, auf der anderen Seite gibt es jemanden oder etwas, das sich auf uns zukommend bewegt. Auf der einen Seite isst Traci nicht gerne Rosenkohl, auf der anderen Seite zwingt ihre Mutter sie, Rosenkohl zu essen. Zu dem schwer zu vermeidenden Übel gehört also sowohl das Essen von Rosenkohl als auch das Verhalten von Tracis Mutter. Wenn Traci den Rosenkohl isst, hat sie Kummer über den bitteren Geschmack;

---

[15] *ST*, I-II, q. 23, a. 1.

gegenüber ihrer Mutter ist sie wütend. Auch Rachel will sich nicht schämen, aber sie nimmt das Publikum so wahr, als Herausforderung, die auf sie zukommt. Wenn sie gedemütigt wird, ist sie traurig, aber gegenüber jemandem, der sie auslacht, ist sie wütend. Um die Sache noch komplizierter zu machen, hat sie vielleicht Wut auf sich selbst, was bedeutet, dass sie ihre eigenen Unzulänglichkeiten so wahrnimmt, dass diese auf sie zukommen und sie „abholen".

Das komplexe Objekt einer schwer zu vermeidenden schlechten Sache gibt also Anlass zu Kummer und manchmal auch zu Wut. Wenn Ihnen das Schlechte begegnet, dann werden Sie Kummer haben, aber Sie können auch Wut auf denjenigen empfinden, der Ihnen das Schlechte antut. Die Trauer geht immer dem Zorn voraus, sagt Thomas von Aquin, denn das Böse muss erst einmal vorhanden sein, bevor wir den angreifen können, der uns das Übel antun will.[16]

Wut sucht in der Tat einen Weg, das Übel auszuschalten. Etwas Schlimmes ist mir angetan worden, und ich werde im Gegenzug selbst etwas Schlechtes tun. Was ich im Gegenzug tue, empfinde ich jedoch nicht einfach nur als etwas Schlechtes. Ich empfinde es als gut, weil derjenige, der mir ein Übel antun will, es verdient hat. Es ist angemessen, dass er Übles mit Üblem erwidert bekommt, und was angemessen ist, ist in gewisser Weise gut für mich.

Im einem strengen Sinne ist Thomas von Aquin also der Meinung, dass nur Menschen zornig sein können, denn nur Menschen haben eine Vorstellung von Gerechtigkeit und nur sie nehmen Schuld oder Strafe wahr. Streng genommen haben wir auch nur Wut auf Menschen, denn nur diejenigen, die sich freiwillig für das Böse entscheiden, verdienen es, dass es erwidert wird.[17] Deb wird nicht wütend über einen Hagelsturm, der ihr Auto beschädigt hat (obwohl sie sich vielleicht über sich selbst ärgert, weil sie ihr Auto draußen hat stehen lassen). Sie ärgert sich jedoch über Vandalen, die ihr Auto beschädigen. Wir ärgern uns aber über leblose Dinge wie Computer, obwohl wir uns dann, zumindest teilweise, über die Menschen ärgern, die sie hergestellt haben.[18] Erfahrungen mit Tieren zeigen

[16] *ST*, I-II, q. 46, a. 3, ad 3.
[17] *ST*, I-II, q. 46, a. 4; I-II, q. 46, a. 7.
[18] *ST*, I-II, q. 46, a. 7, ad 1.

auch, dass bestimmte Tiere so etwas wie Wut haben. Thomas erkennt diese Erfahrung an, aber er glaubt nicht, dass Tiere Wut im engeren Sinne haben, noch, so scheint es, ist unsere Frustration im Hinblick auf den Computer Wut im engeren Sinne.[19]

Tafel 5-4: Vollständige Liste der Emotionen

	Gegenstand	**Impuls**	**Bewegung**	**Ruhe**
Begehrende Emotionen	Ein einfaches Gut Ein einfaches Übel	Liebe Hass	Auf das Gut hin Vom Übel weg	Genuss Trauer
Zornige Emotionen	Ein schwer zu erlangendes Gut Ein schwer zu vermeidendes Übel	Nicht anwendbar Nicht anwendbar	Hoffnung Verzweiflung Mut Furcht	Nicht anwendbar Zorn

Varianten von Emotionen

Eine vollständige Liste der Emotionen findet sich in Tabelle 5-3. Mit Ausnahme der Wut (im engeren Sinne) finden sich alle diese Emotionen zumindest auch bei einigen Tieren. Alle Tiere haben begehrende Emotionen, und die meisten haben auch die zornigen, obwohl vielleicht einige sehr einfache Tiere, wie z.B. Würmer, keine zornigen Emotionen haben.

Diese Emotionen können je nach Gegenstand weiter unterteilt werden (sowohl bei Menschen als auch bei Tieren). Das Verlangen nach sexueller Lust ist eine solche, das Verlangen nach dem Genuss von Nahrung eine andere und das Verlangen nach Besitz eine dritte. Der Kummer über ein

[19] *ST*, I-II, q. 46, a. 4, ad 2; I-II, q. 46, a. 7, ad 1.

verlorenes Spiel ist ebenfalls eine solche Sache, der Kummer über die Freude des Siegers (Neid) eine andere, und der Kummer über den Tod eines Freundes ist eine dritte Emotion.

Manchmal wirft die genaue Stellung einer bestimmten Emotion innerhalb des Diagramms eine interessante Frage auf. Wo sollen wir zum Beispiel das Gefühl der Angst platzieren? Naheliegend wäre es, die Angst bei den zornigen Emotionen als eine bestimmte Art von Furcht einordnen. Thomas von Aquin hingegen ordnet sie als eine bestimmte Art von Trauer ein.[20] Es ist eine Trauer, von der wir glauben, dass wir sie nicht mehr loswerden können. Wir würden sie gerne loswerden, aber wir glauben, dass wir sie nicht loswerden können. Thomas selbst verbringt viel Zeit und Mühe damit, die Emotionen im Detail zu analysieren. Seiner Meinung nach ist das Verstehen der Emotionen entscheidend dafür, dass wir lernen, unsere Emotionen zu formen und zu gestalten. Dieselbe Schlussfolgerung scheint auch die moderne Psychologie gezogen zu haben. Zur Heilung einer emotionalen Störung gehört in der Regel, sich der genauen Natur der ihr zugrunde liegenden Emotionen bewusst zu werden und ein Bewusstsein dafür zu entwickeln, welche Situationen die Emotionen auslösen.

[20] *ST*, I-II, q. 35, a. 8.

Tafel 5-5: Seelenvermögen

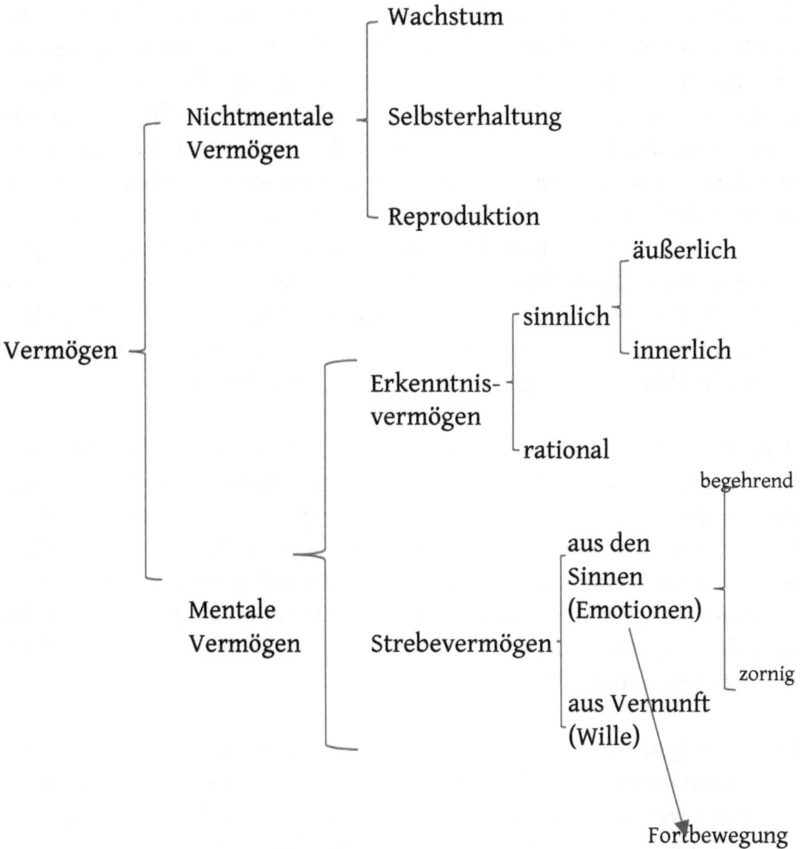

Fortbewegung

Wir beginnen jetzt die Menschen besser zu verstehen. Wir wissen jetzt, dass sie bestimmte Kräfte mit allen Lebewesen gemeinsam haben, nämlich Wachstum, Erhaltung und Fortpflanzung. Wir wissen auch, dass sie über äußere Sinne verfügen, die sie mit den Tieren teilen und durch die sie die Welt um sich herum erfassen. Menschen und Tiere haben auch innere Sinne, durch die sie das, was sie wahrgenommen haben, behalten und durch die sie sich bestimmter nicht sinnlich wahrnehmbarer Aspekte der Realität bewusst werden, wie zum Beispiel, was nützlich oder schädlich ist. Schließlich haben sie bewusste Neigungen, die Emotionen genannt werden, durch die sie sich bewusst in der Welt bewegen und sich an der Welt erfreuen. Wenn wir die beiden Mächte, die wir noch zu berücksichtigen haben – Vernunft und Wille –, hinzufügen, dann können wir die in Abbildung 5-2 gezeigte Einteilung vornehmen.

Dem Leser wird auffallen, dass in der Übersicht ein noch nicht diskutiertes Vermögen erwähnt wird, nämlich das Vermögen zur Fortbewegung. Diese Kraft ist nicht leicht einzuordnen. Streng genommen handelt es sich bei ihr nicht um ein mentales Vermögen, da sie weder eine Art von Bewusstsein noch eine Art von Streben ist. Dennoch kann sie nicht zu den nichtmentalen Vermögen gezählt werden. Zum einen findet sie sich nicht bei Pflanzen, zum anderen ist sie eng mit dem Erkennen und vor allem mit dem emotionalen Begehren verbunden.

Das Vermögen zur Selbstbewegung ist die Fähigkeit der Tiere, sich zu bewegen, um ihre verschiedenen bewussten Wünsche zu befriedigen.[21] Fast alle Tiere weisen zumindest eine rudimentäre Form der Fortbewegung auf. Wenn Abby, der Hund, sich des Fleisches bewusst ist, begehrt sie das Fleisch, und nachdem sie das Fleisch begehrt hat, bewegt sie sich, um es zu bekommen. Die Fähigkeit, sich fortzubewegen, ist oft entscheidend für die Empfindungsaktivität selbst, denn Tiere bewegen ihren Körper, um sich umzusehen, aufmerksamer zu hören oder Dinge zu fühlen.
Die Kraft der Fortbewegung folgt dem Verlangen und ist ein Mittel zur Befriedigung des Verlangens. Als solche gehören Reflexhandlungen nicht

[21] *ST*, I, q. 75, a. 3, ad 3; I, q. 78, a. 1.

unbedingt zum Fortbewegungsvermögen. Wenn man jemandem auf das Knie klopft, zuckt sein Bein. Diese Bewegung folgt aus der Sinneswahrnehmung. Sie folgt jedoch nicht auf Emotionen oder Begehren, gehört also nicht wirklich zur Fortbewegung.

Möglicherweise brauchen Reflexhandlungen keine Sinneswahrnehmung. Die reflektorische Bewegung des Beins findet statt, noch bevor der elektrische Impuls der Neuronen das Gehirn erreicht hat. Nachdem er das Rückenmark erreicht hat, kehrt ein weiterer elektrischer Impuls in das Bein zurück und verursacht das Zucken. Erst wenn der anfängliche elektrische Impuls das Gehirn erreicht, wird uns als Person das Klopfen auf das Knie bewusst. Folgt daraus, dass die Bewegung des Beins unabhängig vom Bewusstsein ist? Möglicherweise. Wenn wir an der kartesianischen Ansicht festhalten, dass Bewusstsein nur im Gehirn auftritt, folgt daraus zweifellos, dass die Bewegung des Beins unabhängig vom Bewusstsein ist. Eine andere Möglichkeit ist jedoch, dass sich der Gemeinsinn (wie im letzten Kapitel beschrieben) im Gehirn befindet. Nur mit dem Gemeinsinn sind wir uns bewusst, dass wir uns bewusst sind. Nichtsdestotrotz sind wir uns möglicherweise des Klopfens auf das Knie bewusst (aber nicht bewusst, dass wir uns bewusst sind), bevor irgendetwas das Gehirn erreicht.

Einige Pflanzen scheinen ein hohes Bewegungsvermögen aufzuweisen. Heliotrope Pflanzen, zum Beispiel die Sonnenblume, folgen den Bewegungen der Sonne, und Pflanzen wie die Venusfliegenfalle können sich sehr schnell bewegen, um Insekten zu fangen. Diese Bewegungen werden jedoch weder durch das Bewusstsein noch durch bewusste Wünsche ausgelöst. Bestimmte Reize lösen bestimmte chemische Reaktionen aus, die dann Bewegungen auslösen. Was Thomas von Aquin über die Kraft der Fortbewegung sagt, betrifft also nicht jede beliebige Reaktionsbewegung eines Wesens, sondern vielmehr eine Bewegung, die aus dem bewussten Begehren entsteht und nur bei Tieren vorkommt.

Die Emotionen und die Vernunft

Wie oben erwähnt, kommen die inneren Sinne auch bei den Tieren vor, aber beim Menschen sind sie unverwechselbar, weil die Vernunft (die nur beim Menschen zu finden ist) mit den inneren Sinnen interagiert.

Dasselbe kann man von den Emotionen sagen. Sie finden sich auch bei Tieren, aber beim Menschen sind sie unverwechselbar. Die Vernunft interagiert mit den Emotionen (über die inneren Sinne), so dass menschliche Emotionen sich von tierischen Emotionen unterscheiden.

Menschliche Emotionen unterscheiden sich von tierischen Emotionen vor allem dadurch, dass sie von der Vernunft geleitet werden. Unsere Emotionen sind keine brachialen Tatsachen, über die wir keine Kontrolle haben. Vielmehr können wir das Objekt einer Emotion betrachten, um die Kontrolle über die Emotion zu erlangen. Wenn wir z.B. wütend sind, können wir nachdenken und erkennen, dass die Verletzung gegen uns nur geringfügig ist, wodurch der Ärger gemildert wird. Wir sind nicht Opfer unserer Emotionen, als ob wir tun müssten, was immer sie verlangen. Im Gegenteil, wir können unsere eigenen Wünsche formen.

Thomas spricht von drei verschiedenen Arten der Kontrolle, die wir über die Emotionen erlangen können. Erstens kann die Vernunft, wie oben beschrieben, Emotionen lenken, indem sie über das Objekt der jeweiligen Emotion nachdenkt.[22] Wenn dies nicht gelingt (was oft der Fall ist), haben wir immer noch die Fähigkeit, nach der Emotion zu handeln oder uns zu weigern, der Emotion entsprechend zu handeln.[23] Wenn Sam z.B. auf Rachel wütend ist, kann er zunächst versuchen zu verstehen, dass er keinen gerechten Grund dazu hat, und auf diese Weise kann er seine Wut verringern. Wenn das fehlschlägt, kann er sich dafür entscheiden, Rachel nicht anzuschreien. Schließlich stellt Thomas von Aquin fest, dass das materielle Element der Emotion, d.h. die körperliche Veränderung, auch unsere Gefühle beeinflussen kann. So sagt er, dass wir keine Kontrolle über dieses materielle Element haben.[24] Dennoch können wir manchmal etwas dagegen tun. Nahrungsmittel, die wir essen (oder Tabletten, die wir einnehmen), können dieses materielle Element reduzieren und dadurch die Emotionen beeinflussen. Paula kann zum Beispiel feststellen, dass sie leichter wütend wird, wenn sie Kaffee trinkt. Sie kann ihren Ärger also dadurch in den Griff bekommen, dass sie auf das Kaffeetrinken verzichtet. In unserem Zeitalter haben wir uns für eine dritte Option entschieden (die Hilfe psychotroper Medikamente), während die beiden anderen Mittel

[22] *ST*, I, q. 81, a. 3; I-II, q. 17, a. 7.
[23] *ST*, I, q. 81, a. 3.
[24] *ST*, I-II, q. 17, a. 7.

vernachlässigt wurden. Medikamente wie Antidepressiva können eine wirkungsvolle Hilfe bei der Kontrolle unserer Emotionen sein, aber sie sollten nicht als Ersatz für die Art von Kontrolle genommen werden, die Thomas von Aquin empfiehlt. Es ist für uns als menschliche Wesen angemessener, unsere Emotionen durch rationale Führung zu beherrschen, eine Führung, die in bestimmten Arten der psychologischen Therapie, so etwa der kognitiven Verhaltenstherapie, gefördert wird. Als menschliche Personen sind wir zwar Tiere, aber wir sind auch mehr als Tiere.

Kapitel 6

Mechanismus

Nichts existiert außer Atomen und leerem Raum;
alles andere ist Meinung.
Demokrit

Alle Wirkungen der Natur sind nur die mathematischen Folgen
einer kleinen Zahl unveränderlicher Gesetze.
Pierre-Simon Laplace

Bevor wir die Kräfte der Vernunft und des Willens untersuchen, die dem Menschen eigen sind, wollen wir die Ursachen der immanenten Tätigkeiten untersuchen, die wir bisher diskutiert haben. Zweifellos spielt die neuronale Aktivität im Gehirn eine gewisse kausale Rolle bei unseren bewussten Aktivitäten. Sobald die physische Form in das Sinnesorgan aufgenommen wird, beginnt das neuronale Feuern. Darüber hinaus sind die Nervenzellen des Gehirns aktiv, wenn wir uns etwas vorstellen oder wenn wir uns erinnern. Der gleiche Schluss lässt sich in Bezug auf die Emotionen ziehen.

Die Frage ist nicht, ob Neuronen eine kausale Rolle im Hinblick auf mentale Aktivitäten spielen. Es geht vielmehr um die genaue Art dieser kausalen Rolle. Reicht insbesondere die Aktivität der Neuronen aus, um die mentale Aktivität zu erklären, oder wird noch etwas anderes benötigt? Vor allem aber wollen wir diskutieren, ob die mentale Aktivität eine kausale Quelle benötigt, die sich nicht auf die einfacheren Ursachen der Teile reduzieren lässt.

Mechanistischer Reduktionismus

Die Art von reduktionistischem Argument, um das es hier geht, lässt sich durch eine altmodische Uhr veranschaulichen, die nicht elektronisch, sondern durch Federn und Zahnräder angetrieben wird. Was macht die Bewegungen des Stunden-, des Minuten- und des Sekundenzeigers aus? Mit einer kausalen Erklärung kann man diese Bewegungen einfach auf die Bewegungen der Teile innerhalb der Uhr reduzieren. Die Bewegung beginnt, wenn die Feder aufgezogen wird. Diese Feder neigt von Natur aus dazu, ihre aufgestaute Energie nach dem Aufziehen freizusetzen, und wenn man sie sich selbst überlassen würde, dann würde sie dies sehr schnell tun. Innerhalb der Uhr kann das Abrollen jedoch nur langsam erfolgen, denn die Feder ist an einer Stange oder Welle befestigt, die mit einem Zahnrad verbunden ist, das wiederum mit anderen Zahnrädern verbunden ist. Letztlich darf die Feder jeweils nur einen Zahnradanschlag auf einmal abrollen, bevor das Abrollen vorübergehend angehalten wird. Durch eine Reihe von Zahnrädern bewegt dieses langsame Abrollen schließlich die Zeiger der Uhr. Alles lässt sich also durch die Bewegungen der Teile erklären.

Kann man dasselbe auch von mentalen Aktivitäten sagen? Wenn eine Nervenzelle ausreichend stimuliert wird, geht ein elektrischer Impuls über die Länge ihres Axons nach unten, was dann zur Freisetzung von Neurotransmittern führt. Diese Botenstoffe können nahe gelegene Neuronen ausreichend stimulieren, so dass diese wiederum durch einen elektrischen Impuls feuern, wodurch andere Botenstoffe freigesetzt werden und so weiter. Das Feuern eines komplexen Netzes von Neuronen lässt sich, so scheint es, ähnlich wie die Bewegung der Zahnräder in der Uhr erklären. Die Sender lösen eine Änderung der elektrischen Ladung aus, die, wenn sie ausreichend ist, einen elektrischen Impuls auslöst, der dann die Freisetzung weiterer Sender auslöst, und so weiter. Welche Neuronen feuern, hängt von der komplexen Verbindung zwischen Neuronen ab und davon, welche (und wie viele) Neurotransmitter eine Nervenzelle stimulieren. Die ganze Reihe von elektrischen Impulsen lässt sich auf die Bewegung der vielen Teile reduzieren.

Einige Leute hatten die Idee – die man als „Mechanismus" bezeichnen könnte –, dass alles, was in der Welt geschieht, durch eine Reduktion auf die Aktivitäten der Teile erklärt werden könne. Eine solche Reduktion zeigt sich bei Maschinen (daher der Name „Mechanismus"), wie zum Beispiel bei der oben dargestellten Uhr. Natürlich können viele Dinge durch Reduktion erklärt werden, aber der Mechanismus erhebt einen stärkeren

Anspruch: *Alles* könne durch Reduktion erklärt werden. Unser Interesse an diesem Anspruch konzentriert sich auf eine Art von Aktivität, nämlich auf das Bewusstsein. Der Mechanismus behauptet, dass das Bewusstsein – wie auch alles andere – vollständig durch die Aktivität kleinerer Teile erklärt werden könne. Diese These ist jedoch alles andere als offensichtlich. Lässt sich Bewusstsein tatsächlich auf das Feuern von Neuronen reduzieren?

Erklärt das komplexe Feuern von Neuronen tatsächlich das Bewusstsein? Es mag den Anschein haben, dass dies der Fall sei. Nehmen wir den optischen Kortex, der sich am Hinterkopf befindet. Wenn Kenny einen Baum betrachtet, werden die Neuronen in seiner Netzhaut stimuliert, wodurch elektrische Impulse ausgelöst werden, die dann andere Neuronen auslösen, was letztlich zu einem Muster von Neuronen führt, die im optischen Kortex feuern. Dieses Muster hat die Form des Baumes, den Kenny sieht. Es ist also offensichtlich, dass Kenny durch diese feuernden Neuronen sieht.

Aber tut er das wirklich? Gewiss, die Neuronen sind notwendig, wie man bei Personen sehen kann, deren optischer Kortex abgestorben ist. Obwohl ihre Augen weiterhin funktionieren, sehen diese Personen nichts. Ihre Netzhäute feuern weiterhin, und andere Neuronen feuern als Reaktion auf das Feuern der Neuronen der Netzhaut. Diese Menschen können sogar auf Objekte in ihrer Umgebung reagieren, aber sie sind sich nicht bewusst, dass sie etwas sehen.

Neuronales Feuern ist also für die Fähigkeit zu sehen notwendig. Daraus folgt aber nicht, dass neuronales Feuern für die Sehkraft zureichend ist. Zureichend bedeutet „genug“: Mit anderen Worten, eine zureichende Ursache reicht aus, um eine Wirkung hervorzurufen. Viele Dinge, die für eine Wirkung notwendig sind, sind jedoch nicht ausreichend. Benzin im Tank eines Autos ist notwendig, damit sich das Auto bewegen kann, aber es reicht nicht aus. Viele andere Ursachen sind notwendig, damit sich das Auto bewegen kann. So muss zum Beispiel ein Teil des Benzins in die Kammer gepumpt werden, und dieses Benzin muss gezündet werden, die Kolben müssen sich bewegen und so weiter.

Neuronen sind für die sinnliche Wahrnehmung notwendig, aber sind sie ausreichend? Reicht das Feuern von Neuronen aus, um das Bewusstsein zu erklären, oder wird etwas anderes benötigt? Die Beweise, dass das Feuern von Neuronen für die Wahrnehmung notwendig ist, zeigen nur, dass die Neuronen notwendig sind. Die Beweise deuten in keiner Weise darauf hin, dass die Neuronen zureichend sind.

In gewisser Weise bietet Thomas von Aquin wenig Hilfe bei der Beantwortung der hier aufgeworfenen Frage. Schließlich wusste er nichts von den elektrischen Impulsen der Neuronen. Dennoch war ihm bewusst, dass Nerven am Bewusstsein beteiligt sind. Darüber hinaus war er der Meinung, dass die materielle Beschaffenheit der Nerven nicht ausreiche, um das Bewusstsein zu erklären. Letztlich, so dachte Thomas, sei Bewusstsein nur durch die Existenz der Seele möglich.[1]

Thomas kann uns nichts über Impulse von Neuronen sagen, aber er kann uns zumindest Prinzipien nennen, mit denen wir die folgende Frage beantworten können: Sind Neuronen ausreichend, um Bewusstsein zu erklären? Insbesondere das, was wir heute über transiente und immanente Handlungen wissen, kann uns helfen, diese Frage zu beantworten. Einerseits ist das Feuern von Neuronen eine bestimmte Art von transienter Handlung. Auf der anderen Seite haben wir gesehen, dass Bewusstsein eine Art immanente Handlung ist. Kann der Unterschied zwischen diesen beiden Arten von Handlungen uns helfen, unsere Frage zu beantworten?

Wir werden uns dieser Frage nähern, indem wir eine weitere Frage stellen: Kann die Anordnung transienter Tätigkeiten eine neue Art von Tätigkeit hervorbringen? Kann sie insbesondere eine immanente Handlung herbeiführen? Diese Frage selbst kann wiederum im Rahmen einer anderen Frage gestellt werden: Können Computer denken? Wir wissen, wie Computer funktionieren. Es handelt sich bei ihnen um komplexe Anordnungen von transienten Aktivitäten. Wenn sie denken können, dann scheint es, dass Anordnungen transienter Tätigkeiten zureichend sind, um die immanente Tätigkeit des Bewusstseins zu erklären.
Haben wir Gründe für die Annahme, dass Computer denken können? Sie können in der Tat einige erstaunliche Leistungen vollbringen. Computer

[1] *ST*, I, q. 77, a. 5, ad 1.

können zum Beispiel besser Schach spielen als die besten menschlichen Spieler. Gesichtserkennungsprogramme können Menschen mit hoher Genauigkeit erkennen. Medizinische Programme können Krankheiten mit größerer Genauigkeit diagnostizieren als viele Ärzte. Computer lösen komplexe mathematische Probleme schneller und genauer als Menschen. Natürlich tun Menschen viele Dinge, die Computer nicht tun können. Diese Unzulänglichkeiten von Computern könnte man jedoch unter dem Stichwort unzureichende Komplexität verbuchen. Nach dem heutigen Stand der Technik haben Computer noch nicht die Komplexität des menschlichen Gehirns erreicht. Mit der Zeit werden sie vielleicht Fortschritte machen und in der Lage sein, viele der Dinge zu tun, die Menschen tun können.

Internes Bewusstsein und externes Verhalten

Können wir also schlussfolgern, dass Computer denken können, oder zumindest, dass sie denken könnten, wenn sie eine ausreichende Komplexität erreicht haben? Diese Frage kann durch eine Unterscheidung zwischen internen Zuständen des Bewusstseins und externem Verhalten, das sich aus dem Bewusstsein ergibt, geklärt werden.[2] Wenn Brett sagt: „Mir ist heiß", zeigt er ein bestimmtes externes Verhalten, das für die Menschen in seiner Umgebung beobachtbar ist. Vor diesem äußeren Verhalten hat Brett einen inneren Zustand, in dem es sich für ihn heiß anfühlt. Dieser innere Zustand ist jedoch für die Menschen in seiner Umgebung nicht beobachtbar, obwohl Brett selbst ihn bemerkt.

Angenommen, Brett öffnet Anna eine Tür, wenn sie sich ihr nähert, und schließt dann die Tür hinter ihr, nachdem sie hindurchgegangen ist. Vor diesem äußeren Verhalten hat Brett ein inneres Bewusstsein, dass Anna sich nähert. Während andere das äußere Verhalten beim Öffnen der Tür beobachten können, hat nur Brett selbst Zugang zu seinem inneren Bewusstseinszustand.
Nehmen wir andererseits an, dass Anna sich der Tür nähert, aber weder Brett noch sonst jemand anwesend ist. Wenn sie sich jedoch nähert, öffnet sich die Tür automatisch; nachdem sie hindurchgegangen ist, schließt

---

[2] *ST*, I-II, q. 17, a. 4.

sich die Tür. Sie ist durch eine automatische Tür, wie sie in vielen Geschäften heute üblich ist, eingetreten. Der Türmechanismus hat ein ähnliches Verhalten wie das, das Brett gezeigt hat. Wenn Anna sich nähert, öffnet der Mechanismus die Tür; nachdem sie eingetreten ist, schließt er die Tür. Wenn der Mechanismus ein ähnliches äußeres Verhalten wie Brett zeigt, was sollen wir hinsichtlich der inneren Bewusstseinszustände daraus schließen? Brett ist sich Annas Annäherung bewusst. Sollten wir dasselbe in Bezug auf den Türmechanismus sagen? Wir sagen oft, dass der Mechanismus ihre Annährung „spürt". Tut der Mechanismus also genau das, was Brett tut?

Die meisten von uns neigen nicht dazu, dies zu behaupten. Brett ist sich bewusst, dass Anna kommt; der Türmechanismus ist sich dessen nicht bewusst. Aber warum nicht? Schließlich haben beide Zugang zu den gleichen Daten, nämlich zum äußerlichen Verhalten. Und bei beiden haben wir keinen Zugang zu den inneren Zuständen (da Brett allein Zugang zu seinem eigenen Bewusstsein hat). Warum kommen wir mit denselben Daten zu entgegengesetzten Schlussfolgerungen?

Wir wissen, dass wir, wenn wir selbst in Bretts Position wären, ein Bewusstsein von Anna hätten. Wir verstehen, dass Brett wie wir selbst ist; deshalb kommen wir zu dem Schluss, dass er, wie wir, einen gewissen inneren Bewusstseinszustand haben muss.

Aber in welcher Weise ist Brett uns ähnlich? Vielleicht ist auch der Türmechanismus uns ähnlich. Er ist sicherlich anders als wir, denn er ist mechanisch, während wir lebendig sind. Dennoch könnte der Türmechanismus in dem, worum es wirklich geht, wie wir sein. Obwohl er nicht lebendig ist, könnte er über ausreichend komplexe Schaltkreise verfügen, die ihm ein Bewusstsein verleihen. Der Türmechanismus könnte wie wir eine komplexe Verdrahtung haben, so dass er interne Bewusstseinszustände hätte.

Achten Sie auf die Beziehung zwischen dem äußeren Verhalten und dem inneren Bewusstsein. Ersteres ist ein Zeichen für Letzteres. Wir beobachten das Verhalten von Menschen und kommen dann zu Schlussfolgerungen bezüglich ihres inneren Bewusstseins. Brett sagt, dass ihm heiß ist, und wir schließen daraus, dass es sich für ihn heiß anfühlt. Wenn Brett seine Hand ans Feuer legt, schreit er und zuckt dann mit seiner Hand zurück; wir schließen daraus, dass er Schmerzen hat. Wie wir gesehen haben, nehmen wir mit unseren Sinnen körperlich sensible Qualitäten wahr; wir nehmen weder die Substanzen selbst noch die inneren Zustände anderer Menschen wahr. Betrachten wir ein anderes Beispiel: Wenn Sam Rachel anschreit, nimmt sie bestimmte Geräusche wahr; sie „spürt" seinen Ärger nur beiläufig, als Schlussfolgerung, zu der sie aufgrund anderer Vermögen jenseits ihrer Sinne gelangt ist. Ebenso spüren wir, wenn Brett vor Schmerz schreit, seinen Schmerz nur beiläufig.

Dasselbe tun wir bei Tieren. Wir beobachten einen Hund, der knurrt (äußeres Verhalten), und wir schließen daraus, dass er sich bedroht fühlt (innerer emotionaler Zustand des Begehrens). Wir beobachten einen Vogel, der einen Wurm aufpickt (äußeres Verhalten), und wir schließen daraus, dass er sich des Wurms bewusst ist (innerer Gefühlszustand). In dieser Hinsicht behandeln wir also Tiere genauso wie Menschen. Automatisierte Mechanismen sind jedoch eine andere Sache. Wir sind zum Beispiel nicht bereit, aus einem funktionierenden Türmechanismus den Schluss zu ziehen, dass dieser Mechanismus ein Bewusstsein habe.

Daraus folgt, dass das äußere Verhalten zwar in der Tat ein Anzeichen für einen inneren Bewusstseinszustand ist, aber kein unfehlbares Zeichen. Manchmal ist das äußere Verhalten vorhanden, aber das Bewusstsein fehlt. Nachdem Sam Rachel angeschrien hat, kommt sie zu dem Schluss, dass er wütend auf sie ist, aber in Wirklichkeit ist er es nicht. Er zieht einfach nur eine Show ab. Das äußere Verhalten der Wut ist vorhanden, aber der innere Zustand ist nicht vorhanden. Vielleicht schreit Brett auch nur, um andere zu täuschen, damit sie denken, er empfinde Schmerzen. Das äußere Verhalten des Schmerzes ist vorhanden, aber der innere Zustand fehlt.

Dasselbe können wir über bestimmte Bewegungen von Pflanzen sagen. Wenn eine Fliege auf einer Venusfliegenfalle landet, schnappen die Blätter der Pflanze zu. Dieses äußere Verhalten in Gegenwart der Fliege ähnelt Bretts äußerem Verhalten in Gegenwart von Anna. Dennoch schließen wir nicht daraus, dass die Pflanze sich dessen bewusst ist. Vielmehr löst die Anwesenheit der Fliege bestimmte chemische Reaktionen aus, die zu einer Reaktion in der Pflanze führen. Das äußere Verhalten von

Bewusstsein ist vorhanden, aber der innere Zustand fehlt. Wir sind geneigt, hinsichtlich des Türmechanismus zu derselben Schlussfolgerung zu gelangen. Das äußere Verhalten des Gewahrseins ist vorhanden, aber das eigentliche Gewahrsein nicht.

Kurz gesagt, das äußere Verhalten ist ein Anzeichen für einen inneren Zustand des Bewusstsein, aber es ist kein unfehlbares Zeichen. Es kann neben dem inneren Zustand des Bewusstseins noch andere Ursachen haben. Wir gehen davon aus, dass das externe Verhalten des Türmechanismus durch elektrische Schaltkreise und ohne Bewusstsein verursacht wird.

Die Unterscheidung zwischen externem Verhalten und internen Bewusstseinszuständen hilft, die Frage, die wir uns gestellt haben, zu klären: Können Computer denken? Wenn wir mit „denken" nur ein bestimmtes äußeres Verhalten meinen, wie z.B. das kohärente Sich-Bewegen bestimmter Schachfiguren, dann weisen Computer zweifellos bestimmte Fälle von „Denken" auf. Wenn wir andererseits mit „denken" den inneren Zustand des Bewusstseins meinen, dann ist es nicht so klar, dass Computer denken können. Unser Augenmerk gilt der letztgenannten Frage, denn die internen Bewusstseinszustände – nicht aber die externen Verhaltensweisen – sind Instanzen für immanente Tätigkeit.

Der chinesische Raum

Kann eine ausreichend komplexe Anordnung transienter Tätigkeiten ein äußeres Verhalten hervorrufen, das mit Denken verbunden ist? Offensichtlich ja, was aber auch nicht überrascht. Wichtiger ist die Frage nach den inneren Bewusstseinszuständen. Kann eine hinreichend komplexe Anordnung transienter Tätigkeiten, wie wir sie beim Feuern von Neuronen finden, innere Bewusstseinszustände hervorrufen? Kann eine geordnete transiente Tätigkeit eine immanente Aktivität hervorrufen?
In einem berühmten Gedankenexperiment mit dem Namen „Chinesischer Raum" versucht der Philosoph John Searle, eine Antwort zu geben.[3] Der

[3] Vgl. John Searle, "Minds, Brains and Programs," *Behavioral and Brain Sciences*, 3 (1980): 417–57.

chinesische Raum hat einen äußeren und einen inneren Bereich, so wie wir äußeres Verhalten und innere Bewusstseinszustände unterscheiden. Auf der Außenseite legen Menschen auf Chinesisch geschriebene Nachrichten in einen „Posteingang", und kohärente Antworten, die ebenfalls auf Chinesisch geschrieben sind, erscheinen in einem „Postausgang". Im Inneren des Zimmers finden wir niemanden, der Chinesisch spricht. Vielmehr hat jemand, der nur Deutsch spricht, Regale mit Büchern, die Anweisungen enthalten, wie auf bestimmte Zeichen zu reagieren ist. Bei einem bestimmten Symbol nimmt die Person eines der Bücher, das sie anweist, auf Seite 300 nachzusehen, wo sie dann eine Liste mit möglichen Symbolen findet, der sie folgen kann. Die Person sieht sich die erhaltene Nachricht an, blättert in der Liste und stellt fest, dass sie den Band 213 verwenden muss, wo sie eine weitere Liste findet. Und so geht es weiter, bis die Bücher die Person anweisen, bestimmte Symbole zu schreiben, die sie dann in den Ausgangskorb legt.

Searle stellt nun die Frage, ob der Mann im Raum auf Chinesisch denkt. Der Mann zeigt zweifellos ein äußeres Verhalten, das mit dem Denken in chinesischer Sprache verbunden ist. In keiner Weise denkt er jedoch tatsächlich auf Chinesisch; er denkt nur auf Deutsch. Außerdem kann man nicht sagen, dass der Raum als Ganzes auf Chinesisch denkt. Die Bücher denken überhaupt nicht (sie sind nichts anderes als Papier und Tinte), obwohl die Person, die die Bücher geschrieben hat, zweifellos sehr gut Chinesisch versteht. Der Raum als Ganzes hat keine Gedanken, die über die deutschen Gedanken des einzigen Bewohners hinausgehen. Nirgendwo denkt also irgendjemand oder irgendetwas auf Chinesisch.

Das Problem, so Searle, besteht darin, dass Denken mit Inhalten zu tun hat. Im Gegensatz dazu enthalten die Bücher im Raum – hinsichtlich der chinesischen Syntax oder der Befolgung bestimmter Verfahrensregeln – nur die chinesische Syntax. Die Bücher verkörpern eine Reihe von Regeln, die der Bewohner befolgen muss. Ebenso, so Searle, beinhaltet die Programmierung von Computern eine Reihe von Regeln. Bei einem bestimmten Input werden bestimmte Verfahren befolgt, die zu einem Output führen. Nirgendwo in diesem Prozess finden wir Inhalte.

Ein Computerprogramm, das zum Beispiel Schach spielt, versteht den Inhalt oder den Sinn der Schachpartie nicht. Bei einer bestimmten

Anordnung auf einem Schachbrett („übersetzt" in Zahlen) wird der Computer bestimmten mathematischen Berechnungen folgen, die „Werte" beinhalten, die wiederum bestimmten Mustern auf dem Schachbrett zugeordnet wurden. Letztendlich wird der Computer als Ergebnis das Muster mit dem größten „Wert" ausgeben. Der Computer ist sich des Schachspiels aber nicht bewusst. Er folgt einfach bestimmten Verfahrensregeln. Natürlich können wir sagen, dass der Computer „wählt", den Springer nach D3 zu ziehen, aber wir sagen ähnliche Dinge auch im chinesischen Zimmer, zum Beispiel, dass die Person im Raum eine Frage „beantwortet" hat.

Die Verfahrensregeln von Searle sind unseren organisierten transienten Aktivitäten sehr ähnlich. In gewisser Weise behauptet Searle also, dass eine Anordnung transienter Tätigkeiten, wie komplex sie auch sein mag, niemals eine immanente Aktivität hervorruft, wie z.B. das Bewusstsein für Schach oder das Bewusstsein für die chinesische Sprache.

Anordnungen und neue Tätigkeiten

Wir werden die Frage nun von einem allgemeineren Standpunkt aus angehen, der allerdings den Nachteil hat, etwas vage zu sein. Anstatt zu fragen: „Kann eine Anordnung transienter Aktivitäten eine immanente Aktivität hervorrufen?", werden wir fragen: „Kann eine Anordnung transienter Tätigkeiten eine neue Art von Tätigkeit hervorrufen? Wenn die Antwort auf die letztere Frage „nein" lautet, dann beinhaltet dies auch die Antwort auf die erste Frage. Schließlich ist die immanente Tätigkeit sicherlich eine neue Art von Tätigkeit, die sich von der transienten Aktivität unterscheidet. Wenn die Organisierung der transienten Tätigkeit keine neue Art von Tätigkeit hervorbringen kann, dann kann sie auch keine immanente Aktivität hervorbringen, die im Verhältnis zur organisierten transienten Aktivität in der Tat neu ist. Wie bereits erwähnt, stellt uns die allgemeinere Frage vor ein Problem. Es ist nicht immer klar, wann eine Tätigkeit als „neu" gelten soll. Dennoch wird uns die Frage helfen zu erkennen, was geschieht, wenn wir transiente Aktivitäten organisieren.

Betrachten wir eine einfache Anordnung: einen mit Wasser gefüllten Topf, der über ein Feuer gestellt wird. Wir haben die gleiche transiente

Aktivität – nämlich eine Erwärmung – vom Anfang bis zum Ende. Das Feuer erhitzt den Topf, und der Topf erhitzt das Wasser. Was bewirkt diese Anordnung? Sie führt nicht zu einer neuen Art von Aktivität. Vielmehr lenkt sie die Aktivität. Sie lenkt die Aktivität des Feuers auf den Topf, und sie lenkt die Aktivität des Topfes zum Wasser.

Betrachten Sie als Nächstes eine kompliziertere Anordnung – die oben beschriebene altmodische Uhr. Die transienten Aktivitäten beginnen mit der Aktivität des Aufziehens der Feder, die dann auf die Welle, die dann auf ein Zahnrad, das dann auf die nachfolgenden Zahnräder und schließlich auf die Zeiger der Uhr übertragen wird. Führt die Anordnung zu einer neuen Art von Aktivität? Von Anfang bis Ende haben wir Bewegung.

Vielleicht aber ist die ganze Uhr in einer neuen Art von Aktivität involviert. Schließlich zeigt sie die Zeit an. Die Feder allein zeigt die Zeit nicht an, ebenso wenig wie die Welle, ebenso keines der Zahnräder oder die Zeiger der Uhr (nur für sich allein), aber alle diese Teile zusammen zeigen die Zeit an. Es liegt also auf der Hand, dass eine transiente Aktivität manchmal eine neue Art von Aktivität hervorruft. Die transiente Aktivität der Bewegung führt, wenn sie richtig angeordnet ist, zur Tätigkeit des Zeitanzeigens.

Wir müssen jedoch vorsichtig sein mit dem Ausdruck „Zeitanzeigen". Wir Menschen „sagen die Zeit", indem wir verschiedene Ereignisse miteinander vergleichen. Wir können den Fall eines Baumes mit dem Standort der Sonne am Himmel vergleichen und sagen, dass der Baum mittags gefallen ist. Historisch gesehen haben die Menschen über weite Strecken die Zeit über die Himmelskörper festgehalten. Warum? Weil die Bewegungen der Gestirne regelmäßig und vorhersehbar sind. Wir können ihre Bewegungen also als eine Art von Maßstab benutzen, dem wir andere Ereignisse gegenüberstellen. Folglich können wir auch von der Sonne als „Zeitanzeiger" sprechen, denn sie sagt uns, wann bestimmte Ereignisse eintreten. In diesem Fall hat sich jedoch die Bedeutung von „Zeitanzeigen" verschoben. Wenn der Mensch die Zeit nennt, vergleicht er zwei Ereignisse. Wenn die Sonne die Zeit anzeigt, ist ihre Bewegung eines der verglichenen Ereignisse. Die „Zeitanzeige" der Sonne ist also nichts anderes als ihre Bewegung, die der Zeitbestimmung dient, weil sie regelmäßig abläuft.

Auf die gleiche Weise „zeigt" die Uhr „die Zeit an". Sie liefert eine regelmäßige Bewegung, mit der andere Ereignisse verglichen werden können. Die Uhr selbst vergleicht nicht. Das tun nur Menschen. Die „Zeitanzeige" der Uhr ist, genau wie die der Sonne, nichts anderes als ihre Bewegung. Warum „zeigt" die ganze Uhr „die Zeit", während die Feder, die Zahnräder und die Zeiger einzeln die Zeit nicht anzeigen? Weil wir die Zeit mit Hilfe einer regelmäßigen und vorhersehbaren Bewegung ablesen müssen. Die Bewegungen der Feder und des Räderwerks allein sind nicht regelmäßig genug. Nur wenn sie richtig angeordnet sind, kann das Uhrwerk reguliert werden, so dass wir Vergleiche mit ihm anstellen können. Die neue Tätigkeit des „Zeiterfassens" ist also keineswegs neu. Sie ist eine einfache Bewegung. Was sich geändert hat, ist, dass die Bewegung regelmäßig ist. Ist die regelmäßige Bewegung eine andere und neue Art von Aktivität als die Bewegung? Das scheint nicht der Fall zu sein. Mit anderen Worten, die Anordnung der verschiedenen Zahnräder führt nicht zu einer neuen Art von Aktivität. Vielmehr lenkt sie die transiente Aktivität der Bewegung, von einem Schritt zum nächsten, und reguliert letztlich diese Bewegung.

Denken Sie an die kompliziertere Anordnung eines Computermonitors, bei dem sich hinter einer Flüssigkristalltafel eine Lichtquelle befindet, z.B. eine LED-Platte. Das LED-Panel gibt Licht ab, wenn elektrischer Strom durch das Panel fließt. Ein Flüssigkristall biegt oder dreht sich auf natürliche Weise, wenn elektrischer Strom durch ihn hindurchfließt. In eine bestimmte Richtung gedreht, blockiert der Flüssigkristall das Licht, so dass es nicht auf den Bildschirm gelangt. Andersherum gedreht, lässt der Flüssigkristall das Licht durch. Wenn ein elektrischer Strom durch einige Teile des Flüssigkristalls, aber nicht durch andere Teile fließt, wird ein Teil des Lichts durchgelassen, während ein anderer Teil blockiert wird. Wenn die Ströme richtig organisiert sind, dann erscheint ein bestimmtes Bild. Das Licht kann z.B. in Form eines Baumes durchgelassen werden, oder es kann in Form des Buchstabens B blockiert werden, wodurch das Bild eines schwarzen Buchstabens B angezeigt wird.

Führt die Anordnung des Bildschirms zu einer neuen Aktivität, die nicht in den Aktivitäten der Teile zu finden ist? Vielleicht hat auch er die Aktivität, Bilder zu formen oder darzustellen, die keines der Teile hat. Wenn wir diese Tätigkeit untersuchen, stellen wir jedoch fest, dass es sich um nichts anderes handelt als um das Leuchten in bestimmten Formen. Die

Aktivität des leuchtenden Lichts findet sich im LED-Panel selbst. Die Formen entstehen einfach durch das Blockieren des Lichts an bestimmten Punkten. Dieses „geformte Licht" ist keine neue Art von Aktivität. Um es zu wiederholen: Was die Anordnung zu tun scheint, ist, vorübergehende Aktivitäten zu lenken, anstatt neue Aktivitäten zu schaffen. Die Anordnung des Monitors lenkt die Aktivität des Lichts so, dass es an einigen Punkten durchläuft, an anderen aber nicht.

Natürlich liegt dem Computerbildschirm eine noch kompliziertere Anordnung zugrunde. Die Schaltungen müssen so angeordnet werden, dass Teile des Kristallbildschirms gedreht werden, während andere Teile unverändert bleiben. Es geht hier einfach um die Idee einer Lichtquelle, von der Teile blockiert werden; sie unterscheidet sich grundsätzlich nicht von der Idee, Schattenpuppen an die Wand zu projizieren. Auf diese Weise „ein Bild zu formen" ist keine neue Aktivität, die sich davon unterscheidet, eine Lichtquelle zu haben und einen Teil dieser Lichtquelle zu blockieren. Diese Aktivitäten sind in den Teilen zu finden. Die Anordnung lenkt diese Aktivitäten auf eine präzise Art und Weise.

Wir können nicht jede mögliche mechanische Anordnung erschöpfend untersuchen, um festzustellen, ob jede einzelne eine neue Aktivität hervorruft. Unsere kurze Untersuchung hat jedoch ein Muster gezeigt. Die Anordnung von Aktivitäten führt nicht zu einer neuen Art von Aktivität. Vielmehr lenkt sie die Aktivitäten der Teile. Wie wir gesehen haben, ist an einer transienten Aktivität immer ein Agens beteiligt, das an einem Leidenden eine gewisse Veränderung bewirkt. Wir sehen nun, dass die Anordnung der transienten Aktivität diese Aktivität lenkt, indem sie bestimmte Mittel auf bestimmte Leidende anwendet. Die Aktivität des Feuers zum Beispiel wird auf den Topf übertragen, der dann wiederum seine Aktivität auf das Wasser überträgt. Ebenso verhält es sich bei der Aktivität der Feder, die sie auf die Welle überträgt, die dann wiederum ihre Aktivität auf die Zahnräder richtet.

Die Art der Anordnung, zumindest der Anordnung der Aktivitäten, scheint nichts anderes zu sein als die Ausrichtung der Aktivitäten bestimmter Tätiger auf bestimmte Erleidende. Eine solche Ausrichtung schafft keine neue Aktivität. Sie nutzt die natürlichen Aktivitäten, die in den Teilen zu finden sind. Der Bildschirm zum Beispiel nutzt die natürliche Fähigkeit des Flüssigkristalls, sich durch die Kraft eines elektrischen Stroms zu beugen. Die Möglichkeit des Beugens liegt bereits in der Natur des Teils. Sofern kein gegenteiliger Grund gegeben ist, scheint es also vernünftig zu sein, anzunehmen, dass eine Anordnung von transienten Aktivitäten keine neue Aktivität erzeugt.

Wir haben darauf hingewiesen, dass der Gedanke einer „neuen Aktivität" vage ist. Wenn ein Flugzeug aufgrund der Anordnung des Triebwerks und der Flügel in der Luft fliegt, haben wir dann eine neue Art von Aktivität? Unterscheidet sich das „Fliegen" – eine Art selbständige Bewegung durch die Luft – in seiner Art von der Bewegung am Boden? Die Anordnung der Teile innerhalb des Flugzeugs lenkt die Bewegung des Triebwerks auf die Propeller; die Bewegung der Propeller wirkt auf die Luft. Die Bewegung der Luft wird weiter durch die Flügel gelenkt, durch die über den Flügeln ein geringerer Druck bewirkt wird als unter ihnen; schließlich wirkt dieser Luftdruckunterschied auf die Bewegung der Flügel, so dass sie sich nicht nur horizontal, sondern auch nach oben bewegen. Erneut scheint es vernünftig zu sein, das „Fliegen" eher als eine Frage der gerichteten Aktivität denn als eine neue Art von Aktivität zu bezeichnen.

Aus dem, was wir in den vorhergehenden Kapiteln gesehen haben, geht klar hervor, dass sich die immanente Aktivität in ihrer Art von der transienten Aktivität unterscheidet. Bei transienter Aktivität bewirkt der Tätige eine Veränderung im Erleidenden, wodurch der Erleidende dem Tätigen ähnlich wird. Im Gegensatz dazu verändert sich bei der immanenten Aktivität das Agens selbst, und es macht sich selbst zum Objekt. Immanente Aktivität ist nicht einfach gerichtete transiente Aktivität. Sie ist etwas Neues. Es scheint, dass keine Anordnung der transienten Aktivität diese neue Art von Aktivität hervorrufen kann. Daraus folgt, dass das Bewusstsein der immanenten Aktivität nicht einfach eine Frage der arrangierten elektrischen (transienten) Aktivität sein kann. Ein Computer kann zwar ein äußeres Verhalten nachahmen, das wir mit dem Denken in Verbindung bringen, aber er kann keinen inneren Zustand von Bewusstsein haben, der eher eine Art immanente als eine transiente Aktivität darstellt.

Denkende Computer

Eine oberflächliche Untersuchung von Computerprogrammen stützt diese Schlussfolgerung. Betrachten Sie die Tätigkeit des „Rechnens". Wie wir gesehen haben, lassen sich beim Rechnen das äußere Verhalten, eine Antwort zu geben, und das innere Bewusstsein für Zahlen und Operationen unterscheiden. Computer machen sicherlich ersteres, aber haben sie ein Bewusstsein für Zahlen? Entsteht dieses Bewusstsein bei ausreichender Komplexität der Anordnung?

Offenbar nicht. Wir können mit Hilfe von Kieselsteinen rechnen, und wir können ein Kind auf dieser Weise unterrichten. Traci könnte Dan die Addition lehren, indem er ihm vier Murmeln zeigt und dann eine weitere Murmel in die Vierergruppe verschiebt und so fünf daraus macht. Wir würden nicht sagen, dass die Murmeln „rechnen"; sie bewegen sich einfach. Wir sagen aber, dass Traci und Dan mit Hilfe der Murmeln „rechnen" können. Wenn wir die Murmeln in Perlen umwandeln und die Perlen an Schnüren aufziehen, dann haben wir so etwas wie einen Abakus. Noch einmal: Traci und Dan können mit Hilfe des Abakus rechnen. Wir könnten vielleicht sogar sagen, dass der Abakus selbst „rechnen" kann. Letztendlich aber bewegen sich die Perlen nur, und der Abakus „rechnet" nur in dem Sinne, dass er ein praktisches Hilfsmittel ist, mit dem Menschen rechnen können.

Wenn wir die Perlen nicht mit unseren Fingern, sondern elektronisch bewegen, ändert sich nichts Wesentliches. Wenn die Perlen in winzige Schaltkreise umgewandelt werden, ändert sich nichts Wesentliches. Das ist die Art und Weise, in der der Computer „rechnet". Mit Hilfe von elektrischen Schaltkreisen werden winzige „Kieselsteine" bewegt, wodurch bestimmte Anordnungen entstehen, die dann von Menschen interpretiert werden, so wie die Perlen auf einem Abakus von Menschen interpretiert werden müssen.

Wie jeder Computerprogrammierer weiß, sind komplizierte Computerprogramme – wie z.B. Schachprogramme – lediglich aufwendig gesteuerte Mathematik. Den Feldern auf dem Brett, den Figuren, den Anordnungen der Figuren werden Werte zugeordnet, und diese Werte werden in Anordnungen von „Kieselsteinen" und in die Bewegung dieser „Kieselsteine"

„übersetzt". Haben Computer ein Bewusstsein für die Regeln des Schachspiels? Nicht mehr, als Kieselsteine ein Bewusstsein für Zahlen haben.

Wir sagen, dass Computer „Erinnerung" haben – dasselbe Wort verwenden wir zur Beschreibung einer bestimmten immanenten Aktivität. Hat ein Computer ein Gedächtnis, so wie Anna ein Gedächtnis für das hat, was sie gestern getan hat? Es scheint eher so zu sein, dass Computer über ein Gedächtnis verfügen, ähnlich wie ein Notizblock ein Gedächtnis hat. Die Anordnung der Tinte auf dem Papier speichert Informationen. Wenn Anna Notizen gemacht hat, kann sie das Notizbuch wieder zur Hand nehmen und diese Informationen nachlesen. Und wie geschieht das? Dadurch, dass sie die Verbindung kennt, die zwischen bestimmten Arrangements von Tinte (Buchstaben genannt) und bestimmten Gedanken hergestellt wurde. Den Arrangements von Tinte ist das nicht bewusst. Das ganze Bewusstsein ist in Anna.

Wir sind erstaunt über das ausgedehnte „Gedächtnis" von Computern, aber dieses Erstaunen hat nichts mit der immanenten Aktivität des Computers zu tun. Es ist einfach ein Erstaunen darüber, wie viel Bedeutung sehr kleinen Anordnungen beigemessen werden kann, wie wenn ein Notizbuch seine Schrift auf einer Skala von Nanometern und nicht von Zentimetern hätte. Das Erstaunen wird noch verstärkt, weil diese winzigen Anordnungen schnell auf größere Anordnungen wie einen Bildschirm übertragen werden können. Von Anfang bis Ende gibt es jedoch nur eine transiente Aktivität, die elektronisch erleichtert wird. Der Computer hat kein immanentes Bewusstsein für gespeicherte Informationen.
Beim Betrachten der erstaunlichen Ergebnisse von Computerprogrammen machen Menschen manchmal den Fehler, dass sie das äußere Verhalten mit dem inneren Zustand von Bewusstsein verwechseln. Searle weist darauf hin, dass sich dieser Fehler grundsätzlich nicht von der Behauptung unterscheidet, dass ein Thermostat Gedanken habe. Der Thermostat hat, könnte jemand sagen, sehr wenige und sehr einfache Gedanken, wie zum Beispiel „es ist zu kalt" oder „die Heizung sollte eingeschaltet werden". Die Wahrheit ist aber, dass der Thermostat keine Gedanken hat. Er hat zielgerichtete transiente Aktivitäten, so dass elektrische Schaltkreise aufgrund der natürlichen Ausdehnung und Kontraktion von Metallen bei unterschiedlichen Temperaturen geschlossen (Einschalten der Heizung) oder unterbrochen werden (Ausschalten der Heizung).

Denken Sie noch einmal an die automatische Tür, die sich für Anna öffnet. Das „elektronisches Auge“ des Türmechanismus schaltet die Schaltkreise durch die Anwesenheit oder Abwesenheit von Licht (oder elektromagnetischen Wellen) ein und aus. Der Türmechanismus „spürt“ Annas Anwesenheit nicht - wenn „spüren“ bedeutet, dass man sich ihrer Anwesenheit immanent bewusst ist –, aber ihre Anwesenheit verändert die Anzahl der elektromagnetischen Wellen, die eine bestimmte Substanz bombardieren, die von Natur aus Elektrizität leitet oder nicht leitet, je nachdem, ob elektromagnetische Wellen vorhanden sind oder nicht. Wenn diese Substanz an Schaltkreise angeschlossen ist, erhält sie den Namen „elektronisches Auge“, aber sie sieht nichts; sie leitet einfach den Strom mehr oder weniger durch, aufgrund der Anwesenheit elektromagnetischer Wellen.

Das Gehirn ist mehr als ein Computer

Neuronale Aktivität ist eine Serie transienter Aktivitäten, die elektronisch unterstützt werden. Sollen wir also schlussfolgern, dass das Gehirn wie ein Computer ist? Neuronale Aktivitäten sind sicherlich denen eines Computers ähnlich, denn es handelt sich bei ihnen um gerichtete transiente Aktivitäten, die z.T. elektrisch sind. Das Gehirn ist jedoch nicht nur einem Computer ähnlich. Es hat noch mehr. In gewisser Weise ist das Gehirn das Subjekt - innerhalb der Person - von immanenten Aktivitäten wie Fühlen, Vorstellen, Erinnern und so weiter.

Vielleicht, so könnte jemand argumentieren, hat der Computer auch dieses „etwas mehr“, so dass er, bei ausreichender Komplexität der Anordnungen, sich bewusst wird. Wir müssen jedoch darauf achten, dass wir das, was wir über den Computer wissen, von dem unterscheiden, was wir über das Gehirn wissen. Wir wissen genau, was der Computer ist, weil wir ihn geschaffen haben. Wir wissen, dass er im Grunde eine Anordnung von Agentien ist, die ihre Aktivitäten auf bestimmte Erleidende richten. Diese Anordnung ist sehr komplex, und ihre Aktivität ist sehr schnell. Dennoch wissen wir, dass es von Anfang bis Ende nichts anderes als ein Arrangement ist, und wir wissen auch, dass Anordnungen von transienten Aktivitäten nicht zu einer neuen Art von Aktivität führen.

Was wissen wir über das Gehirn? Wir wissen, dass es sich um ein komplexes Arrangement handelt, das schnelle und zielgerichtete transiente Aktivitäten durchführt. Wir wissen aber nicht, dass das Gehirn *bloß* eine solche Anordnung ist. Wir haben in der Tat Grund zu der Annahme, dass es sich beim Gehirn um deutlich mehr handelt. Und warum wissen wir das? Weil wir auch wissen, dass das Gehirn für die immanente Aktivität von entscheidender Bedeutung ist. Wir kennen diese erstaunliche Tatsache zum Teil aus erster Hand, weil wir unser eigenes Bewusstsein aus erster Hand erfahren können. Für uns selbst jedenfalls erleben wir mehr als nur ein äußeres Verhalten; wir erleben die inneren Zustände selbst.[4]

Wir schreiben diese Erfahrung aus erster Hand anderen als uns selbst zu. Rachel vermutet, dass Sam nicht nur das äußere Verhalten des Schreiens zeigt, sondern dass er auch einen inneren Zustand, nämlich den des Zorns, hat. Diese Übertragung auf andere Menschen funktioniert, weil andere uns ähnlich sind. Sie funktioniert sogar bei Tieren, die uns hinreichend ähnlich sind. Sie funktioniert jedoch nicht bei Thermostaten und bei Türmechanismen, die gewisse Ähnlichkeiten mit uns haben, aber auch entscheidende Unterschiede aufweisen.

Das Wichtigste jedoch ist, dass wir wissen, was diese künstlichen Mechanismen nicht haben: Sie haben nichts, was über Arrangements transienter Aktivitäten hinausgeht. Hätten wir diese Mechanismen nicht selbst hergestellt, wäre uns diese Einschränkung vielleicht nicht bewusst. Aber wir haben sie geschaffen. Es sind Maschinen, die transiente Aktivitäten steuern, und sie können dadurch keine immanenten Aktivitäten erzeugen. Komplexe Anordnungen transienter Aktivitäten mögen für das sensorische Bewusstsein notwendig sein, aber sie sind nicht ausreichend. Es ist etwas mehr erforderlich.

Jemand könnte dagegen protestieren und fragen, warum das Gehirn, wenn es, dieses „etwas mehr" tatsächlich hat, dann überhaupt noch Neuronen brauche? Warum braucht das Gehirn eine so komplexe Anordnung? Die Antwort auf diese Frage wird in den nächsten beiden Kapiteln deutlicher werden. Gegenwärtig ist jedoch klar, dass die Neuronen dazu dienen, unsere Wahrnehmungswelt zu organisieren. Ein Tier erhält zu

---

[4] *ST*, I, q. 87, a. 3.

jedem Zeitpunkt unzählige Inputs durch seine Sinne. Das Tier muss auf diese Informationen reagieren, und es kann dies nur tun, wenn die Informationen gut organisiert sind. Die Neuronen, so scheint es, dienen als Organisator.

Tiere, so sagen wir, verfügen über etwas mehr als nur eine Organisation von Teilen. Was ist dieses Etwas mehr? Diese Frage wird das Thema der nächsten Kapitel sein.

Kapitel 7

Materialismus und Dualismus

Ich bin nicht mehr als ein Ding, das denkt,
d.h. ein Bewusstsein oder eine Seele.
René Descartes

Das Gehirn, so scheint es, hat etwas mehr als nur organisierte transiente Aktivitäten. Oder genauer gesagt, der ganze Mensch hat etwas mehr, wodurch er nämlich Bewusstsein hat. Aber was ist dieses Etwas mehr? Um diese Frage zu beantworten, ist es verlockend, den Begriff der „Seele“ einzuführen. Außer einem Körper, so lautet die Argumentation, haben Menschen Seelen, die für ihr Bewusstsein verantwortlich sind.

Es gibt andere Begriffe, die mit der Idee der Seele verbunden sind. Wir sprechen zum Beispiel von „Psyche“, was vom griechischen Wort für die Seele stammt und die Grundlage für Wörter wie „Psychologie“ oder „psychotisch“ bildet. Gemäß ihrer Grundbedeutung ist Psychologie das Studium der Seele, wie es im Titel dieses Buches steht. So hat eine psychotische Person nach ihrer Grundbedeutung eine Störung der Seele. Thomas von Aquin verwendet die lateinische Bezeichnung für Seele, *anima*, von der wir die Wörter „Tier“ (engl.: animal), „belebt“ (engl.: animate) und „unbelebt“ (engl.: inanimate) herleiten. Ein Tier ist ein Wesen mit einer Seele – ein Satz, der im Widerspruch zu der verbreiteten Vorstellung steht, dass nur Menschen Seelen haben. Etwas, das belebt ist, ist lebendig, weil es eine Seele hat, während etwas Unbelebtes keine Seele hat. Mit dieser Bedeutung dehnt sich also das, was eine Seele hat – das Belebte –, über den Menschen hinaus auch auf Tiere und Pflanzen aus.

Leider ist die Idee einer „Seele“ mit viel Gepäck beladen. Uns kommen Bilder von einem „Geist in der Maschine“ in den Sinn. Der Körper wird als eine Art biologische Maschine betrachtet, und die Seele als eine Art Geist oder Gespenst, das in der Maschine wohnt. Die Vorstellung von der Seele wird auch mit Gedanken von einem Leben nach dem Tod verbunden und mit Vorstellungen von Immaterialität oder Spiritualität. Vielleicht werden sich einige oder alle dieser Vorannahmen als wahr erweisen, aber im Moment versuchen wir einfach nur, die Ursache des Bewusstseins zu entdecken. Es ist nicht hilfreich, überflüssige und unnötige Vorannahmen miteinzubringen.

Antike und moderne Ansätze

Die alten Griechen hatten einen schlichten Ansatz, sich einem Verständnis der Seele zu nähern, eine Art und Weise, die den ganzen Ballast, der sich dann über die weiteren Jahrhunderte angesammelt hat, wegließ. Nach ihrem Verständnis ist die Seele dasjenige, was das Leben gibt.[1] Die Seele könnte immateriell sein, sie könnte nach dem Tod fortbestehen und sie kann eine Art abgetrennter Substanz sein, die sich im Körper befindet. Sie könnte sich aber auch als etwas ganz anderes herausstellen. Es könnte sich zum Beispiel herausstellen, dass die „Seele“ ein völlig materielles Prinzip ist, das mit dem Tod aufhört zu existieren; es könnte sich herausstellen, dass die „Seele“ keine getrennte geistige Substanz ist, sondern lediglich eine Eigenschaft materieller Wesen. Dies sind Probleme, die es zu beantworten gilt, und keine Vorannahmen dessen, was eine Seele ist.

Heute geht man üblicherweise (wenn auch nicht allgemein) davon aus, dass die Seele dem Menschen eigen ist. Nach dieser Auffassung haben Tiere keine Seele. Und erst recht haben Pflanzen keine Seele. Der oben vorgestellte griechische Ansatz steht dieser Annahme entgegen. Wenn das Merkmal der Seele ist, dass sie das Leben gibt, dann müssen sowohl Tiere als auch Menschen Seelen haben, da sie beide leben; ja selbst Pflanzen müssen Seelen haben. Daraus folgt nicht, dass sich die Griechen eine Art spirituellen „Geist“ in den Pflanzen vorstellten, denn die Seele könnte sich als etwas ganz anderes erweisen als ein Geist in der Maschine.

Nach dieser griechischen Auffassung ist die Verneinung der Seele eher unsinnig. Heute würden diejenigen, die von der als Materialismus bezeichneten Sichtweise angetan sind, die Existenz von etwas wie einer Seele hartnäckig abstreiten. Aber wenn wir den mit dem Begriff der

---

[1] *ST*, I, q. 75, a. 1.

„Seele“ verbundenen theoretischen Ballast beiseitelassen und damit einfach sagen wollen, dass die Seele das Prinzip ist, das einer Sache Leben verleiht, dann muss selbst der Materialist zugeben, dass es eine Seele gibt, da er zugeben muss, dass einige Dinge lebendig sind. Er würde damit nicht einen „Geist in der Maschine“ zugestehen, da sich die Seele durchaus nicht als Geist, sondern als eine Art materielles Prinzip erweisen könnte.

Bei dem modernen Streit um die Seele geht es jedoch nicht um das Prinzip des Lebens, sondern um den Geist in der Maschine. Der Streit hat zwei Hauptlager, die beide die Seele als einen Geist in der Maschine begreifen. Einerseits bestreitet der Materialismus, dass es so etwas wie eine Seele überhaupt gibt (d.h. eine Art geistige Substanz, die zumindest dem Menschen Leben und Bewusstsein verleiht). Andererseits bejaht der Dualismus die Existenz der Seele als einer geistigen Substanz, die vom Körper getrennt ist und durch die der Mensch bewusste Gedanken hat.

Materialismus

Nach Auffassung des Materialismus sind wir unsere Körper, und diese Körper sind nichts anderes als komplexe Anordnungen von Chemikalien. Folglich werden sich die meisten Materialisten an eine im letzten Kapitel beschriebene Version des Mechanismus halten, nach der das gesamte Verhalten einer Sache auf die Aktivitäten ihrer materiellen Teile reduziert werden kann. So wie die Aktivität einer Uhr durch die Aktivitäten aller Teile der Uhr erklärt werden kann, so können auch die vielfältigen Tätigkeiten des Menschen durch die einfacheren Aktivitäten der Chemikalien erklärt werden, aus denen der Mensch besteht.

Wir haben zu zeigen versucht, dass das Bewusstsein nicht mechanistisch auf die transienten Aktivitäten der materiellen Teile des Menschen reduziert werden kann. Was sagen nun die Materialisten über das Bewusstsein? Im Großen und Ganzen bietet der Materialismus zwei Herangehensweisen bezüglich der Frage nach dem Bewusstsein.

Einerseits könnten sie die obige Prämisse einfach bestreiten, d.h. sie könnten behaupten, dass eine Anordnung transienter Aktivitäten tatsächlich eine neue Art von Aktivität erzeugen könne. Diese Behauptung wird oft mit der Idee der „emergenten" Eigenschaften verbunden, das sind Eigenschaften, die aus der Anordnung von Teilen entstehen. Jedes Glied einer Kette zum Beispiel ist starr und kann nur unter großen Schwierigkeiten gebogen werden. Wenn die Glieder jedoch zusammengesetzt werden, ist die Kette als Ganzes flexibel und leicht zu biegen. Diese Eigenschaft der „Flexibilität" soll sich aus der Anordnung der Teile ergeben. Sie ist keine Eigenschaft, die sich in den Teilen selbst findet, sondern nur in der Verbindung der Teile. In ähnlicher Weise ist Bewusstsein keine Eigenschaft unbelebter Chemikalien an sich. Vielmehr ist es eine Eigenschaft der Verbindung und der präzisen Anordnung unbelebter Chemikalien.

Andere Materialisten fühlen sich mit diesen emergenten Eigenschaften, insbesondere der emergenten Eigenschaft des Bewusstseins, unwohl. Schließlich ist die flexible Biegung der Kette nichts anderes als eine Beschreibung der Bewegung der einzelnen Glieder in ihrer Beziehung zu den anderen Gliedern. Es gibt keine neue Eigenschaft, keine neue Aktivität. Es gibt nur die Aktivität oder Eigenschaft der Bewegung, die jetzt aber in Beziehung zu anderen Teilen beschrieben wird. Von der „Biegung" der ganzen Kette zu sprechen, bedeutet einfach, von den Gliedern zu sprechen, die sich aufeinander beziehen.

Von emergenten Eigenschaften in Bezug auf „Bewusstsein" zu sprechen, ist besonders verwirrend. Schließlich scheint das Bewusstsein einige recht merkwürdige nichtmaterielle Eigenschaften zu haben. Wie wir gesehen haben, ist das Bewusstsein z.B. eine Aktivität, die den Gegenstand nicht verändert; es ist eine Tätigkeit, die in sich vollständig ist und dennoch weiter besteht. Von Bewusstsein zu sprechen als etwas, das aus den elektrischen Impulsen von Neuronen „hervorgeht", ist nicht viel mehr, als mit der Hand zu winken. Unser heutiges immer detaillierteres Bewusstsein für die feinen Strukturen und Aktivitäten von Neuronen hat uns keinen einzigen Schritt näher zu einem Verständnis dessen gebracht, wie diese geordneten Aktivitäten mit dem Bewusstsein verbunden sind. Das Bewusstsein scheint irgendwie an der neuronalen Aktivität als an einer Art mysteriösen Begleiterscheinung zu hängen. Es „taucht auf" – so scheint das Argument zu sagen –, denn es muss auftauchen. Warum muss es auftauchen? Weil der Materialismus wahr ist.

Solch eine seltsame Eigenschaft zuzugestehen, selbst wenn man behauptet, sie ließe sich – auf mysteriöse Weise – durch materielle Ursachen erklären, ist ein zu großes Zugeständnis. Zumindest meinen das auch einige Materialisten. Sie leugnen emergente Eigenschaften, aber sie bleiben auch dabei, die Existenz von Bewusstsein selbst zu bestreiten. Ideen wie Bewusstsein und Bewusstheit, so behaupten sie, seien einfach die Kurzform für eine Reihe äußerer Verhaltensweisen. „Schmerz empfinden" zum Beispiel sei eine Kurzbeschreibung für Verhaltensweisen wie Stöhnen, Schreien, vorsichtiges Halten des „schmerzhaften" Körperteils und so weiter. Es gebe aber keinen inneren Bewusstseinszustand, sondern nur äußeres Verhalten.

Der so genannte strenge Behaviorismus – das ist die ursprüngliche Form des Behaviorismus – ist nicht bloß die psychologische Auffassung, dass wir das Verhalten statt innere Zustände studieren sollten, da diese inneren Zustände schwer in den Griff zu bekommen sind. Es ist vielmehr die psychologische Theorie, die besagt, dass Verhalten das Einzige sei, was untersucht werden könne; innere Zustände existierten nicht. Ein solcher strenger Behaviorismus wird inzwischen mit einem eleminativen Materialismus in Verbindung gebracht, d.h. mit einem Materialismus, der Zustände von Bewusstsein aus der Realität eliminiert.

Die Elimination von Bewusstseins ist eine schwer zu schluckende Pille. Wir können nicht einmal ansatzweise von der Beseitigung des Bewusstseins sprechen, ohne eine Vorstellung davon zu haben, was Eliminierung ist, und ohne eine Vorstellung davon zu haben, was Bewusstsein ist. Aber Vorstellungen zu haben, bedeutet Bewusstsein zu haben. Es ist wenig tröstlich zu sagen, dass die „Vorstellung" der Eliminierung nur eine Frage der Befolgung von Regeln darüber sei, wie man bestimmte Laute (Worte genannt) ausspricht, die bei anderen Menschen beobachtbare Reaktionen hervorrufen. Eine solche Reduktion ist einfach zu fantastisch. Schon während wir die Worte aussprechen, wissen wir, dass die Worte mehr sind als eine bloße Reihenfolge von Regeln. Wir wissen, wie Searle gezeigt hat, dass Worte mit Inhalten, mit Bedeutungen verbunden sind.

Wenn es also um das Bewusstsein geht, bleiben dem Materialismus zwei schlechte Optionen. Einerseits kann er das Bewusstsein als eine Art emergente Eigenschaft beschreiben, ohne dass es Beweise dafür gibt, wie

Bewusstsein entsteht. Es muss einfach auftauchen. Andererseits kann der Materialismus die Existenz des Bewusstseins schlicht leugnen. Die Leugnung von Bewusstsein scheint jedoch das Bewusstsein vorauszusetzen.

Dualismus

Der Dualismus hofft, eine Alternative bieten zu können. Das Bewusstsein ist real, denn wir kennen es aus erster Hand durch unsere eigene Erfahrung. Darüber hinaus sind seine verschiedenen Eigenschaften in gewisser Weise nichtphysisch, was uns zu dem Schluss führen sollte, dass Bewusstsein nicht vollständig durch physische Ursachen erklärt werden kann. Die einzige verbleibende Option, so unterstellt der Dualismus, ist die Suche nach einer nichtphysischen Ursache. Diese nichtphysische Ursache ist aber nichts anderes als die Seele.

Der Materialismus geht davon aus, dass der Mensch nichts anderes als sein Körper sei. Vielleicht behauptet der Materialismus auch, dass der Mensch eine gewaltige Menge von Dingen sei, nämlich eine Ansammlung von Milliarden und Abermilliarden von Chemikalien. Im Gegensatz dazu behauptet der Dualismus, dass der Mensch aus zwei Dingen bestehe (wovon sich der Name „Dualismus" ableitet), nämlich einem Körper und einer Seele. Der Körper eines Menschen erklärt alle seine materiellen Eigenschaften, während seine Seele seine nichtphysischen Eigenschaften, wie z.B. das Bewusstsein, erklärt.

Irgendwie sind diese beiden Teile miteinander vereint. Die Seele „wohnt" gewissermaßen im Körper, woraus wir unsere Vorstellung vom „Geist in der Maschine" ableiten. Dualisten neigen in der Tat dazu, den Körper in mechanistischen Begriffen zu betrachten. Der Körper ist ihnen zufolge nichts anderes als eine komplexe Maschine, deren Aktivitäten sich auf die Aktivitäten der Teile reduzieren lassen. Das Bild des „Geistes in der Maschine" ist also tatsächlich passend. Der Körper ist in der Tat eine Art von Maschine, und die Seele – der Geist – wohnt gewissermaßen im Körper.

Diese Ansicht wird meist René Descartes zugeschrieben. Einige bestreiten, dass er eine solche Ansicht vertreten habe, und es gibt bestimmte Texte, die diese Position unterstützen. Vernünftiger scheint allerdings die

Annahme, dass Descartes schlicht inkonsequent war. Möglicherweise wollte er aus religiösen Gründen das Gespenst in der Maschine leugnen, aber seine philosophischen Prinzipien scheinen zwei getrennte Dinge zu fordern – eine spirituelle Seele und einen mechanistischen Körper –, ganz gleich, wie eng sie miteinander verbunden sein mögen.

Descartes ging sogar so weit, dass er Bewusstsein bei Tieren leugnete. Warum? Weil sie, wie er sagt, keine Seele haben, sondern nur komplizierte Maschinen sind. Weil das Bewusstsein aus der Seele stammt und Tiere keine Seele haben, können sie folglich kein Bewusstsein haben, obwohl sie eindeutig die äußeren Verhaltensweisen zeigen, die üblicherweise mit Bewusstsein verbunden sind. Wenn Sie Ihren Hund treten, kläfft er vielleicht vor Schmerz, aber er fühlt keinen Schmerz, denn er hat keine Seele. Er ist ein ausgeklügelter Mechanismus, der als Reaktion auf bestimmte Reize in einer bestimmten vorhersehbaren Weise reagiert.

Der Geist in der Maschine wird normalerweise für immateriell und unsterblich gehalten. Er besteht keineswegs aus materiellen Elementen, und als solcher kann er nicht zerstört werden. Er existiert also trotz des Zerfalls des Körpers weiter. Seine Immaterialität erklärt die nichtphysische Natur von immanenten Handlungen wie dem Bewusstsein.

Die Seele wird oftmals mit dem Leben eines Individuums in Verbindung gebracht. Sie erklärt nicht nur das Bewusstsein des Individuums, sondern auch sein weiter bestehendes Leben. Wenn die Seele verschwindet (der Geist verlässt die Maschine), stirbt der Mensch (die Maschine hört auf zu funktionieren). Diese Verbindung zwischen der Seele und dem Leben scheint jedoch nicht durch den Dualismus selbst gefordert zu sein. Was der Dualismus fordert, ist eine Verbindung zwischen der Seele und dem Bewusstsein. Das Leben betrifft eine andere Frage. Vielleicht ist die Verbindung zwischen dem Leben und der geistigen Seele ein Rückfall in das oben diskutierte griechische Verständnis der Seele, aber vielleicht ist dieses Verständnis auch mit religiösen Vorstellungen verbunden.

Der Dualismus steht vielen Schwierigkeiten gegenüber. Die vielleicht größten davon betreffen die Beziehung zwischen dem Körper und der Seele. Irgendwie sind die beiden miteinander verbunden, aber die genaue Art der Beziehung zwischen ihnen bleibt unklar. Tatsächlich bleibt sogar die Notwendigkeit der Verbindung selbst im Dunkeln. Wenn die Seele ihrem Wesen nach die Art von Dingen ist, die Bewusstsein haben, warum ist dann ihre bewusste Aktivität an diesen einen bestimmten Körper gebunden? Warum braucht eine Seele Sinnesorgane? Warum braucht sie ein Gehirn? Wenn die Seele die Art von Ding ist, die einen Körper bewegen kann (wie wenn jemand sich entschließt, seine Hand zu heben, und dann tatsächlich die Hand hebt), warum ist sie dann auf diesen einen Körper beschränkt? Wenn Traci schreiben will, warum muss sie dann ihren Körper bewegen, um einen Stift in die Hand zu nehmen? Warum benutzt sie nicht einen anderen Körper, oder warum denkt und bewegt sie den Stift nicht einfach direkt, ohne den Eingriff ihrer Hand?

Sicherlich beobachten wir eine innige Verbindung zwischen unserem geistigen und unserem körperlichen Leben. Wir haben nur mit einem Körper Bewusstsein. Eine Schädigung des Gehirns kann unser Bewusstsein beeinträchtigen. Wir bewegen zwar einen Körper, aber nur einen Körper (zumindest nur einen Körper direkt), d.h. unseren eigenen Körper. Aus der Erfahrung haben wir daran keinen Zweifel. Abgesehen von diesen Erfahrungen würde der Dualismus jedoch sich überhaupt nicht bemühen, diese Verbindungen zu finden. Denn nichts aus der Natur der Geistseele, wie der Dualismus sie versteht, deutet auf eine Abhängigkeit vom Körper hin. Aufgrund ihrer eigenen Natur – abgesehen von einem Körper – hat die Seele Bewusstsein.

Der Dualismus steht also in einem innerlichen Konflikt mit der Erfahrung. Es liegt in der Natur des Dualismus, dass er die Verbindung zwischen der Seele und dem Körper nicht erklären kann, doch diese Verbindung ist unbestreitbar vorhanden. Die Erfahrung führt uns also zu einer Ablehnung des Dualismus. Dualisten tendieren dazu, sich auf eine sekundäre Frage zu konzentrieren – was nämlich die genaue Natur der Verbindung zwischen Körper und Seele sei –, während sie die grundlegendere Frage ignorieren, die da lautet: Warum gibt es die Verbindung überhaupt? Wenn die Dualisten mit sich selbst im Einklang bleiben wollen, müssten sie die Verbindung leugnen; stattdessen versuchen sie, die Natur der Verbindung zu erklären.

Der Versuch einer Erklärung hat zu einem anhaltenden Streit geführt, ohne dass eine zufriedenstellende Lösung in Sicht wäre. Wir brauchen auf diesen Streit nicht einzugehen. Einige Dualisten, so scheint es, sind gezwungen, das Gesetz der Erhaltung der Energie zu leugnen, weil sie die Veränderung erklären müssen, die von der Seele ausgeht und nicht von der physischen Energie des Körpers. Nach Ansicht anderer Dualisten fallen Körper und Seele in ihren Aktivitäten zufällig zusammen, so dass es bei einem bestimmten Feuern von Neuronen zu entsprechenden bewussten Erfahrungen in der Seele kommt. Die Drehungen und Wendungen, die bei dem Versuch gemacht werden, die Beziehung zwischen Körper und Seele zu erklären, werden oft so kompliziert, dass wir sie hier nicht diskutieren können. Wie auch immer dieser Disput aufgelöst wird – der Dualismus ist bereits in einer grundlegenderen Weise gescheitert: Er nimmt eine Seele an, die keinen Körper braucht.

Einheit

Sowohl der Dualismus als auch der Materialismus stoßen auf Schwierigkeiten, wenn es um die Einheit eines Menschen oder irgendeines Tieres geht. Die allgemeine Erfahrung scheint aber eine grundlegende Einheit des Menschen zu bestätigen. So erfahren wir, dass wir selbst es sind, die sehen, hören, uns etwas vorstellen und uns erinnern. In dieser Erfahrung liegt die Erkenntnis, dass wir geeinte Wesen sind. Sarah erkennt zum Beispiel, dass sie selbst eine Person ist, die jetzt den Tisch sieht. Wir kommen zu einer ähnlichen Schlussfolgerung in Bezug auf andere Menschen und andere Tiere. Sarah weiß, dass Sam ein einheitliches Wesen ist, und sie weiß, dass auch ihr Hund Abby ein einheitliches Wesen ist.

Der Dualismus trennt diese Einheit des Menschen in Seele und Körper, indem er die Seele als eine Substanz und den Körper als eine andere betrachtet. Somit ist er gezwungen zu behaupten, dass allein die Seele empfinde, dass sie aber aus irgendeinem mysteriösen Grund an eine andere Substanz, nämlich den Körper, gebunden sein müsse. Darüber hinaus ist die getrennte körperliche Substanz eng mit der geistigen Aktivität verbunden. Letztendlich scheint es so, als ob der Akt des Fühlens tatsächlich von zwei getrennten Substanzen ausgeführt wird, gewissermaßen im Tandem.

Auf den ersten Blick vermeidet der Materialismus diese Schwierigkeiten hinsichtlich der Einheit der Lebewesen. Schließlich bejaht er, dass nur ein Ding existiert, nämlich der Körper. Er teilt den Menschen nicht in Körper und Seele auf. Auf den Prüfstand gestellt, sieht sich der Materialismus jedoch noch größeren Schwierigkeiten bezüglich der Einheit der menschlichen Person gegenüber. Für den Materialismus ist es bei weitem nicht klar, was Fühlen überhaupt ist. Besteht Fühlen in den Chemikalien? Das wäre doch ziemlich merkwürdig, denn Chemikalien sind nicht etwas, das fühlen kann. Ist es also die Kombination der Chemikalien? Auch diese Antwort klingt ziemlich seltsam. Sie würde eine Uneinheitlichkeit implizieren, die noch tiefer geht als die des Dualismus. Das Tätige der Sinnestätigkeit wäre nicht ein einheitliches Ding, sondern eine Ansammlung von vielen Dingen. Darüber hinaus würde keines dieser Dinge für sich genommen – keine der einzelnen Chemikalien – fühlend sein. Nur die gesamte Ansammlung der Chemikalien könnte fühlen. Sarahs Wahrnehmung, dass sie sich selbst als ein einheitliches Wesen erfährt, würde sich als eine große Illusion erweisen. Tatsächlich würde ein Schwarm von Chemikalien den Tisch wahrnehmen. Angesichts dieser bizarren Schlussfolgerung sieht man, dass die hartnäckige behavioristische Ablehnung des Bewusstseins nicht besonders verlockend ist.

Manchmal schreiben wir dem, was nur eine Ansammlung ist, eine Art von Einheit zu. Wir sprechen zum Beispiel von einem Auto als von einem Ding. Tatsächlich ist es aber eine Ansammlung von vielen Substanzen. Diese vielfältigen Substanzen weisen jedoch eine gewisse Einheit auf. Sie werden zum Beispiel dadurch vereint, dass sie sich an einem Ort befinden. Diese Einheit ist jedoch nicht die Einheit einer einheitlichen Substanz. Vielmehr geht sie aus einer gemeinsamen Eigenschaft hervor.[2] All die vielen Substanzen im Auto sind durch eine Eigenschaft, z.B., dass sie sich an einem bestimmten Ort befinden, vereint. Dieselbe Einheit trifft auf einen Haufen Schrott in Dans Hinterhof zu, zu dem alte Reifen, alte Schuhe, ein kaputter Fernseher, eine tote Maus und so weiter gehören. Der Haufen ist in gewisser Weise „ein Ding", aber er ist nicht eine einzige Substanz. Es sind mehrere Substanzen, die durch eine Eigenschaft vereint sind.

[2] *ST*, I-II, q. 17, a. 4.

Das Auto hat freilich eine größere Einheit als der Haufen Schrott. Es wird zum Beispiel durch eine einzige Umhüllung vereinigt. Darüber hinaus wird es durch die Hinordnung eines Teils zu einem anderen in einer genauen Beziehung vereinigt, denn die Teile des Autos ergeben nur dann ein Auto, wenn sie auf die richtige Weise zusammengefügt werden. Diese weiteren Vereinheitlichungen ergeben sich jedoch immer noch aus Eigenschaften. Das Auto ist nach wie vor eine Ansammlung mehrerer Substanzen, die durch bestimmte Eigenschaften vereint sind, z.B. durch eine Beziehung zur Karosserie und eine Beziehung von einem Teil zu einem anderen.

Im Gegensatz dazu ist Sarah keine Ansammlung mehrerer Substanzen; sie ist eine einzige Substanz. Die Erfahrung ihrer eigenen Sinneswahrnehmung – und ihre Erfahrung, durch die sich auf andere Aktivitäten einlässt – bestätigt diese Einheit. Natürlich versucht der Materialismus häufig, solche „subjektiven" Erfahrungen aus dem Bereich der gültigen Beweise auszuschließen. Wie wir gesehen haben, bleibt damit nichts anderes übrig, als die Existenz des Bewusstseins zu bestreiten. Damit bleibt dem Materialismus auch keine andere Wahl, als die Einheit des Menschen zu leugnen.

Wie wir oben gesagt haben, schreiben wir den Tieren auch eine Einheit ähnlich der unseren zu. Schließlich teilen Tiere mit uns, dass sie ein einheitliches Gefühl haben, dass sie Vorstellungen haben und so weiter. Kann man dasselbe auch von Pflanzen sagen? Offenbar nicht. Folglich ist für uns die Einheit der Pflanzen weniger klar als die der Tiere. Wir könnten vermuten, dass sie wie Autos seien, eine Ansammlung von Substanzen, die durch eine Umhüllung und eine präzise Ordnung miteinander vereint sind. Auf der anderen Seite erkennen wir ein einheitliches Geschehen in den Aktivitäten des Wachstums, der Selbsterhaltung und der Reproduktion. Die Pflanze als Ganzes reproduziert sich; als Ganzes wandelt sie Nahrung in sich selbst um; als Ganzes erhält sie ihre Ordnung und Energie aufrecht.

Der Sinn dieser Einheit wird durch unsere eigene Erfahrung bestärkt. Wir wissen, dass unser Körper sich selbst ersetzt: Zellen sterben ab und werden ersetzt. Über einen Zeitraum von zehn Jahren bleibt kaum noch etwas von demselben Material in uns erhalten. Dennoch erkennen wir, dass wir in diesem Augenblick derselbe Mensch sind, der wir vor zehn Jahren waren. Wir bleiben ein und dieselbe Person, so scheint es, trotz des Ersatzes verschiedener Materialien. Wenn wir Nahrung zu uns nehmen, fügen wir also nicht einfach einzelne Substanzen hinzu. Vielmehr wandeln wir die Nahrung in unsere eigene Substanz um. Wenn wir als Menschen diese substanzielle Einheit trotz der Vielzahl von Materialien, die in unseren Körper hinein und aus ihm herauskommen, aufrechterhalten können, dann erscheint es plausibel, dass Pflanzen das auch können. Immerhin üben sie die gleichen Tätigkeiten aus, beispielsweise Wachstum, Selbsterhaltung und Fortpflanzung.

Die Seele als Prinzip des Lebens

Wir haben das Thema Pflanzen eingeführt, weil der griechische Begriff der Seele, der oben diskutiert wurde, bedeutet, dass die Seele dasjenige ist, das Leben gibt. Da Pflanzen wie Tiere lebende Substanzen zu sein scheinen, müssen auch sie Seelen haben. Wie wir gesehen haben, muss bei dieser Auffassung von der Seele auch der Materialismus die Existenz der Seele zugestehen. Der Materialismus unterscheidet sich vom Dualismus durch die Art und Weise, wie er die Seele definiert.

Dem Dualismus zufolge ist die Seele eine getrennte Art von Substanz. Im Gegensatz dazu scheint nach dem Materialismus die Seele – im griechisch verstandenen Sinne – eine bestimmte Eigenschaft zu sein. Der Unterschied zwischen einem lebenden Hund und dem Leichnam eines Hundes ist einfach die Eigenschaft der Anordnung der Teile, so wie ein Auto und ein Haufen von Autoteilen sich in ihrer Anordnung unterscheiden. Beide sind Ansammlungen von Substanzen. In der Tat handelt es sich bei beiden um Ansammlungen von so ziemlich den gleichen Substanzen. Sie unterscheiden sich in den Beziehungen, die diese Teile zueinander haben. Im lebenden Hund sind diese Substanzen auf eine bestimmte Art und Weise geordnet, so dass sie lebendige Aktivitäten hervorrufen. Wenn die Seele einfach das ist, was einem Ding das Leben gibt, dann wird der Materialismus sagen, dass die Seele des Hundes die Organisation seiner Teile sei.

Bislang haben wir also zwei Ansichten über die Seele kennengelernt. Auf der einen Seite sagt der Dualismus, dass die Seele eine vom Körper getrennte Substanz sei. Der dualistischen Theorie zufolge ist die Seele für all jene Aktivitäten verantwortlich, die nicht mit mechanistischen Begriffen erklärt werden können, zum Beispiel für das Bewusstsein. Aus irgendeinem Grund ist diese Seele im Leben und in ihrer Aktivität mit einem bestimmten Körper verbunden. Auf der anderen Seite behauptet der Materialismus, dass die Seele keine Substanz, sondern eine Eigenschaft sei. Ein Lebewesen, so die materialistische Theorie, ist nicht eine Substanz, sondern eine Ansammlung von mehreren Substanzen. Diese Ansammlung von Substanzen ist aufgrund ihrer Anordnung, ihrer Seele, lebendig.

Wie wir gesehen haben, ist keine dieser Darstellungen zufriedenstellend. Beide stehen vor beunruhigenden Schwierigkeiten. Ist also das Beste, was wir tun können, dass wir uns auf die eine oder die andere Theorie festlegen? Oder gibt es eine dritte Alternative?

Kapitel 8

Hylemorphismus

> Wir müssen genauso wenig fragen,
> ob die Seele und der Körper eins sind,
> wie wir fragen, ob das Wachs
> und die darauf eingeprägte Figur eins sind.
> *Aristoteles*

> Die Harmonie von Seele und Leib – wie viel das bedeutet!
> Wir haben in unserem Wahnsinn beides getrennt
> und einen Realismus erfunden,
> der vulgär ist, eine Idealität, die leer ist.
> *Oscar Wilde*

In den gegenwärtigen Diskussionen über die Seele sind Materialismus und Dualismus praktisch die einzigen Auffassungen in diesem Bereich der Philosophie. Thomas von Aquin lehnt jedoch beide ab. Es geht ihm vor allem um die Ablehnung des Dualismus, den er Platon zuschreibt und den er als die Auffassung charakterisiert, dass die Seele der Beweger des Körpers sei.[1] Die Seele sei wie ein Puppenspieler und der Körper wie eine Marionette. Seele und Körper werden so als zwei getrennte Dinge betrachtet, von denen das eine das andere bewegt.

Die Auseinandersetzung Thomas von Aquins mit dem Dualismus betrifft nicht die Existenz der Seele, sondern ihre Natur. Die Seele ist nicht eine Art Geist in der Maschine, wie es der Dualismus will; sie ist kein Marionettenspieler. Genauer gesagt ist die Seele nach Thomas überhaupt kein Ding. Sie ist ebenso wenig ein „Ding“, wie die Farbe des Tisches ein Ding ist. Wir sagen nicht, dass es zwei Dinge gibt, den Tisch und seine Farbe. Vielmehr gibt es nur ein Ding, den Tisch, der die Farbe Braun als Attribut

---

[1] *ST*, I, q. 75, a. 4; I, q. 76, a. 1.

oder Eigenschaft hat. Ebenso, sagt Thomas, gibt es nicht zwei Dinge, den Körper und die Seele. Es gibt nur eine Sache, den Menschen.[2]

Was ist die Seele aber dann? Die Antwort auf diese Frage bedarf einiger Erläuterungen. Wir nähern uns ihr auf eine vielleicht etwas umständlich anmutende Weise, indem wir betrachten, was Aristoteles über die Veränderung zu sagen hat.

Drei Prinzipien der Veränderung

Aristoteles nennt drei Prinzipien der Veränderung: ein Subjekt, eine Form und eine Privation (oder Abwesenheit).[3] Betrachten wir die Veränderung von Wasser, das wärmer wird, wenn es durch Feuer erhitzt wird. Das Wasser ist zunächst kühl und wird am Ende heiß. Wenn wir sagen, dass „das kühle Wasser heiß wird", drücken wir alle drei Elemente der Veränderung aus. Das Wasser ist das Subjekt der Veränderung, denn es ist die Sache, die sich verändert. Die ansteigende Wärme ist die Form, denn sie ist das neue Attribut, das entsteht. Schließlich ist der Zustand, dass das Wasser kühler ist, die Abwesenheit der Form, die entsteht, d.h. die Abwesenheit von Wärme.

Alle drei Elemente, sagt Aristoteles, sind für jede Veränderung notwendig. Wenn es eine Veränderung gibt, dann muss es natürlich auch etwas Neues geben. Und wenn es etwas Neues gibt, dann kann es nicht von Anfang an da gewesen sein. Wenn zum Beispiel die Wärme neu ist, dann darf das Wasser ursprünglich nicht heiß gewesen sein. Die Änderung muss also mit dem Fehlen der Form beginnen. Die Wärme am Anfang und die gleiche Wärme am Ende ist keine Veränderung; die Temperatur bleibt gleich. Jede Veränderung muss also mit dem Fehlen einer Form beginnen und mit dem Vorhandensein dieser Form enden. Privation und Form sind in der Tat für jede Veränderung notwendig.

Der Philosoph Platon hat mit diesen beiden Elementen der Veränderung aufgehört, aber Aristoteles erkannte die Notwendigkeit eines dritten

---

[2] *ST*, I, q. 76, a. 1.

[3] *DPN*, c. 2.

Prinzips, nämlich des Subjekts der Veränderung. Die Wassererwärmung zum Beispiel beginnt mit dem Mangel an Wärme im Wasser und endet mit der Wärme im Wasser. Diese beiden – der Mangel an Wärme und das Vorhandensein von Wärme – widersprechen einander nur insofern, als sie sich in einem einzigen Subjekt befinden. Der Mangel an Wärme in einem Gestein zum Beispiel kann mit dem Vorhandensein von Wärme im Wasser einhergehen. Im Gegensatz dazu können das Fehlen von Wärme im Wasser und das Vorhandensein von Wärme im Wasser nicht zusammenfallen. Wenn man das eine hat, dann kann man das andere nicht gleichzeitig haben. Privation und Form implizieren also Veränderung (im Gegensatz zu einer möglichen gleichzeitigen Koexistenz) nur dann, wenn sie in einem einzigen Subjekt vorkommen. Die implizierte Veränderung ist die Veränderung des Subjekts selbst. Wenn Wasser erhitzt wird, ist es das Wasser, das sich verändert.

Eine Veränderung impliziert, dass etwas aufhört zu sein und etwas anderes entsteht. Die Idee des Subjekts der Veränderung zeigt jedoch, dass etwas während der gesamten Veränderung bleibt (obwohl es nicht während der gesamten Veränderung gleichbleibt). Im Beispiel des Wassers steht die Abwesenheit von Wärme am Anfang der Veränderung, aber nicht am Ende. Der Zustand des Heißseins befindet sich am Ende der Veränderung, aber nicht am Anfang. Nur das Wasser bleibt während der gesamten Veränderung erhalten.

Aristoteles' Analyse der Veränderung ist schwer zu bestreiten. Jede Veränderung muss diese drei Elemente haben. Es muss etwas geben, das entsteht (die Form), das deshalb nicht am Anfang der Veränderung stehen darf (die Privation), und es muss etwas geben, das sich verändert (das Subjekt), das die Form und die Privation vereint, indem es das Subjekt von beiden ist und durch die Veränderung hindurch bestehen bleibt.

Eigenschaftsveränderung und substanzielle Veränderung

Was haben diese drei Elemente der Veränderung mit der Seele zu tun? Bevor wir diese Frage beantworten, müssen wir zunächst verstehen, dass es verschiedene Arten von Veränderungen gibt. Wenn Wasser erhitzt wird, wird es heiß. Im Herbst werden die Blätter gelb. Wenn eine Billardkugel getroffen wird, beginnt sie sich zu bewegen. Dabei handelt es sich um verschiedene Arten von Veränderungen: Veränderungen der Temperatur, der Farbe und des Ortes. All diese Veränderungen lassen sich jedoch grob unter einer einzigen Überschrift zusammenfassen: „Veränderung der Eigenschaften". Wärme, Farbe und Ort sind allesamt Eigenschaften.

Bei der Änderung einer Eigenschaft ist die Form immer eine Art von Eigenschaft, wie z.B. Wärme, Farbe oder Ort. Folglich muss die Privation das Fehlen einer Eigenschaft sein. Das, was allen derartigen Veränderungen zugrunde liegt, muss eine Substanz sein, denn es ist eine Substanz, die die Eigenschaft hat oder der die Eigenschaft fehlt. Wie wir gesehen haben, bleibt das Subjekt durch die Veränderung bestehen. Bei einer Änderung der Eigenschaft bleibt also die Substanz bestehen, auch wenn ihre Eigenschaften sich ändern.

Was wäre, wenn die Substanz selbst aufhören würde zu existieren? Nehmen wir an, dass Dan stirbt. Damit ist eine Veränderung eingetreten. Dan hat sich von einem Lebenden in einen Toten verwandelt. Hat *er* sich verändert? Diese Art, die Veränderung auszudrücken, impliziert, dass Dan selbst das Subjekt der Veränderung ist. Wenn er aber das Subjekt der Veränderung ist, dann ist er durch die Veränderung hindurch erhalten geblieben. Wenn Dan dazu in der Lage wäre, könnte er gegen diese Art, die Dinge auszudrücken, Einspruch erheben. Wo ist Dan nach seinem Tod? Es ist plausibel, wenn man sagt, dass er nicht mehr ist. Was Dan war, ist ein Leichnam geworden – was etwas völlig anderes ist als Dan.

Oder stellen wir uns Dan am Anfang seiner Existenz vor, bei seiner Empfängnis. Davor gab es keinen Dan. Eine Veränderung ist eingetreten. Aber Dan selbst ist nicht das Subjekt der Veränderung. Das Subjekt existiert sowohl am Anfang der Veränderung als auch an ihrem Ende. Wenn Dan also das Subjekt der Veränderung ist, dann muss Dan existieren, bevor er existiert. Um solchen Unsinn zu vermeiden, kommen wir zu dem Schluss, dass Dan nicht das Subjekt der Veränderung ist.

Solange wir annehmen, dass Dan eine Substanz ist (was gewiss plausibel erscheint), haben wir ein Problem. Bei der Veränderung der Eigenschaft ist eine Substanz Subjekt der Änderung, die während der gesamten Veränderung bestehen bleibt. Wenn aber Dan selbst eine Substanz ist, dann bleibt (bei den oben diskutierten Veränderungen) durch die Veränderung hindurch keine Substanz erhalten. Vielmehr ändert sich die Substanz selbst. Was nicht Dan war (Sperma und Eizelle), wird Dan; was Dan ist, wird ein Leichnam. Eine Art von Substanz steht am Anfang der Veränderung; eine neue Art von Substanz steht am Ende der Veränderung. Die Substanz bleibt also nicht durch die Veränderung hindurch bestehen und kann nicht Subjekt der Veränderung sein.

Im Grunde genommen gibt es also zwei deutlich verschiedene Arten von Veränderungen. Die Änderung der Temperatur, der Farbe und des Ortes sind sicherlich verschiedene Arten von Änderungen, aber sie sind nicht deutlich verschieden, da in jeder Form irgendein Attribut ist und in jedem Subjekt irgendeine Substanz. Eine Veränderung der Eigenschaften unterscheidet sich jedoch dramatisch von einer Veränderung der Substanz. Bei einer Veränderung der Substanz kann das Subjekt selbst keine Substanz sein. Ebenso wenig kann die Form eine Eigenschaft sein.

Die drei Elemente der substanziellen Veränderung

Wie sollen wir die drei Elemente der Veränderung identifizieren, wenn es um substanzielle Veränderungen geht? Wir müssen zunächst verstehen, dass bei jeder Veränderung das Subjekt eine Einheit mit der Form (oder mit dem Fehlen der Form) bildet. Zu Beginn der Veränderung haben wir nicht einfach die Abwesenheit von Wärme, sondern wir haben Wasser ohne Wärme.

Am Ende der Veränderung haben wir nicht einfach Wärme, sondern heißes Wasser. Das Subjekt und die Privation vereinen sich als Ursprung der Veränderung. Das Subjekt und die Form vereinen sich zum Zielpunkt der Veränderung. Bei der Veränderung einer Eigenschaft ist also der Endpunkt der Veränderung nicht einfach irgendeine Eigenschaft; er ist eine Substanz mit dieser Eigenschaft.
Dasselbe gilt für eine Änderung der Substanz. Der Endpunkt der Änderung – die neue Substanz – ist das Subjekt zusammen mit der Form. Es wird also noch deutlicher, dass das Subjekt der Veränderung selbst keine Substanz sein kann. Vielmehr ist das Subjekt Teil dessen, was eine Substanz ausmacht, so wie Wasser Teil dessen ist, was warmes Wasser ausmacht. Eine Substanz muss immer durch Subjekt und Form konstituiert

sein. Was auch immer das Subjekt ist, es kann nicht selbst eine Substanz sein, sondern muss ein Element oder ein Bestandteil einer Substanz sein. Bei einer substanziellen Veränderung, was auch immer die Form ist, kann diese keine Eigenschaft sein, denn eine Eigenschaft setzt eine Substanz voraus, während die Form, die bei einer substanziellen Veränderung beteiligt ist, ein Element eines Stoffes ist.

Wenn wir diese Form „substanzielle Form" und dieses Subjekt (nach dem Vorbild von Aristoteles) „erstes Subjekt" nennen, dann können wir die Analogie wie folgt darstellen. So wie heißes Wasser durch Wärme und Wasser gebildet wird, so wird jedes „Eigenschaftsding" (die Vereinigung einer Substanz und einer Eigenschaft) durch seine Eigenschaft und die Substanz gebildet; ebenso wird jede Substanz durch die substanzielle Form und das erste Subjekt gebildet; folglich muss Dan (als Substanz) durch seine eigene substanzielle Form und das erste Subjekt gebildet werden. Diese Analogie kann in einer Tabelle dargestellt werden, die die Veränderung der Eigenschaften und die substanzielle Veränderung sowohl auf der individuellen als auch auf der allgemeinen Ebene umfasst (Tabelle 8-1).

Der Name „erstes Subjekt" folgt nicht genau Aristoteles. Dessen erstes Subjekt wird typischerweise mit „erste Materie", *prima materia* übersetzt. Das Wort „prima" bedeutet nichts anderes als „erste". Auf der anderen Seite haben die Wörter „Subjekt" und „Materie" recht unterschiedliche Bedeutungen. Aristoteles verwendet das griechische Wort *hylē*, das mit „Holz" oder auch mit „Materie" übersetzt werden kann. Er übernimmt dieses Wort von der Vorstellung, dass Holz das Subjekt der Veränderung ist, wenn jemand eine Figur aus Holz schnitzt. Die Eigenschaft, die in einem solchen Fall entsteht, ist eine neue Form, die auf Griechisch *morphē* heißt. Die Kombination der beiden Worte – geformtes Holz – gibt uns den Namen Hylemorphismus.

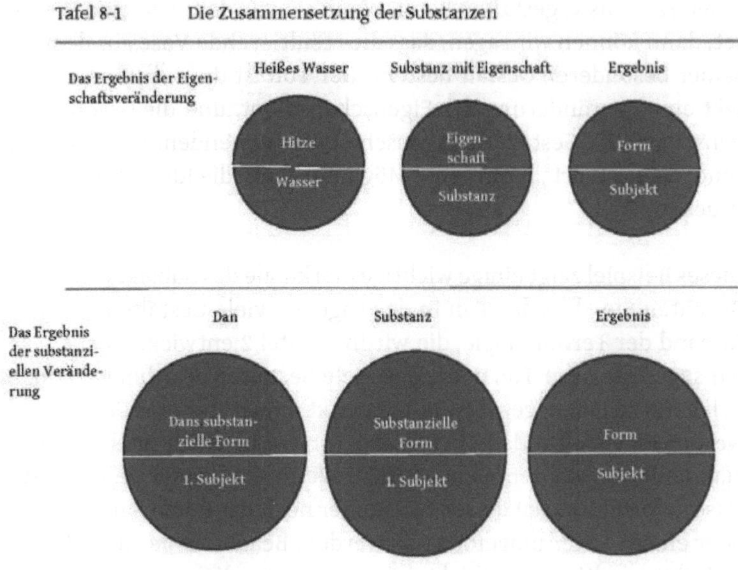

Tafel 8-1 Die Zusammensetzung der Substanzen

Wenn man von der Theorie des Hylemorphismus spricht, ist der Begriff „prima materia" oder „erste Materie" angesichts seiner weit verbreiteten Verwendung schwer zu vermeiden, aber er hat seine Nachteile. Zum einen vermittelt das Wort „Materie" die Vorstellung einer Substanz, aber die „prima materia" ist keine Substanz, sondern ein Element einer Substanz. Zum anderen hat der Begriff „Materie" durch die moderne Physik eine ganz bestimmte Bedeutung angenommen. Aus diesen Gründen werde ich den Begriff „prima materia" durch „erstes Subjekt" ergänzen, um den Leser daran zu erinnern, dass wir es nicht mit „Materie" im modernen Sinne zu tun haben.

Wir wissen immer noch sehr wenig über die substanzielle Form und das erste Subjekt. Wir wissen, dass bei der substanziellen Veränderung die prima materia erhalten bleibt, und wir wissen, dass die Substanz durch das erste Subjekt und die substanzielle Form gebildet wird. Ein weiteres Beispiel wird dazu beitragen, mehr Informationen zu liefern. Denken Sie an Ton, aus dem viele Gegenstände gebildet werden können. Nehmen wir an, Krystyna ist eine Töpferin, die ihren Ton zu einer Vase, einem Teller, einer Tasse usw. gestalten kann. Wenn sie aus dem Ton eine Vase gestaltet, dann können wir sagen, dass die resultierende Vase aus dem Ton und seiner besonderen Gestalt besteht. Der Ton ist die Substanz, die als Subjekt einer Veränderung der Eigenschaft dient, und die Gestalt ist die Eigenschaft. Die Gestalt als Eigenschaft zu verwenden, ist besonders passend, da das Wort „Form“ eine Möglichkeit ist, die Idee der Gestalt auszudrücken.

Dieses Beispiel zeigt einige wichtige Merkmale des Subjekts und der Form. Beachten Sie, dass der Ton in der Lage ist, viele Gestalten anzunehmen. Anhand der Terminologie, die wir in Kapitel 2 entwickelt haben, können wir sagen, dass der Ton potenziell viele Gestalten annehmen kann. Natürlich kann zu einem gegebenen Zeitpunkt immer nur eine Gestalt realisiert werden, aber selbst dann behält der Ton (während er nass ist) das Potenzial, andere Gestalten anzunehmen. Wenn der Töpfer den Ton zu einer Vase geformt hat, hat dieser Ton immer noch das Potenzial, zu einer Tasse oder einem Teller umgeformt zu werden. Beachten Sie auch, dass die Gestalt das resultierende Objekt definiert. Genau diese Gestalt macht diesen Ton zu einer Vase und nicht zu einem Teller. Die Gestalt, so könnte man sagen, macht ihn zu dem, was er ist. Im Gegensatz dazu hat der Ton die Potenz, zu vielen verschiedenen Dingen gestaltet zu werden, und er wird durch seine Gestalt zu einem bestimmten Ding. Letztendlich ist eine Vase das, was wir als „Eigenschaftsding“ bezeichnet haben. Sie ist eine bestimmte Substanz, d.h. Ton, zusammen mit einer bestimmten Eigenschaft, d.h. der Gestalt. Durch den Ton (solange er noch feucht ist) ist die Vase potenziell ein Gegenstand mit vielen Eigenschaften, zum Beispiel eine Vase, ein Teller oder eine Tasse. Durch die Gestalt wird sie zu einem bestimmten Eigenschaftsding.

Ebenso muss das erste Subjekt potenziell viele Substanzen enthalten. Das erste Subjekt ist potenziell eine menschliche Substanz, wie bei Dan, aber es ist auch potenziell Dünger, wenn Dan stirbt. Das erste Subjekt innerhalb des Düngers ist potenziell Gras, denn es kann in das Gras aufgenommen und umgewandelt werden. Dasselbe erste Subjekt ist potenziell eine Kuh, denn die Kuh kann das Gras aufnehmen und es in ihre eigene Substanz umwandeln (durch die zuvor besprochene Kraft der Selbsterhaltung oder des Wachstums). Dasselbe erste Subjekt, jetzt in der Kuh, ist potenziell wieder ein Mensch, da ein Mensch einen Hamburger essen und ihn in sich selbst umwandeln kann. Dasselbe erste Subjekt ist potenziell in diesen vielen Substanzen enthalten, so wie derselbe Ton potenziell eine Vase, ein Teller, eine Tasse usw. sein kann.

So wie die Gestalt des Tons bestimmt, dass der Ton etwas Bestimmtes ist (eine Vase oder etwas anderes), so bestimmt die substanzielle Form das erste Subjekt zu der Art von Substanz, die es ist. Wenn eine bestimmte Gestalt gegeben ist, ist der Ton eine Vase. Analog dazu ist bei einer bestimmten substanziellen Form der Mensch die prima materia. In einer anderen substanziellen Form ist die Substanz Dünger, Gras, eine Kuh und so weiter. Die Gestalt des Tons macht sie zu dem, was die Substanz ist. In ähnlicher Weise macht die substanzielle Form eine Substanz zu der Art von Substanz, die sie ist.

Kurz gesagt, die prima materia ist dasjenige, durch das eine Substanz zu etwas anderem werden kann, d.h. zu einer anderen Art von Substanz. Sie ist das Potenzial innerhalb einer Substanz, verschiedene Arten von Substanzen zu sein. So wie feuchter Ton, der wie eine Vase gestaltet ist, das Potenzial hat, in einen Becher umgeformt zu werden, so hat das erste Subjekt in einer Substanz wie Dan das Potenzial, zu verschiedenen Arten von Substanzen zu werden. Dan hat in sich selbst ein potenzielles Element, durch das er zu Dünger werden kann. Dieses potenzielle Element in ihm – die prima materia – ist Teil dessen, was ihn ausmacht. Gegenwärtig ist er kein Dünger; er ist vielmehr ein menschliches Wesen und nur potenzieller Dünger. Seine Existenz als Mensch – im Gegensatz zum Dünger – verdankt er seiner substanziellen Form, die ihn menschlich macht. Als Mensch ist er, wie alle Substanzen, durch diese beiden Elemente konstituiert: das erste Subjekt, durch das er potenziell viele Substanzen ist, und die substanzielle Form, durch die er tatsächlich diese Art von Substanz ist.

Substanzielle Form als erklärendes Prinzip

Wir haben jetzt einige Kenntnisse über das erste Subjekt und die substanzielle Form hinzugewonnen. Dennoch ist es schwierig, mit diesen Begriffen vertraut zu werden. Ein Teil der Schwierigkeit besteht darin, dass wir sie uns nicht vorstellen können, denn sie sind selbst keine Substanz oder Eigenschaft. Wir stellen uns leicht Eigenschaften wie Farbe oder Form vor, und dabei stellen wir uns die Substanzen vor, die den Eigenschaften zugrunde liegen. Im Gegensatz dazu können wir uns weder das erste Subjekt noch die substanzielle Form vorstellen. Weder ist sie eine Eigenschaft noch eine Substanz, die den Eigenschaften zugrunde liegt. Vielmehr ist jedes ein Element, und alle zusammen bilden eine Substanz.

Wir fühlen uns wohl mit Dingen, die wir uns vorstellen können, und wir fühlen uns unwohl mit dem, was jenseits unserer Vorstellungskraft liegt. Aus diesem Grund ist der mechanistische Reduktionismus höchst verführerisch. Er sagt uns, dass wir alles mit einigen vorstellbaren Teilen erklären können. Die hylemorphistische Sichtweise von Substanzen bietet keinen solchen Trost. Sie bietet uns nur den unbequemen Bereich jenseits der Vorstellungskraft, einen Bereich, den wir in den folgenden Kapiteln weiter untersuchen werden.

Diejenigen, die zum Mechanismus neigen, finden Erklärungen im Hinblick auf die substanzielle Form typischerweise vereinfachend und unbefriedigend. Der Hylemorphismus könnte zum Beispiel sagen, dass ein Hund deshalb sehen kann, weil er die substanzielle Form eines Tieres hat, die ihm die Fähigkeit zur sinnlichen Wahrnehmung verleiht. Im Gegensatz dazu ist die substanzielle Form des Düngemittels keine Substanz, die die Fähigkeit zur sinnlichen Wahrnehmung besitzt. Aus mechanistischer Sicht scheint diese Erklärung nichts anderes zu sein als die Behauptung, dass ein Hund sehen kann, weil ein Hund zu der Art von Dingen gehört, die sehen können.

Wir haben jedoch gesehen, dass die hylemorphistische Erklärung nicht so einfach ist. Wir beginnen damit, dass wir verstehen, dass Hunde sehen können. Außerdem wissen wir, dass Chemikalien nicht sehen können. Irgendwie haben die Chemikalien, wenn sie in einem Hund vorkommen, jetzt die Fähigkeit zu sehen. Woher rührt diese neue Fähigkeit? Aus der Anordnung der Chemikalien? Diese Lösung ist unbefriedigend, denn die Organisation der chemischen Aktivität ergibt nur eine gelenkte chemische Aktivität. Chemikalien, wie organisiert sie auch sein mögen, bleiben Chemikalien, und sie gehören nicht zu der Art von Dingen, die wahrnehmen können. Im Gegensatz dazu sind Hunde Dinge, die wahrnehmen können. Hunde müssen also etwas anderes sein als Chemikalien; sie müssen eine bestimmte Art von Substanz sein, eine Art, die fühlen kann. Aber was macht sie zu dieser Art von Substanz? Sie müssen etwas haben, das sie zu dieser besonderen Art von Substanz macht. Sie müssen, kurz gesagt, die substanzielle Form eines wahrnehmenden Wesens haben.

Die Vorzüge dieser Erklärung lassen sich am besten im Gegensatz zu möglichen Alternativen erkennen. Die hauptsächliche Leistung dieser Erklärung dreht sich um die Einheit des Tätigen. Es ist der Hund als Ganzes, der sieht. Der Dualismus ist gezwungen zu sagen, dass es allein die Seele ist, die wahrnimmt, aber aus irgendeinem unverständlichen Grund muss diese Seele an eine andere Substanz, den Körper, gebunden sein. Aus dieser Sicht bleibt die Notwendigkeit von Sinnesorganen und eines Gehirns (des Organs der inneren Sinne) ein Rätsel, das immer verwirrender wird, je mehr man versucht, es zu lösen. Für den Hylemorphismus ist die Notwendigkeit eines Körpers überhaupt kein Rätsel. Sie ist genau das, was man erwarten sollte. Schließlich gibt es nicht irgendeine unsichtbare Substanz, genannt Seele, die wahrnimmt. Vielmehr nimmt der Hund wahr, und der Hund ist eine materielle Substanz.[4] Notwendigerweise wird er also mit seinem materiellen Körper wahrnehmen. Wie auch bei anderen Organen, z.B. dem Herzen, sind die Sinnesorgane an ihre Funktion angepasst. Bei dieser Anpassung geht es, wie wir gesehen haben, zumindest teilweise um die schnelle Organisation von Informationen.

Natürlich geht auch der Materialismus davon aus, dass ein Hund für seine Aktivitäten einen Körper braucht. Was gibt es (nach Auffassung des Materialismus) außer Körpern noch? Wie wir gesehen haben, hat der Materialismus Schwierigkeiten, zu verstehen, was genau die Wahrnehmung ist. Sind es die Chemikalien, aus denen der Hund zusammengesetzt ist? Anscheinend nicht. Chemikalien sind nicht die Art von Dingen, die wahrnehmen können. Warum können sie aber jetzt wahrnehmen, wenn sie sich im Hund befinden? Liegt es daran, dass es organisierte Chemikalien sind? Wir haben gesehen, wie unbefriedigend diese Erklärungen der Wahrnehmung sind.

---

[4] *ST*, I, q. 84, a. 6.

So kommen wir zu der Schlussfolgerung der substanziellen Form. Keine Erklärung ist aber zufriedenstellend, solange wir nicht anerkennen, dass es verschiedene Arten von Substanzen gibt. Es gibt in der Tat verschiedene Arten von Substanzen. Warum? Weil wir Aktivitäten finden, die nicht einfach zu den Teilen gehören. In der materialistischen Sichtweise ist die Welt ziemlich flach. Alle Substanzen sind ein und dieselbe Substanz, oder zumindest besteht alles aus einer begrenzten Anzahl von Grundsubstanzen, wie zum Beispiel subatomaren Teilchen. Größere Objekte sind nur Ansammlungen solcher Teilchen. Es gibt keinerlei Lebewesen – etwa Hunde oder Menschen –, die irgendwelche neuen Aktivitäten hätten. Sie haben nur die Aktivitäten dieser Grundsubstanzen, die durch Organisation gelenkt werden.

Eine reichere Welt, die mit verschiedenen Substanzen bevölkert ist und neue und originelle Aktivitäten hat, erfordert substanzielle Formen und prima materia. Warum? Weil sich eine neue Substanz in ihrem Wesen von anderen Substanzen unterscheidet. Sie unterscheidet sich nicht nur durch irgendeine Eigenschaft, denn auch heißes Wasser unterscheidet sich von kaltem Wasser. Sie muss sich also durch mehr als nur durch die Eigenschaft einer Anordnung von Teilen unterscheiden. Etwas muss sie substanziell völlig neu machen, und dieses Etwas kann nicht selbst eine Eigenschaft sein. Anhand der Analyse der Veränderung haben wir gesehen, dass dieses Etwas eine substanzielle Form haben muss.

Virtuelle Präsenz

Der Hylemorphismus verlangt die Schlussfolgerung, dass die Chemikalien, aus denen wir hergestellt sind, nicht tatsächlich Chemikalien sind. Wenn wir unterschiedliche Substanzen sind, dann sind wir nicht nur Chemikalien. Was in uns als Chemikalien erscheint, ist substanziell menschlich. Jeder Teil von uns muss substanziell menschlich sein. Unsere substanzielle Form durchdringt unseren Körper, so dass er und jeder seiner Teile substanziell menschlich sind. Wenn ein Teil entfernt wird, hört er auf, menschlich zu sein; es hat dann eine substanzielle Veränderung stattgefunden. Clares Auge ist in ihr substanziell menschlich; wenn es aus ihr herausgenommen wird, hört es auf, substanziell menschlich zu sein. Ein Zeichen dieser substanziellen Veränderung ist, dass das Auge keine menschlichen Tätigkeiten mehr ausführt, d.h., wenn es entfernt wird, sieht das Auge nicht mehr. Und ein Auge, das nicht sehen kann, sagt Aristoteles, ist nicht wirklich ein Auge, sondern nur dem Namen nach ein Auge.[5]

Freilich sind die „Chemikalien" in unserem Körper auf dieselbe Weise tätig wie andere Chemikalien (außerhalb des Körpers), auch wenn sie substanziell menschlich sind. Warum? Weil, so sagt Thomas von Aquin, die Chemikalien *virtuell* in uns vorhanden sind, d.h., ihre Kräfte sind in uns vorhanden, und sie können aus uns isoliert werden.[6] Dennoch sind diese „Chemikalien" in uns nicht als getrennte Substanzen vorhanden. Sie sind substanziell menschlich, solange sie in uns bleiben. Nimmt man sie heraus, ist eine substanzielle Veränderung eingetreten.

Die Chemikalien verändern sich ihrer Natur entsprechend. Außerhalb des Menschen sind sie Sauerstoff, Stickstoff, Kohlenstoff und so weiter. Im Innern des Menschen, der durch seine substanzielle Form in*form*iert ist, sind sie substanziell menschlich. Die Eigenschaften bleiben im Wesentlichen die gleichen. Dennoch müssen die „Chemikalien" innerhalb des Menschen, da sie Teil der Person sind, substanziell menschlich sein.

Die Seele

Wir haben diese ausführliche Diskussion mit einer Untersuchung der Seele begonnen, doch wir haben, so scheint es, nichts über die Seele gesagt. Wir haben die Veränderung erörtert (sowohl die substanzielle Veränderung als auch die Veränderung der Eigenschaften), wir haben die drei Elemente der Veränderung dargestellt, und wir haben über das erste Subjekt und die substanzielle Form gesprochen. Aber nirgends, so scheint es, haben wir über die Seele gesprochen.

Tatsächlich haben wir über die Seele diskutiert. Wir haben einfach ein anderes Wort benutzt, nämlich substanzielle Form. Dem Hylemorphismus zufolge ist die Seele nichts anderes als die substanzielle Form eines

---

[5] *DA*, bk. 2, c. 1, 412b20–22; auch *In DA*, bk. 2, lect. 2, ¶239.

[6] *ST*, I, q. 76, a. 4, ad 4.

Lebewesens.[7] Erinnern wir uns, dass sich die Seele im griechischen Begriff einfach auf das Prinzip bezieht, durch das etwas lebendig ist. Eine lebende Substanz unterscheidet sich jedoch in ihrer Art von einer nichtlebendigen Substanz. Der lebende Dan ist eine Substanz, während sein Leichnam eine ganz andere ist. Er ist eine lebende Substanz – im Gegensatz zu einem Leichnam – aufgrund seiner substanziellen Form. Das, was ihn zum Lebendigen macht – seine Seele –, ist seine Substanz.

Dans substanzielle Form unterscheidet sich von der substanziellen Form seines Hundes Abby, die sich wiederum von der substanziellen Form einer Eiche unterscheidet. Die erste macht Dan zu einem Menschen, die zweite macht Abby zu einem Hund, und die dritte macht die Eiche zu einem Baum. In allen drei Fällen jedoch macht die substanzielle Form die Substanz zu einem lebenden Wesen. In allen drei Fällen ist also die substanzielle Form eine Seele.

Mit anderen Worten, das Wort „Seele“ bezeichnet eine Gruppe von substanziellen Formen.[8] Unter der allgemeinen Kategorie „Seele“ finden sich spezifischere Arten von Seelen, wie menschliche Seelen, Hundeseelen und Baumseelen. Diese substanziellen Formen unterscheiden sich von den substanziellen Formen der nichtlebenden Dinge. Sie unterscheiden sich z.B. von der substanziellen Form von Wasser oder von der substanziellen Form von Kalzium. Während alle Substanzen eine substanzielle Form haben müssen, haben nur lebende Substanzen die substanziellen Formen, die wir „Seelen“ nennen.

Verschiedene Arten von Lebewesen haben also verschiedene Arten von Seelen. Die genaue Grenze dieser Unterschiede mag schwer zu bestimmen sein. Es erscheint plausibel, dass ein Tiger, ein Löwe und sogar eine Hauskatze die gleiche Art von Substanzen sind. Sie unterscheiden sich zweifellos voneinander, aber auch Paulus unterscheidet sich von Diana, obwohl beide in ihrer Substanz Menschen sind. Einzelne Substanzen der gleichen Art können viele Unterschiede in ihren Eigenschaften haben. Ein Deutscher Schäferhund unterscheidet sich sehr deutlich von einem Chihuahua, dennoch sind beide substanziell Hunde. Ebenso unterscheidet sich ein Löwe dramatisch von einer Hauskatze, obwohl beide die gleiche Art von Substanz sind.

---

[7] *ST*, I, q. 75, a. 5; I, q. 76, a. 1.

[8] *ST*, I, q. 78, a. 1.

Wir wissen, dass wir es mit verschiedenen Arten von Substanzen zu tun haben, wenn wir auf neue Kräfte stoßen, die wir erkennen, wenn wir neue Arten von Tätigkeiten wahrnehmen. Daher ist ein Hund eine andere Art von Substanz als ein Baum, der sich wiederum von einem Menschen unterscheidet. Es ist jedoch nicht so klar, dass sich ein Hund in der Substanz von einem Wal unterscheidet, denn ein Hund und ein Wal weisen viele gleichartige Aktivitäten und Kräfte auf. Es scheint daher plausibel, anzunehmen, dass sie sich in der Substanz unterscheiden; aber wir können diese Frage nicht mit Sicherheit beantworten. Die Grenze zwischen den verschiedenen Pflanzenarten ist noch unschärfer. Hat ein Pfirsichbaum eine andere Art von Substanz als eine Eiche? Möglicherweise.

Da der Hund Abby eine andere Art von Seele hat als die Eiche, verfügt er über Kräfte oder Fähigkeiten, die der Eiche fehlen. Er hat ein Sehvermögen und kann sich etwas vorstellen, während die Eiche das nicht kann. Dennoch zeigt die Eiche lebendige Aktivitäten, nämlich Wachstum, Selbsterhaltung und Fortpflanzung. Sie ist die Art von Substanz, die diese Aktivitäten aufgrund ihrer substanziellen Form, d.h. aufgrund ihrer Seele, hat. Dans Seele unterscheidet sich sowohl von der seines Hundes Abby als auch von der der Eiche. Sie macht ihn zu einer besonderen Art von Substanz, einer menschlichen Substanz. Wie wir sehen werden, verleiht sie ihm auch einige besondere Kräfte, die bei anderen Tieren nicht zu finden sind, nämlich das Vermögen zur Vernunft und zum Willen.

Dem Hylemorphismus zufolge ist die Seele also keine eigenständige Substanz. Sie ist kein Geist in der Maschine. Der Körper ist nicht eine Substanz und die Seele eine andere, wie der Dualismus meint. Vielmehr *sind* wir Körper, Körper, die aus dem ersten Subjekt und einer Seele bestehen. Da ein Leichnam dem Menschen, der einst lebte, visuell ähnlich ist, neigen wir dazu, ihn als seinen Körper zu bezeichnen. Wir könnten also sagen, dass der Leichnam der Körper ohne die Seele ist. Diese Redeweise ist aber nicht ganz richtig. Nach dem Hylemorphismus ist der Leichnam kein Mensch, denn er hat keine menschliche substanzielle Form. Natürlich bezeichnen wir einen Leichnam als „menschlich“, weil er eine gewisse Verbindung zum Menschen hat, so wie wir auch das Bild eines Pferdes als „Pferd“ bezeichnen, obwohl es das nicht ist. Dennoch ist ein Leichnam kein menschlicher Körper, dem zufällig irgendein Geist fehlt, den wir eine

Seele nennen. Er ist in keiner Weise ein menschlicher Körper. Er gleicht eher einer Ansammlung von Chemikalien, von der Art, wie sich der Materialismus den Menschen vorstellt.

Tatsächlich sind wir keine Ansammlung von Chemikalien. Wir sind auch keine Geister in der Maschine. Wir sind Körper eines bestimmten Typs. Wir sind beseelte Körper.

Kapitel 9

Das Problem der universalen Erkenntnis

Wie in jeder Natur, so gibt es auch in der Seele etwas,
durch das sie zu allen Dingen wird, und etwas,
durch das sie alle Dinge macht.
Aristoteles

Der Philosoph Platon postulierte eine andere Welt, die sich von der Welt um uns herum unterscheidet (der Begriff taucht in einer Vielzahl seiner Werke auf, darunter *Phaidon*, *Phaedrus*, *Der Staat* und *Theaitetos*). Es handelt sich um eine Art immaterielles Universum, das oft als das Reich der Formen oder Ideen bezeichnet wird und von den „Dingen selbst" bevölkert ist. In der physischen Welt um uns herum können wir zwei Stöcke finden, die einander gleich sind, aber im Reich der Formen finden wir die „Gleichheit selbst". In dieser physischen Welt können wir wunderschöne Landschaften und wunderschöne Sonnenuntergänge finden, aber im Reich der Formen finden wir die „Schönheit selbst". In dieser physischen Welt finden wir ein gutes Pferd oder ein gutes Auto, aber im Reich der Formen finden wir „das Gute selbst".

Das Reich der Ideen

Platon gab diesen Dingen an sich den Namen „Ideen". Wir verwenden das Wort „Idee" heute als etwas in unserem Geist, aber Platon benutzte das griechische Wort, um sich auf Archetypen zu beziehen, so wie die Schönheit selbst der Archetyp für eine schöne Landschaft ist. Als solche haben Platons „Ideen" mehr mit dem deutschen Begriff „Ideal" zu tun.
Diesen „Dingen selbst" fehlen physische Attribute. Sie sind zum Beispiel nicht sichtbar, obwohl dies sie nicht von bestimmten physischen Realitäten, wie zum Beispiel der Luft, unterscheidet. Noch wichtiger ist, dass sie das Ideal vollständig verwirklichen und ihnen nichts fehlt, was zum Ideal

gehören könnte. Während ein gutes Pferd noch einige kleine Mängel haben mag, kann es dem Guten selbst an nichts fehlen, was gut ist. Während ein schönes Gemälde noch einige Mängel haben mag, die es beeinträchtigen, darf der Schönheit selbst nichts von dem fehlen, was zur Schönheit zählt.

Die Ideen im Bereich der Formen unterscheiden sich von den physischen Dingen um uns herum in einer noch bedeutenderen Weise. Während die physischen Dinge konkrete individuelle Realitäten sind, kann man die Ideen als „abstrakt“ bezeichnen. Darüber hinaus gehören sie nicht zu einem einzelnen Individuum, sondern treffen universell auf viele Individuen zu. Die Schönheit im Bild ist eine individuelle Eigenschaft des Bildes, aber die Schönheit selbst ist abstrakt und kann in vielen verschiedenen Individuen verwirklicht sein.

Platon hat zuerst den gesamten Bereich der Ideen um dieser „abstrakten“ Eigenschaft willen dargestellt. Er war konfrontiert mit einer Besonderheit unseres Erkennens, die sich in unserer Sprache widerspiegelt. Manchmal verwenden wir Eigennamen, mit denen wir uns auf einzelne individuelle Dinge beziehen. Einen Hund bezeichnen wir als „Abby“ oder als „Fido“. Zu anderen Zeiten verwenden wir allgemeine Wörter, zum Beispiel das Wort „Hund“, das nicht an einen einzelnen Hund gebunden ist, sondern sich auf jeden Hund beziehen kann. Ebenso ist „New York“ die Bezeichnung einer Stadt; „Stadt“ hingegen ist ein allgemeines Word. „Mars“ ist ein bestimmter Planet; „Planet“ ist ein allgemeiner Begriff.

Platon beobachtete, dass wir wahre Aussagen mit allgemeinen Worten machen. Wir sagen zum Beispiel: „Hunde haben Haare“; oder wir sagen: „Dreiecke haben drei Seiten.“ Eine Aussage ist jedoch nur dann wahr, wenn sie mit der Realität in der Welt übereinstimmt. Die Aussage „Abby hat rote Haare“ ist nur dann wahr, wenn der Hund Abby tatsächlich rote Haare hat. Ebenso ist die Aussage „New York hat mehr als acht Millionen Einwohner“ nur dann wahr, wenn in der Stadt New York in Wirklichkeit mehr als acht Millionen Menschen leben. Da die Aussage „Dreiecke haben drei Seiten“ in der Tat wahr ist, folgt daraus, dass die Wirklichkeit mit der Aussage übereinstimmt.

Die Wahrheit dieser allgemeinen Aussagen steht jedoch vor einer Schwierigkeit. Für die Aussage „Abby hat rote Haare“ können wir den Hund Abby in der physischen Welt aufsuchen und feststellen, ob er rote Haare hat. Die Aussage ist genau deshalb wahr, weil es in der realen Welt einen Hund Abby gibt und dieser Hund Abby tatsächlich rote Haare hat. Wenn es in der realen Welt keinen Hund Abby gäbe, dann könnte die Aussage nicht wahr sein. Da auch die Aussage „Dreiecke haben drei Seiten“ wahr ist, folgt daraus, dass wir in der Lage sein müssen, „Dreiecke“ in der realen Welt zu finden.

Natürlich finden wir Dreiecke, und jedes Dreieck hat tatsächlich drei Seiten. Dennoch gibt es ein Problem. Jedes dieser Dreiecke ist ein individuelles konkretes Dreieck. Wie wir jedoch gesehen haben, ist das Wort „Dreieck“ nicht ganz richtig, denn als solches bezieht es sich nicht nur auf ein einzelnes individuelles Dreieck. Einige Leute haben gemeint, dass sich diese allgemeinen Worte auf eine Gruppe singulärer Dinge beziehen, wie zum Beispiel die Gruppe aller Dreiecke. Wenn wir ein wenig nachdenken, erkennen wir jedoch, dass diese Vorstellung Unsinn ist. Wenn sich „Dreieck“ auf die Gruppe aller Dreiecke bezieht, dann würde die Aussage „Dreiecke haben drei Seiten“ bedeuten, dass die Ansammlung aller Dreiecke drei Seiten hat; tatsächlich würde aber eine solche Ansammlung eine riesige Anzahl von Seiten haben.

Das Wort „Dreieck“ bezieht sich also weder auf ein einzelnes Dreieck noch auf eine Gruppe von Dreiecken. Dennoch, so dachte Platon, muss es sich auf eine gewisse Realität beziehen. Andernfalls könnten wir keine wahren Aussagen über Dreiecke machen. Aus diesem Grund postulierte Platon das Reich der Formen. Das Wort „Dreieck“ bezieht sich auf das ideale Dreieck, das nicht in der physischen Welt um uns herum existiert, sondern im Bereich der Ideen. Aussagen über Dreiecke sind also insofern wahr, als sie mit der Idee des „Dreiecks“ übereinstimmen, die nicht in der physischen Welt, sondern in der immateriellen Welt der Ideen existiert.

Das Problem der Universalien

Auf diese Weise hatte Platon eines der schwierigsten Probleme in der Geschichte der Philosophie, nämlich das Problem der Universalien, identifiziert – und dafür auch eine Lösung angeboten. Worauf beziehen sich universelle Wörter? Sie scheinen sich nicht auf eine einzige individuelle Sache in der Welt um uns herum zu beziehen, aber in der physischen Welt finden wir nichts anderes. Wir finden keine universellen Hunde, die herumlaufen. Aus diesem Grund stellte Platon eine andere Welt vor, in der wir „universelle Hunde" finden können.

Platons Lösung mag etwas extrem erscheinen, aber wir beginnen, mit ihm zu sympathisieren, wenn wir erkennen, wie irritierend das Problem der Universalien wirklich ist. Wir haben dieses Problem in richtigen und allgemeinen Worten ausgedrückt. Es wird auch oft in Form von individuellen oder universellen Ideen ausgedrückt. In diesem Fall wird das Wort „Idee" so verwendet, wie John Locke es verwendet hat, nämlich nicht um sich auf irgendeine immaterielle platonische Welt zu beziehen, sondern auf unseren Geist. Wenn wir Worte benutzen, haben wir geistige Ideen, die unseren Worten zugrunde liegen; wenn wir von „Dreiecken" sprechen, müssen wir eine Vorstellung von Dreiecken haben; wenn wir von „New York" sprechen, müssen wir eine Vorstellung von der Stadt „New York" haben.

Die Sprache bezieht sich also auf die Wirklichkeit, und zwar in Form von Ideen. Das Wort „Dreieck" bezieht sich auf die Realität von Dreiecken in Form der allgemeinen Idee von Dreiecken. Das Wort „Mars" bezieht sich auf den Planeten Mars in Form der konkreten oder singulären Idee des Planeten Mars. Wie bei Worten scheint es also, dass es zwei Arten von Ideen gibt, entweder allgemeine oder konkrete. So wie verbale (oder schriftliche) Aussagen wahr sind, wenn sie der Realität entsprechen, so sind auch unsere Ideen wahr, wenn sie der Realität entsprechen. Der Gedanke, dass „Dreiecke drei Seiten haben", ist wahr, wenn Dreiecke tatsächlich drei Seiten haben.

Platons Lösung des Problems der Universalien positioniert die Ideen in das Reich der Formen, aber diese Ideen weisen zwei Arten der Teilhabe oder von geteilter Existenz auf. Einerseits haben einzelne Dinge in der physischen Welt in irgendeiner Weise an den Ideen im Bereich der Formen teil oder sie nehmen an ihnen teil. Ein schönes Gemälde zum Beispiel nimmt an der Schönheit selbst teil. Andererseits haben auch die Ideen in unseren Köpfen Anteil an den wahren Archetypen aus dem Reich der Formen. Unsere Vorstellung von einem Dreieck entspricht dem wahren

Dreieck im Bereich der Formen. Ideen oder Formen haben also drei verschiedene Arten der Existenz. Zunächst einmal existieren sie im Bereich der Formen. Zweitens existieren sie durch eine Art Teilhabe an der physischen Welt. Schließlich existieren sie auch in unserem Bewusstsein.

Wenn wir allgemeine Worte verwenden oder allgemeine Ideen haben, wissen wir, dass sie sich auf etwas Bestimmtes beziehen. Das Problem der Universalien betrifft die Natur des Gegenstandes, auf den sie sich beziehen. Wie wir gesehen haben, beziehen sich allgemeine Ideen weder auf einzelne Personen noch auf eine Gruppe von Personen. Platon nimmt an, dass sie sich auf ideale Archetypen im Reich der Ideen beziehen, aber auch diese Lösung ist unbefriedigend. Wenn wir sagen „Abby ist rothaarig", meinen wir nicht, dass sie am Rotsein selbst teilhat. Wir meinen, dass ihr Fell die konkrete Eigenschaft hat, rot zu sein.

Platons Lösung des Problems führt auch ein neues, bisher noch nicht vorgestelltes Vermögen ein, nämlich das Vermögen der Vernunft. Konkrete oder singuläre Ideen, so Platon, finden sich in den Sinnen, einschließlich der inneren Sinne der Vorstellungskraft und des Gedächtnisses. Universelle Ideen hingegen finden sich im Vermögen der Vernunft. Platon wies darauf hin, dass unsere Sinne (seien sie nun äußerlich oder innerlich) keine universellen Ideen erfassen können.

Das von Platon Gemeinte wird deutlicher, wenn wir versuchen, uns etwas Universales vorzustellen. Versuchen Sie sich zum Beispiel ein universelles Dreieck vorzustellen. Dieses Bild muss alles enthalten, was jedem einzelnen Dreieck gemeinsam ist. Es muss zum Beispiel das Vorhandensein von drei Seiten umfassen. Gleichzeitig – und hier liegt die Schwierigkeit – darf es keine Merkmale aufweisen, die es auf eine Teilmenge von Dreiecken beschränken. Wenn Sie sich zum Beispiel ein rechtwinkliges Dreieck vorstellen, dann haben Sie den Begriff eines universellen Dreiecks nicht erfasst, da einige Dreiecke spitzwinklig und andere stumpfwinklig sind. Man kann den Fehler nicht dadurch korrigieren, dass man sich ein spitzwinkliges Dreieck vorstellt, denn das schließt rechtwinklige Dreiecke und stumpfe Dreiecke aus. Aber jedes Bild, das Sie sich von einem Dreieck vorstellen, stammt von einem ganz bestimmten Dreieck, sei es ein spitzes, rechtes oder stumpfes Dreieck. Ein Bild kann einfach nicht ein

„Dreieck selbst" erfassen, das spitze, rechte und stumpfe Dreiecke einschließt und nicht auf eines von ihnen beschränkt ist.

Dies gilt auch von anderen Universalien. Versuchen Sie sich ein universelles menschliches Auge vorzustellen. Sie müssen es sich als farbig vorstellen, da das menschliche Auge farbig ist, aber Sie können es sich nicht als blau vorstellen, da dies braune und grüne Augen ausschließen würde. Sie können es sich auch nicht als braun vorstellen, da dies Augen mit anderen Farben ausschließen würde. Die universelle Vorstellung des menschlichen Auges schließt irgendwie alle verschiedenen Augenfarben ein, ist aber nicht auf eine von ihnen beschränkt. Kein Bild, das wir uns in der Vorstellung bilden können, erfüllt diese Bedingung, denn wenn wir uns das Auge als farbig vorstellen, müssen wir es uns mit einer *bestimmten* Farbe vorstellen.

Das Vorstellungsvermögen reicht also einfach nicht aus, um universelle Ideen zu bilden. Daher sagte Platon, dass unsere universellen Ideen in der Vernunft zu finden sind. Dieses Vermögen bringt keine Bilder hervor, sondern hat Ideen oder Begriffe mit Inhalt. Wie wir bereits angedeutet haben, fühlen wir Menschen uns tendenziell wohler mit Dingen, die wir uns vorstellen können. Wenn wir uns in den Bereich der Vernunft begeben, der sich jenseits unserer Vorstellungskraft erstreckt, werden wir verunsichert.

Aus diesem Grund haben Locke, Berkeley und Hume versucht, alle unsere Ideen auf Bilder zu beschränken. Während Locke anscheinend dachte, er könne eine Art universeller Bilder schaffen, waren Berkeley und Hume realistischer. Sie leugneten einfach die Existenz universeller Ideen. Wie Berkeley und Hume war Platon in Bezug auf Bilder realistisch, aber er versuchte nicht, sie sich vorzustellen. Er erkannte Begriffe ohne Bilder an. Der Begriff des Dreiecks findet sich in der Vernunft. Er beinhaltet den Gedanken von drei Seiten, aber nicht als ein Bild. Im Unterschied zu einem Bild beinhaltet der Begriff die Möglichkeit, dass das Dreieck spitzwinklig, rechtwinklig oder stumpf ist, aber er ist nicht an eine dieser Möglichkeiten von Dreiecken gebunden.

Das Problem der Universalien wird noch dringlicher, wenn wir uns mit diesem universellen Begriff der Vernunft konfrontiert sehen. Sicherlich entspricht ihm in Wirklichkeit nichts, denn kein Dreieck enthält in Wirklichkeit spitze, rechte und stumpfe Winkel, ist aber nicht an eine dieser Bestimmungen gebunden. Ebenso ist kein Auge in der Realität farbig, ohne aber irgendeine bestimmte Farbe zu haben. Kein Wunder also, dass Platon eine neue Realität erschuf, die nicht an die Gesetze der physischen Welt gebunden ist.

Drei Lösungen für das Problem der Universalien

Die verschiedenen Lösungen für das Problem der Universalien lassen sich generell in drei Theorien unterteilen: den Nominalismus, den Realismus und den gemäßigten Realismus. Der Realismus ist diejenige Ansicht, die wir Platon zuschreiben können. Sie besagt, dass Universalien irgendwo genauso existieren, wie wir sie uns vorstellen.[1] Diese Auffassung wird Realismus genannt, weil sie besagt, dass Universalien wirklich außerhalb des Verstandes existieren. Der Nominalismus ist das entgegengesetzte Extrem. Er besagt, dass Universalien einfach praktische Worte sind, die sich irgendwie auf eine Vielzahl von individuellen Dingen beziehen. Diese Sichtweise wird Nominalismus genannt, weil sie besagt, dass Universalien nur Namen (lateinisch: nomina) für Dinge seien. Der Nominalismus bestreitet, dass irgendetwas in Wirklichkeit mit Universalien übereinstimmt. Diese Ablehnung von Universalien wird auch oft auf natürliche Substanzen, wie zum Beispiel Hunde, angewandt. Der Nominalismus macht etwa in Bezug auf Hunde die folgende recht plausible Aussage: Es gibt einzelne Hunde, die verschiedene Merkmale gemeinsam haben, aber es gibt keinen universellen Hund, keine gemeinsame Natur, die sich in jedem einzelnen Hund findet.

Die Ablehnung von Universalien ist problematischer, wenn sie sich auf Attribute bezieht. Wollen wir wirklich behaupten, dass es so etwas wie das Attribut, drei Seiten zu haben, das in allen Dreiecken verwirklicht ist, nicht gibt? Was ist mit den gemeinsamen Merkmalen der vielen Hunde, wie zum Beispiel, dass sie ein Fell haben? Wollen wir wirklich behaupten, dass es so etwas wie das Attribut, ein Fell zu haben, nicht gibt, ein Attribut, das bei vielen verschiedenen Tieren verwirklicht sein kann? Gerade das Bestreiten einer universellen Natur aller Hunde (die ja Substanzen

---

[1] *ST*, I, q. 84, a. 1.

sind), scheint die Universalien heimlich in den Bereich der Attribute zu verschieben. Nach welchen Kriterien können wir Hunde ohne die ihnen gemeinsamen Eigenschaften mit ein und demselben Wort als „Hund" bezeichnen? Das Wort „Hund" könnte sich genauso gut auf eine Gruppe beziehen, die einen Alligator, eine Eiche und eine Haarbürste enthält. Wenn es keine Gemeinsamkeiten gibt, durch die wir mehrere Individuen mit demselben Wort bezeichnen, ist die Verwendung gemeinsamer Wörter völlig willkürlich.

Was wir „gemäßigten Realismus" genannt haben, ist die von Aristoteles entwickelte und von Thomas von Aquin erläuterte Auffassung. Diese Theorie bestreitet die Existenz eines Reichs reiner Formen. Die einzige Welt, die existiert, ist die vertraute Welt um uns herum. In dieser Welt finden wir keine Universalien. Es gibt keine universellen Hunde, die herumlaufen, und wir erkennen keine universellen Dreiecke. Nichts existiert, was genau unseren universellen Vorstellungen entspricht.

Bedeutet dies, dass universelle Begriffe falsch sind? Ganz und gar nicht. Der moderate Realismus beruht auf der Unterscheidung zwischen dem Weglassen von Informationen und der Verzerrung von Informationen.[2] Man betrachte die Aussage: „Albert Einstein stammte aus Afrika". Diese Aussage ist falsch, weil sie die Realität verzerrt. Auf der anderen Seite ist die Aussage „Albert Einstein kam aus Europa" richtig, obwohl sie viele Informationen auslässt. Sie besagt beispielsweise nicht, dass Einstein aus Deutschland stammte oder dass er in der Stadt Ulm geboren wurde. Das Weglassen von Informationen verfälscht jedoch nicht.

Wenn wir Informationen weglassen, existiert die Realität nicht einfach in der Art und Weise, wie wir sie darstellen. Sie existiert mit viel mehr Details, als unsere Darstellung sie liefert. Nehmen wir zum Beispiel an, dass Linda sagt: „Ich bin heute Morgen aufgestanden und zur Arbeit gegangen". Diese Aussage ist wahr, weil sie die Realität nicht verzerrt. Dennoch existiert die Realität nicht nur so wie in dieser Darstellung. Tatsächlich ist Linda aus dem Bett aufgestanden, sie hat geduscht, sich angezogen, gefrühstückt und ist dann zur Arbeit gegangen. Man könnte noch viele weitere Einzelheiten nennen (sie aß Speck und Eier usw.). In der Realität

[2] *ST*, I, q. 85, a. 1, ad 1.

steckt viel mehr als in der Darstellung. Das ist gemeint, wenn wir Informationen weglassen.

Ähnlich verhält es sich, wenn wir sagen: „Dreiecke haben drei Seiten", denn dann lassen wir viele Details über Dreiecke weg. Wir lassen zum Beispiel aus, dass jedes bestehende Dreieck entweder spitzwinklig, rechtwinklig oder stumpf sein muss. Nichtsdestotrotz verzerrt die Aussage die Realität nicht, sie bleibt also wahr. Kein Dreieck existiert genau so wie in dieser Darstellung, d.h. kein Dreieck hat nur drei Seiten und keine weiteren Attribute. Kein existierendes Dreieck hat drei Seiten, ohne gleichzeitig entweder spitzwinklig, rechtwinklig oder stumpf zu sein. Unsere universelle Aussage bezieht sich weder auf das Spitzwinklige noch auf das Rechtwinklige oder auf das Stumpfe, weil sie diese Information auslässt. Sie behauptet jedoch nicht, dass irgendein Dreieck ohne Details existiert, da die Darstellung selbst ohne Details ist.[3] Wenn dies der Fall wäre, dann wäre sie falsch.

Genau das war der Fehler von Platon. Er ging davon aus, dass die Dinge entsprechend ihren Darstellungen existierten.[4] In seinem Reich der reinen Formen konnten wir ein Dreieck in sich selbst finden, das nur drei Seiten enthielt und nicht die Details einer spitzwinkligen, rechtwinkligen oder stumpfen Repräsentation aufwies. In seinem Versuch, die Wahrheit der allgemeinen Aussagen zu retten, verfälschte er sie schließlich; denn zu behaupten, dass die Realität genauso wie in unseren Repräsentationen existiere, bedeutet, die Realität zu verzerren. Ein solches Unterfangen geht davon aus, dass wir durch das Weglassen von Informationen eine Realität behaupten, die auch die Details auslässt.

Abstraktion

Der häufig verwendete Begriff für das Weglassen von Details ist „Abstraktion". Er bedeutet wörtlich „herausziehen". Der Verstand zieht einige Informationen heraus und lässt die konkreten Details weg. Er muss sie „herausziehen", weil die Details in Wirklichkeit zusammengehören. Der

---

[3] *ST*, 1, q. 85, a. 1, ad 2.

[4] *ST*, I, q. 84, a. 1; I, q. 85, a. 1, ad 2; I, q. 85, a. 3, ad 4.

Verstand „zieht" Dreiseitigkeit heraus, lässt aber die Spitzwinkligkeit, die Rechtwinkligkeit oder die Stumpfwinkligkeit zurück. In *Wirklichkeit* können diese Details nicht zurückgelassen werden, aber unser Verstand hat die Fähigkeit, nur die Dreiseitigkeit zu berücksichtigen und die anderen Details wegzulassen. Genauer gesagt, werden die anderen Details nicht ganz ausgelassen. Mit unserem Verstand erkennen wir an, dass ein Dreieck entweder spitzwinklig, rechtwinklig oder stumpfwinklig sein muss, aber wenn wir es nur als ein Dreieck mit drei Seiten betrachten, lassen wir die Details eines dieser drei Typen weg. Kurz gesagt, der Verstand erkennt auch weiterhin, dass diese Typen in der Realität notwendig sind, aber er lässt weg, welcher von ihnen sich in der Realität tatsächlich findet.

Wie wir gesagt haben, kann eine Abstraktion nicht durch die inneren Sinne vollzogen werden. Wir können uns kein Dreieck vorstellen, das dreiseitig ist, aber nicht spitzwinklig, rechtwinklig oder stumpfwinklig. Dennoch können wir ein Dreieck *begreifen*, das nicht nur spitzwinklig, rechtwinklig oder stumpfwinklig ist. Wir können uns ein menschliches Auge nicht vorstellen, das farbig ist, aber keine bestimmte Farbe hat. Wir könnten es uns als farblos (transparent) vorstellen, aber das wäre eine Verzerrung der Realität; es wäre eine Verfälschung. Trotz der Unzulänglichkeit der Vorstellungskraft haben wir die Fähigkeit, das menschliche Auge als farbig zu *begreifen* und dabei die Details einer bestimmten Farbe wegzulassen. Dieses Begreifen kann also weder der Vorstellungskraft noch einem der anderen Sinne angehören. Unser Verstand muss also eine andere Macht haben. Diese Macht wird Vernunft genannt.

Was erkennen wir, wenn wir abstrakt erkennen? Wir wissen nicht etwas, das in einem Bereich reiner Formen existiert, denn einen solchen Bereich gibt es nicht. Wir erkennen auch nicht einfach die konkrete Wirklichkeit, denn die konkrete Wirklichkeit existiert mit den Details. Wir erkennen auch nicht eine Gruppe von einzelnen Dingen, denn die Abstraktion stellt keine Vielzahl dar. Was also erfassen die abstrakten Begriffe? Durch abstrakte Begriffe erkennen wir die Gemeinsamkeiten vieler konkreter Einzeldinge, aber wir kennen die Ähnlichkeiten, während wir die Unterschiede beiseitelassen. Wenn wir ein Dreieck einfach als dreiseitig erkennen, erkennen wir die Ähnlichkeiten von vielen Dreiecken; außerdem erkennen wir diese Ähnlichkeiten ohne die vielen Unterschiede, die zwischen diesen vielen Dreiecken bestehen.

Wenn wir die Ähnlichkeiten – ohne die Unterschiede – erkennen, verfälschen wir nicht, denn die Ähnlichkeiten sind in der Tat real vorhanden. Sie sind in der Wirklichkeit zu finden. Darüber hinaus gehen wir nicht davon aus, dass die Ähnlichkeiten ohne die Unterschiede existieren (was eine Verfälschung wäre); vielmehr betrachten wir einfach die Ähnlichkeiten, ohne die Unterschiede in unsere Überlegungen einzubeziehen.[5]

Aus diesem Grund könnte man Thomas von Aquin als einen gemäßigten Realisten bezeichnen. Unsere abstrakten Ideen entsprechen der Wirklichkeit. Sie sind keine bloßen Ideen oder bloße Worte, wie die Nominalisten behaupten würden. Andererseits entsprechen sie nicht irgendeiner „abstrakten Realität", wie der platonische Realismus zu denken scheint.[6] Vielmehr entsprechen sie den konkreten Ähnlichkeiten, die man in der Welt findet. Die Ähnlichkeiten existieren nicht in der Art und Weise, wie sie von der Vernunft gedacht werden, d.h. sie existieren nicht unter Auslassung der Details, obwohl sie unter Auslassung dieser Information gedacht werden.[7] Dennoch sind die Ähnlichkeiten real.

Der Ursprung der abstrakten Erkenntnis

Platon verbindet in seiner Philosophie die Darstellung des Reiches der Ideen mit einer Erörterung dessen, wie wir es lernen, diese Ideen zu erkennen. Wie wir bereits gesehen haben, erkennt man diese Ideen nicht mit den Sinnen, die die physische Welt um uns herum wahrnehmen. Vielmehr erkennt man sie mit der Vernunft. Aber wie kommt die Vernunft zu ihrer Erkenntnis? Platon behauptet, dass die Seele einst getrennt vom Körper existierte und im Reich der reinen Formen lebte. Zu dieser Zeit hatte die Vernunft Erkenntnis aus erster Hand über die Formen, so wie die Sinne Erkenntnisse aus erster Hand über die Welt um uns herum haben.

Nach dieser Zeit des Verweilens im Reich der Formen wird die Seele mit einem Körper verbunden. In diesem Moment vergisst die Vernunft alles,

[5] *ST*, I, q. 85, a. 1, ad 1.

[6] *ST*, I, q. 84, a. 5; I, q. 85, a.1.

[7] *ST*, I, q. 85, a. 1, ad 2.

was sie einst im Bereich der Formen wusste. Unser Wissen über die Formen ist jedoch nicht völlig verloren gegangen. Wenn wir die Welt wahrnehmen, bringen die physischen Realitäten um uns herum unsere Erinnerungen in Schwung, und wir erinnern uns an das, was wir einst im Bereich der Formen wussten. Wenn wir zum Beispiel einen schönen Gegenstand sehen, erinnern wir uns an die „Schönheit selbst". Für Platon ist also alles Wissen Erinnerung.

Platons Darstellung des Wissens ist mit einem dualistischen Verständnis der Seele verbunden. Die Seele ist eine separate Substanz, die getrennt vom Körper existiert, bevor wir überhaupt geboren werden. Aristoteles und Thomas von Aquin mit ihrer hylemorphistischen Sicht der Seele lehnen diesen Ansatz der Erkenntnis ab. Wie erklären sie dann unser abstraktes Wissen?

Für Platon geht unsere Erkenntnis der Universalien unserer sinnlichen Erkenntnis über die konkreten Realitäten voraus. Bei Aristoteles ist das Gegenteil der Fall. Unserer Erkenntnis der Universalien muss immer die sinnliche Wahrnehmung vorhergehen.[8] Bei Platon erkennen wir zuerst die Schönheit selbst und nehmen dann erst einzelne schöne Objekte wahr. In begrenzter Weise folgt die Erkenntnis der Schönheit selbst der sinnlichen Erkenntnis, aber nur insofern, als die Erinnerung an die Schönheit selbst auf die sinnlichen Erkenntnis folgt. Für Aristoteles folgt die Erkenntnis der Schönheit selbst ohne Einschränkung auf unsere sinnliche Erkenntnis einzelner schöner Dinge.

Als kleines Kind beginnt Maria mit der Wahrnehmung einzelner Dreiecke. Sie bewahrt diese Dreiecke in ihrer Vorstellung. Mit genügend Erfahrung (auf die später noch eingegangen wird) formt sie das, was Thomas von Aquin ein „Phantasma" nennt, nämlich so etwas wie das Bild eines Dreiecks, das viele Dreiecke zusammenfasst. Erst in diesem Stadium kann abstrakte Erkenntnis beginnen. Die Vernunft abstrahiert („zieht ab") aus dem Phantasma bestimmte Merkmale und lässt dabei einzelne Details zurück.[9] Maria bildet beispielsweise die Vorstellung eines Dreiecks als dreiseitiger Figur. Nur durch die Kenntnis vieler Einzelfälle – durch ihre

[8] *ST*, I, q. 84, a. 6.

[9] *ST*, I, q. 85, a. 1.

Sinne – kann Maria mit Hilfe ihrer Vernunft die Ähnlichkeiten, die zwischen diesen Einzelfällen bestehen, herausziehen.

Der Intellekt

Wenn Thomas von Aquin über das abstrakte Wissen der Vernunft diskutiert, verwendet er ein anderes Wort für dieses Vermögen. Er nennt es „Intellekt". Der Begriff „Vernunft" betont einen anderen Akt des Verstandes (der im nächsten Kapitel erörtert wird), während der Begriff „Intellekt" sich ausschließlich auf den universalen Charakter unseres Wissens bezieht. „Intellekt" ist also ein Begriff, der auch für Arten des Geistes neben dem menschlichen Geist verwendet werden kann, zum Beispiel auf den Geist der Engel, die ebenfalls auf universale Weise erkennen.

Nach Thomas haben die Menschen mehr als einen Intellekt. Der Mensch hat zwei intellektuelle Vermögen, ein Vermögen, das Thomas aktiv (oder tätig) nennt, und ein anderes, das passiv oder möglich genannt werden kann. Der aktive Intellekt ist derjenige, durch den wir Ähnlichkeiten aktiv abstrahieren.[10] Im Gegensatz dazu ist der mögliche Intellekt derjenige, durch den wir gewissermaßen auf eine statische Art und Weise die gemeinsamen Eigenschaften der Dinge erkennen, die von den konkreten Details abstrahiert werden, wodurch sie sich von Individuen unterscheiden. Der mögliche Intellekt ist, genauer gesagt, das Erkenntnisvermögen. Nach Thomas Aquin erleben wir zwei getrennte Handlungen. Wir sind uns unseres Aktes der Abstraktion, des Herausziehens der Ähnlichkeiten aus den einzelnen Vorkommnissen, bewusst;[11] wir sind uns auch unseres eigenen universalen Erkennens bewusst (das sich im möglichen Intellekt abspielt).

Warum erfordert Abstraktion einen aktiven Intellekt? Weil, wie wir gesehen haben, ein Akteur nicht geben kann, was er nicht hat. Das Feuer kann Wasser nur erhitzen, wenn es selbst Hitze hat. Der mögliche Intellekt selbst gibt nicht, sondern er empfängt. Er ist wie die Vorstellung, die die sinnlichen Eindrücke von den äußeren Sinnen empfängt. Ebenso

[10] *ST*, I, q. 79, a. 3.
[11] *ST*, I, q. 79, a. 4.

empfängt der mögliche Intellekt die abstrakten Begriffe; er empfängt die Natur der Dinge, getrennt von den konkreten einzelnen Details.

Woher erhält der mögliche Intellekt diese Begriffe? Laut Thomas kann er diese Begriffe nicht aus dem Vorstellungsvermögen erhalten, denn das Vorstellungsvermögen kennt die konkreten Realitäten; es kennt die Merkmale der Dinge immer mit ihren konkreten Einzelheiten.[12] In gewisser Weise spielt das Vorstellungsvermögen natürlich eine Rolle, denn wir haben gesehen, dass es ein Phantasma bilden und dieses Phantasma dem Intellekt präsentieren muss. Dennoch ist die Vorstellung allein nicht ausreichend. Sie kann dem möglichen Intellekt nicht die Gemeinsamkeiten der Dinge präsentieren – wie z.B. die Dreiseitigkeit – und gleichzeitig die konkreten Unterschiede hinter sich lassen.[13] Das Vorstellungsvermögen stellt einfach einen Gegenstand vor, der die ähnlichen Merkmale der Dinge enthält, von denen dann die Ähnlichkeiten abgezogen werden können; es präsentiert diesen Gegenstand nicht mit den bereits abgezogenen Ähnlichkeiten.[14]

Aus diesem (vom Vorstellungsvermögen präsentierten) Gegenstand muss etwas die Gemeinsamkeiten herausziehen, während die konkreten Details zurückbleiben. Dieses Etwas ist der tätige (oder aktive) Intellekt. Der aktive Intellekt zieht die Ähnlichkeiten aus dem Phantasma heraus, so dass der mögliche Intellekt dann diese Ähnlichkeiten empfangen kann. Unser universales Erkennen erfordert also sowohl einen aktiven als auch einen passiven Intellekt. Wie wir gesehen haben, verlangt es auch Vorstellung. Die Vorstellung selbst kennt weder die abstrakten Ideen noch das Abstrahieren, aber sie ist notwendig, um einen Gegenstand zu präsentieren, von dem die Idee abstrahiert werden kann.

Diese beiden Intellekte sind in der Tat zwei getrennte Vermögen. Das eine Wort „Intellekt", das für beide gilt, könnte uns zu der irrigen Annahme verleiten, dass sie nur zwei verschiedene Aspekte ein und desselben Vermögens seien. Thomas besteht jedoch darauf, dass sie getrennt sein müssen. Andernfalls würde der mögliche Intellekt (in seinem aktiven Aspekt) bereits das besitzen, was er zu erkennen lernt.

---

[12] *ST*, I, q. 85, a. 1.

[13] *ST*, I, q. 84, a. 6; I, q. 85, a. 1, ad 3.

[14] *ST*, I, q. 79, a. 4, ad 4.

Zurück zum Phantasma

Thomas legt dar, dass das Vorstellungsvermögen auch auf andere Weise für unser universales Erkennen notwendig ist. Das Vorstellungsvermögen ist zunächst für die Abstraktion einer allgemeinen Idee notwendig. Wenn wir uns zum Beispiel eines Dreiecks zum ersten Mal als dreiseitiger Figur bewusst werden, muss die Vorstellungskraft ein Phantasma erstellen, von dem der tätige Intellekt abstrahiert. Aber selbst nachdem wir irgendeine Idee abstrahiert haben (die nun im möglichen Intellekt vorhanden ist), ist die Vorstellung noch auf eine zweite Art und Weise notwendig. Der mögliche Intellekt, sagt Thomas Aquin, muss immer zum Phantasma der Vorstellung zurückkehren.[15] Andernfalls könnte er in eine Verzerrung der Wahrheit abgleiten, anstatt einfach Informationen wegzulassen. Warum? Weil der Intellekt die Wirklichkeit kennen muss, und weil die Ähnlichkeiten in der Wirklichkeit im Konkreten bestehen. Er kennt also die Merkmale der Dinge als Gemeinsamkeiten, aber er weiß, dass sie irgendwo als Konkretes existieren, zumindest so, wie sie sich im Phantasma selbst befinden.

Das universale Erkennen umfasst somit die folgenden Schritte: (1) Eine Person hat wiederholt Sinneserfahrungen mit einer bestimmten Realität, wie z.B. einem Dreieck; (2) in der Vorstellung bildet sie ein Phantasma oder eine Ansammlung von Sinneserfahrungen; (3) mit ihrem aktiven Intellekt abstrahiert die Person die Ähnlichkeiten und prägt sie dem passiven Intellekt ein; (4) mit ihrem passiven Intellekt ist sie sich der Ähnlichkeiten bewusst, getrennt von den Details, die sie (5) im Phantasma der Vorstellung erkennt.

Das Phantasma selbst kann auf einen ursprünglichen Sinneseindruck zurückgeführt werden. Anna kann z.B. die Dreiseitigkeit erkennen, insofern diese sich in diesem Dreieck befindet, das sie vor sich hat. Andererseits kann sich das Phantasma nicht auf eine weitere Realität beziehen, die jenseits seiner selbst liegt. Dann erkennt Anna die Dreiseitigkeit, wie diese

[15] *ST*, I, q. 84, a. 7; I, q. 85, a. 1, ad 5; I, q. 85, a. 5, ad 2; I, q. 86, a. 1.

sich einfach im Phantasma befindet, insofern diese Dreiseitigkeit sich in einer konkreten Realität verwirklichen *könnte*.

Angesichts dieser beiden Arten, zum Phantasma zurückzukehren, können wir die Gemeinsamkeiten der Dinge auf zwei Arten erkennen. Erstens erkennen wir diese Gemeinsamkeiten, insofern sie in der Realität existieren; zweitens erkennen wir sie nur in sich selbst, getrennt von einer vereinzelten Existenz, aber insofern, als sie in der Realität tatsächlich existieren könnten.

Die erste Art und Weise kann jedoch selbst unterteilt werden. Die Natur der Dinge kann tatsächlich auf zwei Arten existieren, entweder in der Welt um uns herum oder in unserem Bewusstsein. Die Dreiseitigkeit zum Beispiel kann in einem Dreieck auf einem Blatt Papier existieren oder in unserem Verstand im Akt des Erkennens.

Wir können also die Natur der Dinge Auge fassen, insofern sie in der konkreten Realitäten existieren oder insofern sie in unserem Verstand existieren – also im möglichen Intellekt – und auf diese Weise nur in sich selbst, das heißt, getrennt von einer bestimmten Existenz, in der Welt oder in unserem Verstand, aber fähig, in beiden zu existieren. Diese drei Betrachtungsweisen weisen Parallelen zu Platons Verständnis der Art und Weise auf, wie die Ideen existieren können. Sie können durch Teilhabe an der physischen Welt (z.B. in einem schönen Gemälde) und auch durch Teilhabe an unseren geistigen Ideen existieren, aber in echter Weise existieren sie im Bereich der reinen Formen. Thomas Aquin unterscheidet sich jedoch von Platon, weil die dritte Art für Thomas nur eine Art der Betrachtung ist und keine Art der Existenz.

Kapitel 10

Vernunft

Alle unsere Erkenntnis hebt von den Sinnen an,
geht von da zum Verstande, und endigt bei der Vernunft,
über welche nichts Höheres in uns angetroffen wird.
Immanuel Kant
(Kritik der reinen Vernunft, Teil 1, Abteilung 2, Teil 2A)

Glücklich ist derjenige, der in der Lage ist,
die Ursachen der Dinge zu erkennen.
Virgil (Georgica, Buch 2)

Wie wir gesehen haben, ist der menschliche Verstand insofern unverwechselbar, als er Universalien erkennt – das heißt, wir können mit ihm die Gemeinsamkeiten der Dinge erkennen, abgesehen von den konkreten Unterschieden. Diese einzigartige Fähigkeit ist nicht das einzige Merkmal des menschlichen Geistes, durch das er sich vom tierischen Bewusstsein abhebt. Wir sagen, dass Menschen rationale Tiere sind; sie sind Tiere mit Vernunft. Was mit „Vernunft" gemeint ist, ist jedoch oft alles andere als klar. Man könnte den Eindruck gewinnen, dass das logische Denken nichts anderes sei als die Fähigkeit, Schwierigkeiten zu überwinden, so wie wenn eine Maus ihren Weg durch ein Labyrinth findet. Diese Fähigkeit ist jedoch nicht charakteristisch für den Menschen, und sie hat auch keinen besonderen Anspruch auf den Namen „logisches Denken". Vielmehr ist die Vernunft, genau gesagt, eine besondere Art zu erkennen. Wir müssen die Vernunft besser verstehen, wenn wir den Menschen besser verstehen wollen.

Nach Thomas sind der Vernunft drei Tätigkeiten eigen.[1] Erstens kann sie die Natur der Dinge erkennen, was als einfaches Erfassen oder Begreifen

---

[1] *ST*, I, q. 85, a. 5.

(Apprehension) bezeichnet wird. Zweitens kann sie kombinieren und unterscheiden. Und schließlich kann sie von einer Idee zu einer anderen übergehen – was die Vernunft am treffendsten kennzeichnet. Diese drei Handlungen entsprechen in etwa drei verbalen Zeichen. Das einfache Begreifen entspricht der Verwendung einzelner Wörter, wie z.B. „Hund" oder „Dreieck". Kombinieren und Unterscheiden entspricht der Bildung von Sätzen, die viele einzelne Wörter miteinander verbinden. Schließlich entspricht das Begreifen dem Zusammenfügen der Sätze mit Bindewörtern (wie „weil" oder „deshalb"), mit denen wir argumentieren.

Verbinden und Trennen

Wir haben den ersten Akt der Vernunft bereits im letzten Kapitel ausführlich diskutiert, obwohl wir mehr darüber erfahren können, wenn wir untersuchen, wie sich die Tätigkeit zu den anderen Handlungen der Vernunft verhält. Der zweite Akt der Vernunft wird am besten durch den Begriff der Prädikation verständlich, durch die wir das eine vom anderen aussagen. Wir sagen zum Beispiel: „Der Vogel ist schwarz". Wir sagen etwas - „schwarz" oder „ist schwarz" - von etwas anderem – „dem Vogel" – aus. Wir haben ein Prädikat, das wir irgendeinem Subjekt zuschreiben.[2] Auf diese Weise kombinieren wir zwei einfachere Ideen, Ideen, die erst durch den Akt des einfachen Begreifens vorgestellt werden. Wir kombinieren zum Beispiel die Idee des Schwarzen mit der Idee des Vogels, um eine neue Idee in Form des Satzes „Der Vogel ist schwarz" zu bilden.

Der zweite Akt der Vernunft beinhaltet nicht nur ein Verbinden, sondern auch ein „Trennen". Obwohl sich das nach einem Gegensatz anhört, haben die beiden Akte viele Gemeinsamkeiten. In beiden sind zum Beispiel mehrere einfache Apprehensionen miteinander verbunden. Wenn wir sagen: „Der Vogel ist nicht weiß", setzen wir den Begriff „weiß" mit dem Begriff „Vogel" in Beziehung. In diesem Fall sagen wir aber, dass die beiden in Wirklichkeit nicht miteinander verbunden sind, sondern dass sie getrennt sind. In unserem Bewusstsein sind sie jedoch in einer einzigen neuen Idee verbunden, die wir Proposition nennen.[3]

---

[2] *ST*, I, q. 16, a. 2.

[3] *ST*, I, q. 58, a. 2.

Den Propositionen entsprechen die grammatikalischen Strukturen, die wir deklarative Sätze nennen. Erinnern wir uns daran, dass Wörter sich durch die Ideen auf die Wirklichkeit beziehen. Verschiedene Ideen sind also geeignet, verschiedene verbale Zeichen zu haben. Zum einfachen Erfassen haben wir die verbalen Zeichen der Wörter. Bei Sätzen verwenden wir das verbale Zeichen von deklarativen Sätzen. Im Folgenden müssen wir uns auf Begriffe in der Form von Wörtern und Sätzen beziehen.

Nicht irgendeine Kombination von einfachen Begriffen ergibt eine Prädikation. Manchmal werden einfache Ideen zu weiteren einfachen Apprehensionen kombiniert, zu komplizierteren einfachen Apprehensionen. Wir könnten zum Beispiel „schwarzer Vogel" sagen. Diese Kombination verbindet die Idee des „Schwarzen" mit der Idee des „Vogels", aber sie prädiziert nicht das eine dem anderen.[4] Vielmehr verschmilzt sie beide zu einer komplizierteren Apprehension.

Solche Verbindungen einfacher Ideen – ohne Prädikation – können in der Tat sehr kompliziert werden. Der Begriff „dreiseitige Figur" zum Beispiel gehört noch zum ersten Akt der Vernunft und nicht zum Verbinden und Teilen, obwohl er die Idee der „Drei", die Idee der „Seite" und die Idee der „Figur" miteinander verbindet. Die Kombinationen können komplizierter werden, wie in dem Begriff „große rote spitzwinklige dreiseitige Figur".

Kombinationen von einfachen Ideen können also zweierlei sein. Einerseits können sie zu komplizierteren „einfachen" Ideen gebildet werden. Andererseits können sie durch Prädikation zu Sätzen gebildet werden. Wie unterscheiden sich die beiden voneinander? Nicht durch ein bestimmtes Maß der Komplexität. Freilich ist die Aussage „Der Vogel ist schwarz" einfacher als die Kombination „großer schwarzer Vogel, der durch den Park fliegt". Nur der erste Satz beinhaltet jedoch eine Prädikation.

---

[4] *ST*, I, q. 17, a. 3.

Wahrheit

Wir verstehen, wie sich die Prädikation von einer bloßen Kombination unterscheidet, wenn wir ihr Verhältnis zur Wahrheit betrachten. Thomas lehrt, dass die Wahrheit am formalsten im zweiten Akt der Vernunft zu finden ist, insbesondere in Aussagesätzen.[5] Wenn jemand einfach „Vogel" oder „schwarz" sagt, oder auch wenn er „schwarzer Vogel" sagt, dann ist keine dieser Äußerungen wahr oder falsch. Wenn man aber sagt: „Der Vogel ist schwarz", dann haben wir eine wahre oder falsche Aussage.

Wie wir gesehen haben, ist die Wahrheit eine Frage der Übereinstimmung zwischen dem, was wir im Bewusstsein haben, und der Realität. Wir haben gesehen, dass die Sinne insofern wahr sind, als sie mit der Realität übereinstimmen.[6] Wenn Thomas von Aquin sagt, dass Wahrheit oder Falschheit erstmals im zweiten Akt der Vernunft gefunden wird, dann meint er jedoch noch mehr. Denn die Wahrheit findet sich bereits in den Sinnen, lange vor dem zweiten Akt der Vernunft. Und zweifellos kann der Begriff „Dreieck" mit der Realität außerhalb des Bewusstseins übereinstimmen, so dass selbst diese einfache Apprehension als wahr bezeichnet werden kann. Dennoch würden wir niemals antworten: „Das ist so wahr", wenn jemand aus heiterem Himmel „Dreieck" sagen würde. Wenn dagegen jemand sagt: „Dreiecke haben drei Seiten", können wir in der Tat bestätigen, dass das wahr ist.

Inwiefern findet sich also die Wahrheit zuerst im zweiten Akt der Vernunft? Erst in diesem zweiten Akt, sagt Thomas, wird tatsächlich ein Vergleich zwischen unseren Ideen und der Wirklichkeit hergestellt.[7] Der Gedanke „Dreieck" mag durchaus mit einer gewissen Wirklichkeit übereinstimmen, aber in der einfachen Apprehension fällen wir kein Urteil über diese Übereinstimmung. Im Gegensatz dazu vergleichen wir bei dem Gedanken „Dreiecke haben drei Seiten" den Gedanken mit der Realität und beurteilen die Übereinstimmung.
John Locke meint, dass wir zuerst die Ideen kennen und dann mit der Realität argumentieren müssen. Thomas von Aquin behauptet hingegen, dass wir zunächst die Realitäten erkennen und uns anschließend unseres

---

[5] *ST*, I, q. 16, a. 2.
[6] *ST*, I, q. 16, a. 2; I, q. 17, a. 2.
[7] *ST*, I, q. 16, a. 2.

eigenen Wissens bewusst werden müssen. Dieses Bewusstsein unserer eigenen Ideen wird zum ersten Mal im Akt des Kombinierens und Trennens deutlich. Der erste Akt der Vernunft – das einfache Begreifen – konzentriert sich unentwegt auf den Inhalt des Gedankens, nicht auf den Gedanken selbst; er konzentriert sich auf den Vogel in der Wirklichkeit, nicht auf die eigene Vorstellung von einem Vogel. Der zweite Akt kann auf die Wirklichkeit und den Gedanken schauen und das eine mit dem anderen vergleichen.

Wie kann aber der zweite Akt der Vernunft sowohl auf den Inhalt des Gedankens als auch auf den Gedanken selbst gerichtet sein? Zunächst einmal unterscheidet sich die Vernunft von anderen Erkenntnisvermögen. Wir haben zum Beispiel festgestellt, dass wir uns unserer äußeren Sinne über einen inneren Sinn bewusst sind, d.h. über den Gemeinsinn. Der äußere Sinn ist sich seiner selbst nicht bewusst. Aus Gründen, die später deutlich werden, arbeitet der Intellekt anders.[8] Er ist sich seiner eigenen Akte bewusst. Bei Thomas von Aquin heißt es, dass der Verstand, während er erkennt, sich auf sich selbst zurückbeugt und erkennt, dass er erkennt.[9]

Diese Beobachtung allein beantwortet unsere Frage aber noch nicht. Schließlich ist die einfache Apprehension ein Akt der Vernunft, aber sie vergleicht den Gedanken nicht ausdrücklich mit der Wirklichkeit. Was ist dann das Besondere am zweiten Akt der Vernunft? Die Frage ist schwierig, aber wir werden versuchen, die Antwort so einfach wie möglich zu halten.

Der zweite Akt ist etwas Besonderes, weil er das unterscheidet, was verbunden ist. In gewisser Weise sind Subjekt und Prädikat vereint; dennoch werden sie immer als getrennt erkannt.[10] Das einfache Begreifen geschieht auf eine andere Weise. Wenn es verbindet, verschmilzt es zu einem neuen Begriff, in dem die Teile nicht getrennt erkannt werden. Das einfache Begreifen „schwarzer Vogel“ verbindet zwei einfachere Apprehensionen so, dass die beiden miteinander verschmolzen werden. Genauso vereinen wir, wenn wir uns einen schwarzen Vogel, einen roten

---

[8] *SCG*, bk. 2, c. 66, ¶5.
[9] *ST*, I, q. 87, a. 3.
[10] *ST*, I, q. 13, a. 12.

Vogel oder einen goldenen Berg vorstellen, Bilder zu einer Einheit, in der sie zusammen und nur zusammen erkannt sind.

Wenn wir dagegen „Der Vogel ist schwarz" prädizieren, erkennen wir „Vogel" im Unterschied zu „schwarz", und wir wenden das eine auf das andere an. Wir erkennen sie unterschiedlich aufgrund der Abstraktion in der einfachen Apprehension. Wir können verstehen, was es bedeutet, ein Vogel zu sein, abstrahiert von einer bestimmten Farbe. Wir können verstehen, was es bedeutet, schwarz zu sein, abstrahiert davon, ein Vogel, eine Katze, ein Hund oder irgendeine andere Substanz zu sein. Wenn wir „schwarz" mit Hinblick auf den „Vogel" prädizieren, behalten wir die Abstraktionen bei, aber wir wenden das eine auf das andere an.[11] Wir wissen, dass „Vogel" nicht dasselbe ist wie „schwarz", und wir wissen, dass „schwarz" nicht dasselbe ist wie „Vogel", aber wir erkennen das eine als auf das andere anwendbar an.

Wenn wir andererseits an „schwarzer Vogel" denken, lösen wir die einzelnen Abstraktionen auf und verschmelzen sie zu einer neuen einfachen Apprehension. Wir denken nicht, dass „schwarz" auf „Vogel" zutrifft; wir denken an einen völlig neuen Begriff, nämlich „schwarzer Vogel".

Bei Thomas von Aquin heißt es, dass in der Prädikation die Vernunft erkennt, dass die Realität, die sie erfasst, die eine Sache ist, während ihre Art, diese Realität zu erkennen, eine andere ist.[12] Die erkannte Realität ist dieser schwarze Vogel; die Art zu erkennen trennt aber „Vogel" von „schwarz". Wir denken an den Vogel, und wir denken an ihn als schwarz, aber wir verstehen, dass unser Denken an ihn als schwarz etwas anderes ist als unser Denken an ihn als Vogel. Diese beiden Momente können in unseren Gedanken getrennt werden, aber in Wirklichkeit gehören sie zusammen. Dieser Unterschied kristallisiert für den Verstand den Unterschied heraus zwischen der Realität und der Art und Weise, wie man die Realität erkennt. Mit dieser Kristallisation wird dann ein Vergleich zwischen der Erkenntnis und der Wirklichkeit möglich. Die Wahrheit im vollen Sinne ist nun verwirklicht.

---

[11] *ST*, I, q. 13, a. 12; I, q. 85, a. 5, ad 3.

[12] *ST*, I, q. 16, a. 2; *SCG*, bk. 2, c. 66, ¶4.

Argumentation

Ein weiteres wichtiges Merkmal der Vernunft ist ihre Fähigkeit, Beziehungen zu verstehen, d.h., die Vernunft kann zwei verschiedene Realitäten erkennen und eine reale Beziehung zwischen ihnen betrachten. Keiner der Sinne, sagt Thomas von Aquin, versteht Beziehungen; nur die Vernunft versteht sie.[13] Diese einzigartige Fähigkeit der Vernunft folgt auf den zweiten Akt der Vernunft, denn beim Prädizieren setzt der Verstand eine Idee mit einer anderen in Beziehung. Er setzt zum Beispiel „schwarz" in Beziehung zu „Vogel".

Eine wichtige Beziehung, die die Vernunft entdeckt, ist die Kausalität, die David Hume so verärgert hat. Wäre unser Verstand auf die Sinne (äußere und innere) beschränkt, wie Hume meint, dann könnten wir niemals Kausalität erkennen, da die Sinne nicht in der Lage sind, eine Beziehung zu erkennen, auch nicht die Beziehung der Kausalität. Allenfalls würden wir lernen, eine Idee mit einer anderen zu assoziieren. Wir würden vielleicht eine statistische Korrelation zwischen zwei Ereignissen erkennen, aber wir würden keinen wirklichen Zusammenhang der Abhängigkeit zwischen den beiden Ereignissen erkennen. Wenn wir Feuer wahrnehmen, würden wir vielleicht an Rauch denken, aber wir würden nicht erkennen, dass die Existenz von Rauch tatsächlich vom Feuer abhängt. Angesichts der Einschränkungen, die Hume dem menschlichen Verstand auferlegte, schloss er korrekterweise, dass Kausalität nichts anderes sein kann als diese Assoziation.

Der menschliche Geist enthält jedoch mehr, als sich Hume vorgestellt hat. Die Vernunft kann im Gegensatz zu den Sinnen mehr, als nur assoziieren. Sie kann die Beziehung zwischen Ursache und Wirkung als ein gewisses Abhängigkeitsverhältnis verstehen.[14] Infolgedessen ist der Mensch auf der wissenschaftlichen Suche nach Wissen; er versucht, die Ursachen der Dinge zu verstehen. Tiere sind nicht neugierig, die Ursachen der Dinge zu verstehen, denn sie haben keine Vorstellung von Kausalität. Wenn

---

[13] *ST*, I, q. 16, a. 2; *SCG*, bk. 2, c. 66, ¶4.

[14] *In Meta*, bk. 6, lect. 1, ¶1146.

Menschen nur Assoziationen von Ideen kennen würden, wie Hume vermutete, dann würden sie auch keine Neugierde zeigen.

Das Erfassen von Relationen führt uns zu einem weiteren Merkmal der Vernunft, das für das wissenschaftliche Streben nach Erkenntnis wesentlich ist. Der Verstand, der die Beziehungen zwischen den Ideen erkennt, wird von der einen Idee zur anderen geführt. Die Bewegung von einer Idee zu einer anderen wird Argumentation (engl.: reasoning) genannt und ist der dritte Akt der Vernunft, von dem dieses Vermögen seinen Namen (engl.: reason) ableitet. Betrachten wir ein einfaches Beispiel: Wir kommen zu der Erkenntnis, dass Wale zur Kategorie der Säugetiere gehören, und wir erkennen ebenfalls, dass Säugetiere Haare haben, so dass wir zu dem Schluss kommen, dass Wale Haare haben – die sie in der Tat haben, zumindest anfangs, wenn sie geboren werden. Indem wir zwei Relationen erkennen, werden wir zu einer dritten geführt. Erstens erkennen wir, wie sich „Wal“ zu „Säugetier“ verhält; zweitens erkennen wir, wie sich „Säugetier“ zu „Haare haben“ verhält; schließlich nehmen wir wahr, wie „Wal“ zu „Haare haben“ in Relation steht.

Die Verknüpfung der einen Idee mit einer anderen, und dann mit einer weiteren und dann wieder mit einer anderen und so weiter, ist die Arbeit der Forschung jeglicher Art, sei es in der Physik, um die Zusammensetzung von Sternen zu entdecken, in der Biologie, um den genetischen Code zu verstehen, oder in der Mathematik, um imaginäre Zahlen zu erfassen. Sogar in unserer täglichen Arbeit verknüpfen wir ständig Ideen, um zu neuen Schlussfolgerungen zu gelangen. Wenn Krystyna Rauch sieht, kommt sie sofort zu dem Schluss, dass er wahrscheinlich durch Feuer entsteht. Solch grundlegende Überlegungen sind so automatisch, dass wir kaum erkennen, dass wir uns damit beschäftigen.

Wir benutzen unser Verständnis von Kausalität zusammen mit der Argumentation auch bei der täglichen Verfolgung praktischer Ziele. Wenn wir vor dem Problem stehen, dass wir ein bestimmtes Ziel erreichen wollen, denken wir über die Ursachen nach, die für eine Lösung erforderlich sind. Wenn Brett einen Schuppen bauen will, überlegt er, dass er Holz besorgen muss, und dann überlegt er, dass er zum Baumarkt fahren muss.

Eine besonders klare praktische Anwendung des Kausalitätsverständnisses der Vernunft ist die Technik. Durch die Kenntnis der Ursachen von Dingen kann die Vernunft nützliche Werkzeuge konstruieren, um gewünschte Ziele zu erreichen. Die bloße Assoziation von Ideen kann in dieser Hinsicht nur eine begrenzte Hilfe sein. Vögel assoziieren Zweige mit einem Nest, und so sammeln sie Zweige. Schimpansen können lernen, Stöcke mit krabbelnden Termiten zu assoziieren, so dass sie einen Stock in einen Termitenhügel stecken und dann die Termiten ablecken. Diese Anwendungen sind jedoch stark eingeschränkt. Mit dem Verständnis, das durch die Kausalität vermittelt wird, und mit der Verbindung der einen Idee mit einer anderen entwirft die Vernunft neue Mittel, um gewünschte Ziele zu erreichen.

Wir sehen also, dass die Vernunft weit über die Sinne hinausgeht. Mit der Vernunft verstehen wir Relationen; mit der Vernunft verstehen wir die Ursachen der Dinge; mit der Vernunft begreifen wir das Wesen der Wahrheit; mit der Vernunft verstehen wir das Wesen der Dinge selbst. Mit der Vernunft erfassen wir die Mathematik, indem wir Quantität aus bestimmten Dingen und sogar aus unseren Vorstellungen von Quantitäten extrahieren und dann die Beziehungen zwischen den Quantitäten wahrnehmen. Die Vernunft erlaubt es dem menschlichen Geist auch, über das rein Physische hinauszugehen und Immaterialität zu verstehen. Wir haben zum Beispiel die nichtphysischen Eigenschaften immanenter Handlungen diskutiert; darüber hinaus behauptet der Dualismus eine immaterielle Seele, und viele Religionen sprechen von einem immateriellen Gott sowie von anderen immateriellen Wesen, zum Beispiel von Engeln.

Zum Teil ist dieses neue Bewusstsein aufgrund eines weiteren Merkmals möglich, das der Vernunft eigen ist: der Fähigkeit, die Negation zu begreifen. Wenn wir „schwarz" begreifen, begreifen wir auch sein Gegenteil, nämlich was es bedeutet, nicht schwarz zu sein. Ebenso entsteht durch die Negation aller physischen Aspekte einer Sache die Idee der Immaterialität. Erinnern Sie sich, dass Sam, wenn er seine Hand ans Feuer hält und die Hitze spürt, die Hitze auf zwei Arten aufnimmt. Erstens wird seine Hand physisch heiß; zweitens nimmt er durch die immanente Aktivität einer mentalen Ähnlichkeit die Hitze in sein Bewusstsein auf. Wir sind zum Verständnis der Natur solcher immanenten Handlungen gelangt, indem wir bestritten haben, was nur für transiente Handlungen gilt: Der wahrgenommene Gegenstand ändert sich bei einer immanenten Tätigkeit nicht; die Form entsteht nicht nach und nach und so weiter. Durch die Verneinung kamen wir also auf die Idee, dass Sam auf nichtphysische Weise Wärme aufnimmt. Durch die Negation des Physischen hat unser Verstand eine erste Idee des Immateriellen gebildet. Wenn die Materialität völlig negiert wird – wie wir im nächsten Kapitel sehen werden –, dann kommen wir zu der Vorstellung von geistigen Realitäten.

In ähnlicher Weise, wie wir über Ursachen in der Welt um uns herum nachdenken, können wir erkennen, dass einige Ursachen nichtphysischer Natur sind. Wir könnten zum Beispiel etwas über die Seele entdecken, was darauf hinweist, dass sie nicht physisch ist. Oder wir können entdecken, dass die Ursache des physikalischen Universums selbst nicht physisch sein kann. Die Vernunft erlaubt uns also, in die immaterielle Welt einzutreten.

Aufgrund der Vernunft beschäftigen sich Menschen mit wissenschaftlicher Forschung, stellen technologische Werkzeuge her, betreiben Mathematik und betrachten Gott. Bei all diesen Errungenschaften können wir durchaus mit Ehrfurcht vor dem menschlichen Verstand stehen. Er ist in der Tat ein verblüffendes Vermögen. Gleichzeitig müssen wir aber auch immer seine Grenzen erkennen. Thomas selbst sagt, dass wir mit unserem Verstand selten die Wesenheiten von Substanzen erfassen. Er meint, dass sich selbst die Wesenheit einer Fliege unseren Untersuchungen entzieht. Wir kennen viele Eigenschaften der Fliege, und wir erkennen, dass Fliegen sich von anderen Organismen, zum Beispiel Würmern, unterscheiden. Letztendlich kennen wir jedoch nicht das letzte Unterscheidungsmerkmal, das sie von anderen Organismen, etwa Würmern, unterscheidet. Dieser große menschliche Geist strauchelt also noch, wenn er mit den Wundern in der Welt um uns herum konfrontiert wird.

Der Mensch geht über die Entwicklung nützlicher Technologie hinaus. Wir beschäftigen uns mit gegenständlicher Kunst, zum Beispiel Malerei und Bildhauerei. Die moderne Kunsttheorie behauptet zwar, dass das Kunstwerk nur für sich selbst existiere, ohne die Notwendigkeit einer Repräsentation, aber vor dem zwanzigsten Jahrhundert wurde Kunst als repräsentational konzipiert. Daraus folgt nicht, dass Kunst eine Art Fotokopie sein muss. Natürlich kann Kunst physische Realitäten darstellen und tut dies auch, aber sie repräsentiert auch viel mehr. Sie geht über das Physische hinaus, indem sie den Geist zu Realitäten hinzieht, die tiefer gehen als die Sinne.

Repräsentation macht nur Sinn mit dem Vermögen der Vernunft, denn Repräsentation beinhaltet eine Beziehung zwischen dem Kunstwerk und der Realität, die es darstellt. Wenn wir wahrnehmen, dass ein Porträt der abgebildeten Person gleicht, nehmen wir bereits eine Beziehung der Ähnlichkeit wahr, die nur durch die Vernunft wahrgenommen werden kann. Folglich finden wir Kunst nicht im Tierreich, denn Tieren fehlt der Begriff der Repräsentation.

Tatsächlich liegt die allererste Repräsentation, die von der Vernunft wahrgenommen wird, in ihren eigenen Vorstellungen. Wenn der Intellekt die Wahrheit erkennt – im zweiten Akt der Vernunft –, erkennt er, dass seine eigenen Vorstellungen der Wirklichkeit entsprechen. Dieses Verhältnis der Übereinstimmung wird dann als ein Verhältnis der Repräsentation wahrgenommen. Und so wie die Vernunft ihr Wissen von Kausalität benutzen kann, um neue Ursachen in Form von Technologie zu schaffen, so kann auch die Vernunft ihr Wissen über die Repräsentation nutzen, um neue Repräsentationen in Form von Kunst zu schaffen.

Vernunft und Tiere

Das Bisherige hört sich so an, als ob die Vernunft allein beim Menschen zu finden sei, als ob Tiere nur die äußeren und inneren Sinne besäßen, ohne die Vernunft. Natürlich wird da nicht jeder zustimmen. Einige behaupten, dass Menschen einen größeren Anteil an Vernunft haben als andere Tiere, dass aber dennoch auch Tiere Vernunft besitzen. Tiere haben aber nur eine sehr rudimentäre Form der Vernunft. Schließlich tun Tiere erstaunliche Dinge. Wir haben bereits erwähnt, dass Schimpansen mit Stöcken Termiten angeln, die sie dann fressen. Darüber hinaus wurde beobachtet, dass Schimpansen Kisten stapeln, um an eine Banane zu gelangen, die außerhalb ihrer Reichweite platziert wurde. Hunde nehmen manchmal selbständig die Spazierstöcke ihrer Besitzer, wenn sie selbst spazieren gehen wollen, und sie holen Hilfe für Menschen in Gefahr. Ratten finden ihren Weg durch komplizierte Labyrinthe. Eichhörnchen machen pfeifende Geräusche, um andere Eichhörnchen vor Raubtieren zu warnen. Die Liste lässt sich jederzeit erweitern. Diese Verhaltensweisen, so die Argumentation, weisen eine rudimentäre Form von Vernunft auf.

Doch selbst eine oberflächliche Untersuchung des menschlichen Verhaltens zeigt erstaunliche Unterschiede zwischen Mensch und Tier. Wie oben erwähnt, beschäftigen sich Menschen mit wissenschaftlicher Forschung, betreiben Mathematik, stellen Werkzeuge her, schaffen gegenständliche Kunst, beten Götter an und sprechen Sprachen. Wollen wir wirklich sagen, dass ein solches Verhalten lediglich ein gradueller Unterschied sei? Sind die Warnzeichen von Eichhörnchen eine Form der Sprache, nur eben rudimentärer als Englisch oder Japanisch? Ist der Gebrauch eines Stöckchens durch einen Schimpansen eine rudimentäre Form der Werkzeugherstellung?

Die Anerkennung der Einzigartigkeit des Menschen stellt in keiner Weise die erstaunlichen kognitiven Fähigkeiten der Tiere in Frage. Laubenvögel bauen kunstvolle Nester, die mit bunten Gegenständen verziert sind. Auch Biber stellen kunstvolle Bauten her, und Spinnen konstruieren komplizierte Netze. Es ist bekannt, dass Ameisen Pilze züchten und dass einige Ameisenarten andere Ameisen „versklaven". Elefanten sind dafür bekannt, dass sie über ihre toten Artgenossen trauern. Soziale Tiere wie Wölfe erwidern Gefälligkeiten und „bestrafen" diejenigen, die Gefälligkeiten nicht erwidern. Diese unterschiedlichen Verhaltensweisen deuten auf eine starke und aktive Wertschätzung sowie auf deutliche Erinnerungen hin. Obwohl diese Verhaltensweisen keine Vernunft erfordern, ahmen sie manchmal das logische Denken nach. Die architektonische Fähigkeit eines Bibers ähnelt der menschlichen Fähigkeit, Kathedralen und Wolkenkratzer zu bauen. Der Biber hält sich jedoch an ein festgelegtes Muster; im Gegensatz dazu variiert der menschliche Architekt je nach individueller Überlegung.

Im Tierreich finden wir ein breites Spektrum an kognitiven Fähigkeiten, von den niedrigsten bis zu den höchsten. Tiere wie Würmer haben eingeschränkte äußere Sinne, und obwohl sie in der Vorstellung einige Sinneseindrücke behalten können, scheinen sie über wenig Bewusstsein zu verfügen. Höhere Tiere, wie Fische oder Reptilien, haben oft die ganze Bandbreite von äußeren und inneren Sinnen. Dennoch sind ihre Erinnerungen nicht so vielseitig wie die anderer Tiere, etwa der Säugetiere. In den höheren Klassen der Tiere, so bei Säugetieren oder Vögeln, ist eine ganze Reihe von kognitiven Fähigkeiten evident. Die genannten Unterschiede in den kognitiven Fähigkeiten scheinen größtenteils im Schätzungsvermögen und im Gedächtnis zu liegen, wo verschiedene Tiere unterschiedliche Fähigkeiten besitzen. Die Tiere mit den größten kognitiven Vermögen scheinen sogar eine Art Fähigkeit zur Einordnung verschiedener Optionen zu besitzen und möglicherweise sogar die Fähigkeit, sich selbst als Körper zu erkennen, der sich von anderen ähnlichen Körpern unterscheidet. Jedoch nur Menschen erkennen sich als Menschen mit Verstand. Nur Menschen haben ein Selbstbewusstsein im vollen Sinne des Wortes. Mit unserem Verstand sind wir uns nicht nur der Welt bewusst; wir sind uns nicht nur unseres eigenen Körpers bewusst; wir sind uns unserer selbst als bewusste Wesen bewusst.

Tiere scheinen Ähnlichkeiten zu erkennen. Um zum Beispiel Nahrung zu bekommen, kann ein Vogel darauf trainiert werden, das Bild eines Dreiecks beliebiger Farbe oder Größe und nicht eines Quadrats oder einen Kreises herauszupicken. Der Vogel scheint also Ähnlichkeiten von den Unterschieden zu unterscheiden. Er unterscheidet die Dreiseitigkeit eines Quadrats oder eines Kreises, und er unterscheidet die Dreiseitigkeit von Farbe oder Größe. Auf diese Weise können Tiere darauf trainiert werden, eine Vielzahl von recht komplexen Ähnlichkeiten zu erkennen. Wenn die Fähigkeit, Ähnlichkeiten zu erkennen (abgesehen von den Unterschieden), eine Fähigkeit der Vernunft ist, dann scheint es, dass Tiere eine rudimentäre Form der Vernunft haben.

Ähnliche Objekte herausgreifen zu können, ist jedoch nicht dasselbe, wie Ähnlichkeiten zu verstehen. Menschen verstehen Ähnlichkeiten; Tiere sind lediglich in der Lage, ähnliche Objekte zu erkennen. Wie unterscheiden sich diese beiden Handlungen? Die Fähigkeit, ähnliche Objekte herauszupicken, ist immer mit einem Verhalten verbunden; als solches ist die Fähigkeit immer mit etwas Wünschenswertem oder Unerwünschtem verbunden. Das Herauspicken des Bildes eines Dreiecks zum Beispiel ist mit der Nahrungsaufnahme verbunden. Was das Tier braucht, ist also eine Assoziation zwischen einem Bild (einem Dreieck) und etwas Gutem oder Schlechtem.

Auch der Mensch kennt solche Assoziationen, die sich besonders deutlich bei der Emotion der Angst zeigen. Wenn Clare z.B. von Spinnen erschreckt worden ist, dann beginnt sie schnell, das Bild einer Spinne mit Gefahr zu assoziieren, was das Gefühl der Angst hervorruft. Diese Assoziationen erfordern kein Verstehen. Bei einem bestimmten Bild entsteht eine bestimmte Emotion.

Wir neigen dazu, Tiere zu vermenschlichen, wenn wir ihr Verhalten beobachten. Befänden wir uns in einen Raum, in dem immer dann Futter auftaucht, wenn wir auf Knöpfe mit Dreiecken drücken, dann hätten wir in unserem mentalen Leben viel mehr als nur ein Bild und eine Reaktion. Wir würden viele Lücken füllen und zum Beispiel erkennen, dass die verschiedenen Knöpfe, die das Futter geben, alles Bilder sind, die drei Seiten haben. Wir würden auch auf einen kausalen Zusammenhang schließen, der zwischen dem Knopfdrücken und der Essensausgabe besteht.

Das geistige Leben des Vogels füllt diese Lücken nicht. Er sieht ein Bild und zeigt eine bestimmte Reaktion. Das Bild eines Dreiecks löst die Reaktion des Pickens aus. Wahrscheinlich löst es sogar eine innere Reaktion aus; es könnte bei dem Vogel zum Beispiel eine Erinnerung daran auslösen, dass er zuvor ein Bild gepickt und Futter erhalten hat. Folgt daraus, dass der Vogel erkennt, dass das aktuelle Bild dem früheren Bild ähnlich ist? Ganz und gar nicht. Vielmehr erinnert ein Bild an ein anderes, ohne dass der Vogel verstünde, wie oder warum das erste das zweite auslöste.

Wir erleben oft dasselbe Phänomen. Wenn wir das Bild von jemandem sehen, kommt uns schnell die Erinnerung an eine Zeit in den Sinn, in der wir ihn schon einmal gesehen haben (vielleicht sogar dann, wenn wir ihn nur einmal gesehen haben). Wir wissen nicht unbedingt die Merkmale, durch die wir ihn wiedererkennen. Selbst wenn wir unsere guten Freunde wiedererkennen, kann es uns schwerfallen, viele der Merkmale zu benennen, die unser Wiedererkennen auslösen. Natürlich können wir einen Schritt zurücktreten und über die Angelegenheit nachdenken, um so vielleicht verschiedene ähnliche Merkmale zwischen einem aktuellen Foto und der Erinnerung, die uns in den Sinn kommt, zu identifizieren. Daraus folgt aber nicht, dass Tiere die gleiche Fähigkeit haben, zurückzutreten und nachzudenken. Sie haben schlicht eine Fähigkeit, durch die eine Erfahrung die Erinnerung an eine andere Erfahrung auslöst.

Wir wissen, dass die Verbindung zwischen einem ähnlichen Input und einem ähnlichen Output in Computern durch neuronale Netze erreicht wird, die bestimmte Strukturen im Gehirn nachahmen. Denken Sie zum Beispiel an die Art und Weise, wie Abby, der Hund von Dan, Dan durch ein neuronales Netzwerk in ihrem Gehirn erkennen kann. Der Einfachheit halber nehmen wir an, dass Abby einen Input über den Abstand zwischen den Augen auf einem Gesicht bekommt; weiter nehmen wir an, dass der Abstand zwischen Dans Augen 2,9 cm beträgt. Wenn Abby ein Gesicht mit einem Augenabstand von 2,9 cm sieht, hat sie einen starken Impuls hinsichtlich Genuss oder Vergnügen. Wenn die Augen 2,8 cm oder 3,0 cm voneinander entfernt sind, hat sie einen etwas schwächeren Impuls hinsichtlich Genuss oder Vergnügen. Auf diese Weise „erkennt“ Abby Gesichter, die denen von Dan ähnlich sind. Genauer gesagt, je näher ein Input an einen Abstand von 2,9 cm herankommt, desto wahrscheinlicher ist es, dass Abby den Impuls für Vergnügen hat.

Mit diesem primitiven System wird Abby zweifellos auch unterschiedslos auf viele Gesichter reagieren, die sich von denen Dans unterscheiden. Abbys neuronales Netzwerk könnte noch differenzierter gemacht werden, wenn wir eine weitere Eingabe hinzufügen würden, zum Beispiel die Länge der Nase. Wenn die Länge von Dans Nase 4,8 cm beträgt, dann wird Abby bei Nasen dieser Länge starke Freude empfinden, eine etwas schwächere Reaktion bei Nasen, die 4,7 cm oder 4,9 cm lang sind, und so weiter. Angesichts dieser Spezifikationen wird Abby die stärkste Freude bei Gesichtern haben, deren Augen 2,9 cm auseinander liegen und deren Nase zugleich 4,9 cm lang ist, und sie wird eine etwas schwächere Reaktion bei Gesichtern zeigen, die sich diesen Parametern nähern. Die zusätzliche Ebene (der Nasenlänge) hat Abbys Fähigkeit verbessert, auf Gesichter zu reagieren, die denen von Dan ähnlich sind. Fügt man noch als Input die Länge der Lippen hinzu, dann wird Abby noch besser erkennen.

Dieses Beispiel eines neuronalen Netzwerkes ist eine grobe Vereinfachung, ja sogar eine Karikatur. Zum einen würde jedes neuronale Netzwerk zur Gesichtserkennung weit mehr als drei Koordinaten benötigen. Noch wichtiger ist, dass Abby keinen Input zum Augenabstand oder zur Nasenlänge bekommt. Vielmehr bekommt sie einen Input verschiedener Punkte in Dans Gesicht, in der Art eines Pixelrasters. Welche Aspekte kann ein neuronales Netzwerk aus diesem Pixelraster herauslesen? Wir wissen es nicht genau. Auch können wir, wenn wir die Gesichter unserer Freunde erkennen, viele der Merkmale, die wir zur Unterscheidung verwenden, oft nicht identifizieren. Was ist es an der Nase Dans, das uns hilft, ihn zu erkennen? Um ihn zu erkennen, müssen wir aber nicht in der Lage sein, diese Frage zu beantworten.

Wenn ein Vogel eine dreiseitige Figur sieht, pickt er möglicherweise auf das Bild, in der Hoffnung, Nahrung zu bekommen. Hat der Vogel eine Vorstellung von einer dreiseitigen Figur? Es gibt keinen Grund, dies anzunehmen. Vielmehr sind seine Neuronen so konfiguriert, dass Bilder mit drei Seiten innerhalb eines bestimmten Bereichs auf einem Koordinatensystem ein neuronales Feuern auslösen. Wenn diese Neuronen feuern, ist die Wahrscheinlichkeit höher, dass bestimmte Reaktionsneuronen (die zum Picken führen) feuern. Der Vogel ist in der Lage, auf Figuren mit drei Seiten zu reagieren und sich sogar an frühere Fälle zu erinnern, in denen er diese Figur gesehen und Nahrung erhalten hat. Dennoch hat er keine Ahnung von einer dreiseitigen Figur. Er kann zwar auf ähnliche Fälle reagieren, aber er kann nicht, wie wir, einen Schritt zurücktreten und erkennen, was zwischen all diesen Fällen für eine Ähnlichkeit besteht.

Mit wiederholter Erfahrung verbinden Tiere also Wahrnehmungen, auf der Grundlage von Assoziationen dieser Wahrnehmungen, mit verschiedenen Verhaltensweisen. Sie wissen nicht um die Gemeinsamkeiten von Dingen, die von konkreten Unterschieden abstrahiert werden. Vielmehr werden bestimmte Erfahrungen mit bestimmten Verhaltensweisen in Verbindung gebracht. Assoziation ist eine mächtige Kraft, die es den Tieren erlaubt, viele erstaunliche Kunststücke zu vollbringen. Assoziation ist jedoch keine Vernunft – nicht einmal ein reduzierter Anteil an Vernunft –, obwohl sie Vernunft nachahmen kann. Sie ermöglicht angemessene Reaktionen auf verschiedene Situationen, aber es mangelt ihr an Verständnis für die Situation und für die kausalen Kräfte, die am Werk sind.

Pathetische Äußerungen, dass Tiere Vernunft zeigen, sollten mit Vorsicht behandelt werden, wenn wir Behauptungen bezüglich des Sprachgebrauchs bei Tieren untersuchen. Solche Aussagen sind oft Teil eines reduktionistischen Projekts, das in Kapitel 6 diskutiert wurde. Wenn alles auf das Verhalten seiner Teile reduziert werden kann, dann unterscheiden sich die menschlichen Fähigkeiten und Vermögen notwendigerweise nur graduell von den tierischen. Beim Menschen gibt es dann keine neuen Vermögen und Fähigkeiten. Wie wir gesehen haben, muss der Reduktionismus leugnen, dass Bewusstsein irgendetwas Neues ist; es ist nur eine verfeinerte Form von chemischer Aktivität. Ebenso ist menschliches Verhalten nur eine verfeinerte Form des tierischen Verhalten. Es ist aber nichts grundlegend Neues. Beethovens Neunte Symphonie, die Kathedrale Notre-Dame in Paris und die Apollo-Rakete sollten uns dazu führen, solche Behauptungen mit Skepsis zu betrachten.

Unsere Diskussion über die Reaktionen von Tieren auf verschiedene ähnliche Situationen kann uns helfen, ein in Kapitel 9 angesprochenes Problem zu lösen. Erinnern wir uns daran, dass die Vorstellung dem Intellekt das präsentieren muss, was Thomas von Aquin ein Phantasma nennt, in dem viele Sinneserfahrungen versammelt sind. Thomas stellt niemals die Einzelheiten dar, wie diese Sammlung zustande kommt. Es ist plausibel, dass sie durch die gleiche Ordnung entsteht, durch die Tiere ähnliche Gegenstände selektieren.

Sprechende Affen

Das vielleicht nachhaltigste Bemühen, das logische Denken bei Tieren zu erforschen, findet sich in Experimenten, in denen versucht wird, Tieren, insbesondere Schimpansen und anderen Primaten, Sprache beizubringen. Da den Primaten die stimmlichen Fähigkeiten fehlen, um eine hörbare Sprache zu bilden, haben einige Forscher versucht, Schimpansen die amerikanische Gebärdensprache beizubringen. Andere Forscher haben eigene Sprachen mit Plastikchips oder Symbolen auf Computerbildschirmen entwickelt. Sie konnten dabei unterschiedlich große Erfolge verzeichnen. Die Tiere hätten gelernt, so wird behauptet, ein breites Vokabular zu verwenden, das zwischen 200 und 300 Wörtern liege. Sie haben die Wortstellung oder bestimmte grammatikalische Formen gelernt. Sie hätten neue Begriffe gebildet, wie z.B. „Wasservogel“ für einen Schwan oder „schmutziger Affe“ für einen unerwünschten Zellengenossen.

Die meisten dieser Behauptungen wurden von dem Psychologen Herbert Terrace und dem Linguisten Thomas Sebeok zum Schweigen gebracht.[15] Terrace versuchte, einem Schimpansen (der Nim Chimpsky genannt wird, nach dem berühmten Linguisten Noam Chomsky, der behauptet, dass die Sprache allein dem Menschen eigen sei) amerikanische Gebärdensprache beizubringen. Zuerst dachte Terrace, er hätte Erfolg gehabt, aber eine Überprüfung seiner Daten überzeugte ihn, dass Nim etwas anderes tat als eine Sprache zu benutzen.

Sebeok berichtet, dass eine Durchsicht der Daten aller Experimente deutlich machte, dass das Verhalten der Tiere erklärt werden kann, ohne dass man annimmt, dass sie eine Sprache verwenden. Sein Ansatz betont, dass wir externe Verhaltensweisen beobachten, wie zum Beispiel die Bewegung der Hände oder das Platzieren von Chips auf einem Brett oder das Berühren einer Tastatur. Dieses äußere Verhalten muss interpretiert werden. Einige Forscher haben sich dafür entschieden, das externe Verhalten als den Gebrauch von Sprache zu interpretieren. Stellt diese Interpretation eine plausible Auswertung der Daten dar? Sebeok ist nicht dieser Ansicht.

Auch Terrace war sich der Kluft zwischen beobachtetem Verhalten und Theorien, die versuchen, dieses Verhalten zu erklären, bewusst. Er kritisierte frühere Experimente, weil sie nicht genügend Daten gesammelt hatten, um den Sprachgebrauch zu beweisen. In seinen eigenen Experimenten hoffte er, durch eine sorgfältigere Aufzeichnung von Daten zeigen zu können, dass sein Schimpanse Sprache verwende.

Zweifellos sieht das Verhalten der Tiere nach so etwas wie Sprache aus. Aber Sprache ist mehr als die Vermittlung von Informationen. Sie beinhaltet die Absicht, Informationen durch Repräsentation zu vermitteln. In der Gegenwart einer Banane zum Beispiel kann ein Schimpanse seine Hände nach der Art des amerikanischen Zeichensprachensymbols für eine Banane bewegen. Tatsächlich können Schimpansen die entsprechenden Symbole – oder etwas Ähnliches – für ein- oder zweihundert Wörter bilden.

---

[15] Vgl. H. S. Terrace, *How Nim Chimpsky Changed My Mind* (New York: Ziff-Davis Pub. Co., 1979); and Thomas A. Sebeok and Donna Jean Umiker-Sebeok, *Speaking of Apes: A Critical Anthology of Two-Way Communication with Man* (New York: Plenum Press, 1980).

Was aussieht wie Sprache, ist jedoch nicht unbedingt Sprache. Abgesehen von der Frage, ob die Forscher einfach nur das sahen, was sie sehen wollten (weil beispielsweise gehörlose Experten für amerikanische Gebärdensprache bei der Beobachtung der Schimpansen oft keinen Gebrauch der amerikanischen Gebärdensprache erkennen konnten oder andere Zeichen sahen als die, die von den Forschern aufgezeichnet wurden), ist die Fähigkeit, Antworten mit nur einem Wort zu produzieren, nicht besonders überraschend. Sie ist in der Tat nicht mehr als die Kunststücke, die Zirkustiere vorführen. Auf ein bestimmtes Stichwort hin kann ein Hund durch einen oder vielleicht mehrere Reifen springen. Ebenso kann ein Schimpanse bei einem bestimmten stichwortartigen Reiz (der Anwesenheit einer Banane) seine Hände auf bestimmte Weise bewegen. Benutzt der Hund Sprache, oder hat er einfach ein gutes Gedächtnis, um das Stichwort mit einem bestimmten Verhalten und das Verhalten mit einer bestimmten Belohnung in Verbindung zu bringen? Kein verantwortungsbewusster Forscher würde behaupten, dass der Hund mehr als ein gutes Gedächtnis habe. Dennoch behaupten einige Forscher, Schimpansen hätten mehr als nur ein gutes Gedächtnis.

Herbert Terrace und Nim Chimpsky

Herbert Terrace betont, dass der Gebrauch von nur einem Wort nicht ausreicht, um mehr als bloß eine Erinnerung zu postulieren. Dies zeige nicht mehr als die Fähigkeit zu Zirkuskunststücken. Es zeige keine Fähigkeiten, die über die natürlichen „Sprachen" hinausgehen, die von Tieren in der Wildnis verwendet werden, wie z.B. das Zirpen von Eichhörnchen bei der Annäherung von Raubtieren.

Ein solches Verhalten stellt kein Mysterium dar und hat nichts mit Sprache zu tun. Angesichts der Stimulierung durch bestimmte Laute (oder bestimmte Bilder oder bestimmte Gerüche usw.) zeigen Tiere unterschiedliche Reaktionen, einige instinktiv und andere konditioniert. Auf das Knurren eines Hundes zum Beispiel kann eine Katze mit dem Gefühl der Angst reagieren. Genauso kann eine Maus auf den Geruch einer Katze mit dem Gefühl der Angst reagieren. Angesichts des Gefühls der Angst zeigen die Tiere bestimmte Verhaltensweisen, wie z.B. Laufen oder Sich-Verstecken.

Dasselbe geschieht bei Eichhörnchen. In der Gegenwart eines Raubtiers zeigen sie eine natürliche Reaktion, etwa Angst. Eine der Verhaltensweisen, die auf Angst folgen, ist eine bestimmte Art von Zwitschern, so wie wenn Menschen als Reaktion auf Angst bisweilen schreien. Diese beiden Verhaltensweisen – das Zwitschern und der Schrei – mögen verschieden erscheinen: Das Zwitschern ist ein Versuch der Kommunikation, während der Schrei nur eine instinktive Reaktion darstellt. Die Beweise deuten aber darauf hin, dass beide Verhaltensweisen im Grunde genommen gleich sind. Tatsächlich kann der Schrei auch einen Versuch darstellen, zu kommunizieren, wie das Zwitschern eine emotionale Reaktion darstellt. Andere Eichhörnchen, die das Zwitschern hören, zeigen ebenfalls eine natürliche Reaktion, z.B. das Gefühl der Angst, so wie Menschen auf einen Schrei mit Angst reagieren. Ist dies Sprache? Es handelt sich vielmehr um nichts anderes als um instinktive oder angelernte Reaktionen. Das Zwitschern anderer Tiere kann freilich etwas komplizierter werden. Es kann zum Beispiel je nach Größe des Raubtieres oder der Nähe des Raubtieres variieren. Solche Variationen stellen aber keine Sprache dar, sondern lediglich subtilere Reizreaktionen.

Was ist also erforderlich, damit man von Sprache reden kann? Herbert Terrace hob den Gebrauch von Grammatik hervor. Wir hätten nur dann Beweise für Sprache, wenn die Tiere konsequent nach korrekten grammatikalischen Regeln Sätze bilden würden. Terrace betont hier v.a. den zweiten Akt der Vernunft (das Verbinden von Worten zu Sätzen) und nicht ihren ersten Akt (den Gebrauch von einzelnen Wörtern).

Nach dem bisher Gesagten ist es angebracht, dies zu betonen. Erst mit dem zweiten Akt der Vernunft verstehen wir den Gedanken der Bezugnahme. Aus diesem Verständnis ergibt sich die gegenständliche Kunst. Es überrascht daher nicht, dass dieses Verständnis auch dem repräsentationalen Charakter der Sprache zugrunde liegt. Wenn Menschen Bilder als Darstellungen anderer Dinge bilden können, dann können sie auch Laute (oder Formen auf Papier) als Repräsentation anderer Dinge bilden. Sprache setzt also den zweiten Akt der Vernunft voraus. Als solche verwirklicht sie sich am deutlichsten in der Bildung von Sätzen.

Leider haben die meisten Forscher, die behaupteten, dass ihre Schimpansen (oder andere Primaten) Sprache benutzten, wenig dazu beigetragen, zu verstehen, was Sprache ist. Sprache ist nicht eine bloße Reaktion auf ein Verhalten, das einen bestimmten Reiz empfängt. Sie ist auch nicht bloß die Vermittlung von Informationen. Die Eichhörnchen übermitteln zufällig Informationen, aber sie benutzen keine Sprache. Ebenso vermitteln die leuchtenden Farben der Blumen den Bienen Informationen, aber die Blumen benutzen keine Sprache. Auch der unerfahrene Pokerspieler verwendet keine Sprache, wenn sein Gesichtsausdruck verrät, dass er glaubt, ein gutes Blatt zu haben (obwohl wir von „Körpersprache" sprechen, wodurch wir das Wort „Sprache" in einer erweiterten Form verwenden). Und auch wenn wir manchmal von der „Sprache der DNS" reden, gebrauchen die chemischen Strukturen der DNS in Wirklichkeit keine Sprache, ganz gleich, welche „Informationen" sie vermitteln.

Erinnern wir uns, dass zur Sprache die Absicht gehört, Information durch Repräsentation zu vermitteln. Daher erfordert sie ein Verständnis der Sache, auf das sie sich bezieht. Dieses Verständnis, so haben wir gesagt, kommt erst mit dem zweiten Akt der Vernunft. Die Forscher haben also insofern Recht: Wenn wir Beweise für den Sprachgebrauch bei Tieren finden können, dann haben wir auch Beweise für die Vernunft bei Tieren gefunden. Aber haben wir tatsächlich Beweise für den Sprachgebrauch bei Tieren gefunden?

Der Gebrauch eines einzigen Wortes, so argumentiert Terrace, ist allenfalls ein Beweis für ein gutes Gedächtnis. Manchmal könne sich sogar ein korrekter grammatikalischer Gebrauch einfach aus einem guten Gedächtnis ergeben. In einigen Experimenten wurde der Schimpanse zum Beispiel darauf trainiert, die richtige Wortstellung zu lernen (wobei die Wortstellung die primäre grammatikalische Regel ist), und erhielt Belohnungen, wenn die Wortstellung korrekt war. Er bekam zum Beispiel eine Banane nur dann, wenn er die Spielmarken, die „geben", „Banane" und „mir" entsprachen, auswählte und wenn er sie in dieser Reihenfolge hinlegte. Wenn er „Banane ich gebe" hinlegte, erhielt er keine Belohnung.

Ein solches Training von Wortfolgen, so hebt Terrace hervor, ist nichts anderes als die Ausbildung eines Zirkustieres, das auf ein bestimmtes

Stichwort oder Signal verschiedene Tricks in einer bestimmten Reihenfolge ausführt. Wenn die Pfeife ertönt, springt der Hund durch den Reifen, klettert die Leiter hoch, rutscht die Rutsche hinunter, zieht an einer Schnur, die eine Tür öffnet, und geht durch die Tür hindurch. Der Hund erhält dafür die Belohnung nur dann, wenn er all diese Tricks ausführt, und nur dann, wenn er sie genau in dieser Reihenfolge ausführt. Hat er sich dabei der Sprache bedient? Oder hat er bloß ein gutes Gedächtnis? In der Tat erfordert das Auswendiglernen der Sequenz kein spektakuläres Gedächtnis. Selbst eine Taube, die weit davon entfernt ist, zu den klügsten Tieren zu gehören, kann darauf trainiert werden, Knöpfe in einer bestimmten Reihenfolge zu drücken, um eine Belohnung zu erhalten. Verwendet die Taube Sprache, wenn sie zuerst den roten, dann den grünen, dann den blauen und schließlich den gelben Knopf drückt?

Wie sollen wir unterscheiden zwischen korrekter „Grammatik“, die auswendig gelernt wurde, und korrekter Grammatik, die echter Sprachgebrauch ist? Zum einen, so schlägt Terrace vor, sollten wir vermeiden, Tiere durch routiniertes Auswendiglernen zu dressieren. Wir können die Sprache einfach in ihrer Gegenwart verwenden und sehen, ob die Tiere sie aufgreifen. Zum anderen können wir sehen, ob sie in einer Vielzahl von Kontexten korrekte grammatikalische Regeln verwenden, die dem Auswendiglernen zu trotzen scheinen. Dies war das Projekt, das Terrace mit Nim Chimpsky unternommen hat. Er hat Nim nicht trainiert, indem er Belohnungen für das Auswendiglernen gab. Außerdem zeichnete er Daten in einer Vielzahl von Kontexten auf.

Wie bereits erwähnt, dachte Terrace zunächst, es sei ihm gelungen, Nim Chimpsky eine Sprache zu lehren. Nim Chimpsky, der nicht durch Auswendiglernen unterrichtet worden war, zeigte einen korrekten grammatikalischen Gebrauch in einer Vielzahl von Kontexten. Die anschließende Analyse der Daten ergab jedoch, dass Nim Chimpskys Verhalten auf etwas anderes gerichtet war als auf Sprachgebrauch oder Auswendiglernen. Letztlich imitierte er. Die Durchsicht der Videobänder zeigte, dass Nim, wenn sein Trainer eine Reihe von Symbolen der amerikanischen Gebärdensprache vorführte, üblicherweise mit einer ähnlichen Reihe antwortete. Da der Ausbilder die korrekte Grammatik verwendete, tat dies auch Nim.

Worauf war Nim aus? Terrace fand die Antwort beim Vergleich von Nim und kleinen Kindern. Terrace ging es eher um Wortkombinationen als um den Gebrauch einzelner Wörter; insbesondere ging es ihm um Kombinationen und die korrekte grammatikalische Reihenfolge. Was finden wir bei Kindern, die sprechen lernen? Wir stellen fest, dass sie, sobald sie anfangen, Wörter zu kombinieren, dies auch weiterhin tun und dass sie die Länge ihrer Kombinationen dramatisch vergrößern. Sie wechseln schnell von Zweiwortkombinationen zu Drei- und Vierwortkombinationen und von dort zu Zehn-, Zwanzig- und Dreißigwortkombinationen. Und wie sieht es mit der Grammatik aus? Sie machen selten grammatikalische Fehler (bis hin zu dem Punkt, dass sie den Regeln folgen, selbst wenn es Ausnahmen gibt).

Was zeigte sich bei Nim Chimpsky, als er die „Sprache" lernte? Nachdem er damit begann, Wortkombinationen zu bilden, erhöhte er die Länge dieser Kombinationen nicht mehr. Seine Kombinationen blieben im Durchschnitt bei eineinhalb Wörtern. Natürlich gab es bei diesem Durchschnitt auch längere Kombinationen. Anders als bei Kindern wurden durch die Länge der Kombinationen jedoch keine neuen Informationen hinzugefügt. Betrachten wir Nims längste Kombination von sechzehn Wörtern: „give orange me give eat orange me eat orange give me eat orange give me you". Die gleiche Idee könnte er mit der Dreiwortkombination „Give me orange" zum Ausdruck gebracht haben.

Was ist hier mit der Grammatik? Nim Chimpsky lag ziemlich gut bei der grammatikalisch korrekten Wortfolge, im Durchschnitt waren etwa 80 Prozent richtig. Dieser hohe Prozentsatz hing jedoch nicht vom Verstehen der Sätze ab, sondern von der Nachahmung. Während Kinder immer weniger imitieren, je mehr sie die Sprache lernen, tat Nim das Gegenteil. Mit der Zeit wurde er immer besser im Imitieren. Nach den ersten Sprachübungen beginnen Kinder schnell, selbst Gespräche zu führen, und sie erweitern das, was ihnen gesagt wird. Im Gegensatz dazu unternahm Nim dies so gut wie nie, und er baute das, was ihm gesagt wurde, nur in 10 Prozent der Fälle weiter aus.

Terrace kam zu dem Schluss, dass Nim Chimpsky gelernt hatte, ein Spiel zu spielen, aber es war nicht das Sprachspiel. Vielmehr habe Nim gelernt, seine Hände so zu bewegen, dass es seinen Lehrern gefiel und sie ihn belohnten. Der beste Weg, dieses Ziel zu erreichen, war die Nachahmung des Verhaltens seiner Lehrer.

Ursprüngliche Verwendung von Wörtern

Terrace zeigte sich unbeeindruckt von den Beispielen, die von einigen Experimentatoren für die ursprüngliche Verwendung von Wörtern angeführt wurden. Für jemanden, der mit Tieren, die in „Sprache" trainiert wurden, unerfahren ist, erscheinen die Beispiele beeindruckend; aber Terrace fand heraus, dass die Erfahrung mit Nim zeigte, dass das Verhalten der Schimpansen leicht erklärt werden kann, auch ohne die Behauptung, dass die Schimpansen Sprache benutzen.

Als der Schimpanse in Gegenwart eines Schwans die Bezeichnung „Wasservogel" verwendete, tat er nur das, wofür er trainiert worden war. Als Reaktion auf eine bestimmte Bewegung der Hand seines Trainers (eine Bewegung, die für Menschen bedeutet: „Was ist das?") war der Schimpanse darauf trainiert worden, die Gegenstände um sich herum zu betrachten und dann seine Hände so zu bewegen, wie er es gelernt hatte. Während er auf einem Boot saß, sah er sich um und sah einen Vogel und viel Wasser. Daraufhin bewegte er seine Hände entsprechend seinen gelernten Assoziationen. Hat er dem Schwan einen neuen Namen gegeben? Im Gegenteil, er gab dem Schwan nicht einmal den Namen „Vogel". Er bewegte seine Hände nur so, wie er es in der Gegenwart von Vögeln gelernt hatte, so wie ein Hund lernt, auf bestimmte Geräusche hin bestimmte Tricks auszuführen.

„Dreckiger Affe" lässt sich auf ähnliche Weise erklären. Terrace brachte Nim bei, „schmutzig" zu bezeichnen, um damit anzuzeigen, dass er auf die Toilette musste. Schnell begann Nim, das Zeichen „schmutzig" zu benutzen, um sich aus unangenehmen Situationen zu befreien, obwohl er nicht auf die Toilette musste. Er wusste, dass er aus der unbequemen Situation herausgenommen und zur Toilette gebracht werden würde. Wenn sich also ein Schimpanse in der Gegenwart eines unerwünschten Affen befindet, kann er durchaus das Zeichen für „schmutzig" verwenden, weil er sich unwohl fühlt, und auch das Zeichen für „Affe", wenn er sich in der

Gegenwart eines Affen befindet. Auch hier ist kein neuer Gebrauch von „Sprache" erforderlich.

Die vermeintliche „Sprache" der Schimpansen lässt sich also ohne Rückgriff auf eine echte Sprache erklären. Vielleicht haben sie sich einfach bestimmte Reaktionen bei Anwesenheit bestimmter Gegenstände im Raum eingeprägt. Vielleicht sind sie einfach gut im Imitieren geworden.

Thomas Sebeok und der Clevere Hans

Thomas Sebeok hat eine dritte Möglichkeit genannt. Vielleicht hatten die Affen gelernt, auf subtile Hinweise zu reagieren, die die „richtige Antwort" verrieten. Sebeok bezieht sich auf den Cleveren Hans, ein Pferd, das gelernt hatte, zu rechnen, die Zeit zu nennen und Fragen zu beantworten. Das jedenfalls war die erste Schlussfolgerung der Wissenschaftler. Wenn man den Cleveren Hans fragte: „Was ist zwei mal drei?", antwortete er dadurch, dass er sechs Mal mit dem Fuß aufstampfte. Weitere Untersuchungen ergaben jedoch, dass der Clevere Hans nicht arithmetisch veranlagt war. Er beobachtete die Muskelspannung des Fragestellers und nahm damit Hinweise auf die richtige Antwort auf. Fragesteller mit ausgeprägter Persönlichkeit zählten die Anzahl der Stampfer, um zu sehen, ob Hans die richtige Antwort gab. Während sie zählten, spannten sich ihre Körper an, aber als Hans sich der richtigen Antwort näherte, begannen sie sich zu entspannen, und als er die richtige Antwort erreicht hatte, entspannten sie sich vollständig. Hans war (unbeabsichtigt) darauf trainiert worden, mit dem Stampfen aufzuhören, wenn sich die Person vor ihm entspannte; erst dann bekam er eine Belohnung. Er war in der Tat sehr schlau, aber sicher nicht schlau im Rechnen.

Dieses Aufgreifen von subtilen Hinweisen wird heute als „Cleverer-Hans-Effekt" bezeichnet. Deshalb gibt es in wissenschaftlichen Experimenten die Notwendigkeit von Doppelblindversuchen. Wenn die Experimentatoren die „richtige Antwort" kennen, geben sie den Versuchspersonen im Experiment oft subtile Hinweise, so dass die Versuchspersonen dann entsprechend diesen Hinweisen reagieren.

Gleichermaßen, so Sebeok, sind Schimpansen gut darin, subtile Hinweise aufzufangen, vielleicht solche, die uns Menschen völlig unbewusst sind, wie zum Beispiel den Körpergeruch. Bei einem Test an Schimpansen, bei dem der Fragesteller die von den Tieren verwendete Sprache nicht kannte, bekamen die Schimpansen die Wortstellung nicht mehr richtig hin. Stattdessen fingen sie an, die Wörter zu vermischen, wobei sie offensichtlich nach der „richtigen Antwort" suchten, aber keinen Hinweis darauf erhielten.

Sebeok glaubt auch, dass die Experimentatoren sehen, was sie sehen wollen. Sie wollen verzweifelt glauben, dass ihre Schimpansen Sprache benutzen können, also interpretieren sie alles als Erfolg, und selten suchen sie nach alternativen Erklärungen. Tatsächlich gibt es aber zahlreiche alternativen Erklärungen: vom Auswendiglernen bis zur Nachahmung, vom Aufgreifen von Hinweisen bis zu vielen anderen Dingen. Laut Sebeok haben wir keinen guten Grund zu glauben, dass diese Schimpansen wirklich Sprache verwenden. Wir könnten genauso gut glauben, dass der Clevere Hans ein mathematisches Genie gewesen sei.

Wir haben jedoch guten Grund zu der Annahme, dass der Mensch ein besonderes Vermögen besitzt, das bei Tieren nicht zu finden ist. Was ist das für ein Vermögen? Es ist das Vermögen zur Abstraktion, d.h. Ähnlichkeiten innerhalb der Wirklichkeit zu erkennen und die Unterschiede auszublenden; das Vermögen zur Prädikation, d.h. Ähnlichkeiten miteinander zu kombinieren und dennoch zu erkennen, dass die einzelnen Dinge getrennt voneinander sind; das Vermögen, unser Wissen mit den uns bekannten Objekten zu vergleichen; und das Vermögen zur Schlussfolgerung, d.h. die Kraft, die Beziehungen zwischen Ideen zu erkennen, so dass wir von einer Idee zur anderen gelangen können. Kurz gesagt, der Mensch hat das Vermögen der Vernunft. Menschen sind nicht nur kluge Tiere. Wir tragen in uns einen Adel, der uns über das materielle Universum hinaushebt. Aristoteles mahnt uns, dass wir dieses göttliche Element in uns entwickeln sollen.[16]

---

[16] *EN*, bk. 10, c. 7, 1177a16.

Kapitel 11

Unsterblichkeit

Nach einem kurzen Schlaf erwachen wir ewig.
Und der Tod soll nicht mehr sein; Tod, du sollst sterben.
John Donne

Tiere nehmen die physischen Körper um sie herum wahr, und sie können diese Objekte in ihren Vorstellungen und Erinnerungen abrufen. Ohne Vernunft haben sie jedoch keine Vorstellung von etwas, das über das Physische hinausgeht. Im Gegensatz dazu erhebt sich der menschliche Geist über das Physische. Die Vernunft ist eine besondere, nur dem Menschen eigene Kraft, durch die wir in der Lage sind, die immaterielle Welt um uns herum zu verstehen.

Diese Fähigkeit hat dazu geführt, die menschliche Seele als eine immaterielle oder spirituelle Realität zu begreifen. Die Erwähnung der Seele ruft oft Bilder eines Lebens nach dem Tod – Himmel oder Hölle oder Ähnliches – in Erinnerung, oder sie führt zu Gedanken über Reinkarnation, d.h. eine Seele, die in einen neuen Körper eintritt und ein neues Leben beginnt. Solche Gedanken sind mit der Vorstellung verbunden, dass die Seele unsterblich ist oder zumindest eine Beständigkeit hat, die weit über das gegenwärtige Leben hinausreicht. Diese Idee von Unsterblichkeit ist weit verbreitet. In der Tat ist der Glaube, dass die Seele nach dem Tod weiterlebt, in jeder menschlichen Gesellschaft zu finden.

Unterschiedliche Auffassungen über die Unsterblichkeit

Aber gibt es gute Gründe zu glauben, dass die Seele unsterblich ist? Das hängt davon ab, was die Seele ist. Wenn der Dualismus wahr ist, dann ist die Seele eine getrennte immaterielle Substanz, die für unser Bewusstsein verantwortlich ist. Eine solche Seele könnte durchaus unsterblich sein.

Schließlich hat sie keine materiellen Bestandteile, die aufgebrochen werden können. Wenn andererseits der Materialismus wahr ist, dann ist die Seele schlicht die Organisation des Körpers. Diese Organisation ist sicherlich nicht unsterblich. Vielmehr endet ihre Tätigkeit mit dem Tod. Nach der Auffassung des Materialismus ist die Seele also nicht unsterblich und es gibt kein Leben nach dem gegenwärtigen Leben.

Der Hylemorphismus, so sollte man meinen, müsste zum gleichen Schluss kommen wie der Materialismus. Nach Auffassung des Hylemorphismus ist die Seele die substanzielle Form eines lebenden Körpers. Wir sollten erwarten, dass diese substanzielle Form mit dem Tod aufhört zu existieren. Schließlich ist sie selbst kein Ding oder eine Substanz; sie ist vielmehr ein Element einer Substanz.

Wenn eine Veränderung eintritt, bleibt das Subjekt durch die Veränderung bestehen. Wenn kaltes Wasser heiß wird, steht Wasser am Anfang und am Ende der Veränderung. Auf der anderen Seite hört die Privation auf. Das Wasser ist nicht mehr kühl, sondern es ist jetzt heiß. Wenn die Privation durch die Veränderung fortdauern würde, dann würde keine Veränderung stattfinden. Der Zustand des Wassers wäre am Anfang und am Ende derselbe.

Wenn eine substanzielle Veränderung stattfindet, bleibt das erste Subjekt oder die Urmaterie durch die Veränderung hindurch erhalten. Die substanzielle Form kann jedoch nicht durch die Veränderung hindurch bestehen bleiben. Wenn sie es täte, gäbe keine substanzielle Veränderung. Wenn die substanzielle Form eines Hundes vor dessen Tod und ebenso danach existierte, dann wäre diese Veränderung keine substanzielle Veränderung. Der tote Hund wäre immer noch im Wesentlichen ein Hund, denn er hätte die substanzielle Form eines Hundes. Wenn der Tod tatsächlich eine substanzielle Veränderung ist, dann kann die substanzielle Form durch die Veränderung nicht bestehen bleiben. Da die substanzielle Form eines Lebewesens die Seele ist, folgt daraus, dass die Seele durch die Veränderung nicht bestehen bleiben kann. Nach der Auffassung des Hylemorphismus scheint es also, dass die Seele beim Tod aufhört zu existieren und folglich nicht unsterblich ist. Warum – oder wie – sollte eine substanzielle Form weiter existieren, wenn die Substanz selbst aufgehört hat zu existieren?

Ist eine rationale Seele verschieden?

Trotz dieser scheinbar einfachen Schlussfolgerung des Hylemorphismus behauptet Thomas von Aquin, dass sich die menschliche Seele von anderen Seelen unterscheidet. Sie existiert auch nach dem Tod weiter; ja sie hört nie auf zu existieren. Erinnern Sie sich daran, dass der Hylemorphismus verschiedene Arten von Seelen zulässt. Ein Eichbaum hat eine bestimmte Art von Seele, ein Eichhörnchen hat eine andere Art von Seele, und ein Mensch hat wieder eine andere Art von Seele. Wenn es eine andere Art von Substanz gibt, dann muss es auch eine andere Art von substanzieller Form geben. Da sich eine Eiche substanziell von einem Eichhörnchen und ein Eichhörnchen sich substanziell von einem Menschen unterscheidet, muss jedes eine andere Art von substanzieller Form haben, d.h. jedes muss eine andere Art von Seele haben.

Woher wissen wir, dass sich diese drei Dinge in ihrer Substanz unterscheiden? Durch ihre Vermögen. Eichhörnchen haben Vermögen und Kräfte, die man bei Eichen nicht findet, zum Beispiel das Vermögen zu sehen oder sich zu erinnern. In ähnlicher Weise haben Menschen das Vermögen der Vernunft, das man bei Eichhörnchen nicht findet.

Wie kommen wir dazu, diese verschiedenen Vermögen zu erkennen? Durch unterschiedliche Tätigkeiten der Arten. Wir betrachten Eichhörnchen, Bäume und Menschen. Wir untersuchen ihr Verhalten, um festzustellen, welche Art von Vermögen sie haben. Dasselbe tun wir auch bei Chemikalien oder Elementen. Wir entdecken, dass viele Metalle die Kraft haben, sich zu verbiegen (ohne zu brechen), weil wir die Aktivität des Biegens beobachten. Bei Menschen verlassen wir uns auf unseren direkten Zugang zu unseren eigenen inneren Bewusstseinszuständen. Dass wir zum Beispiel das Vermögen haben, zu sehen, uns zu erinnern und zu denken, erkennen wir, indem wir diese Tätigkeiten an uns selbst beobachten. Üblicherweise beobachten wir diese Tätigkeiten zusammen mit dem äußeren Verhalten, das sie begleitet. Dadurch sind wir in der Lage, unsere Beobachtungen auf Tiere zu übertragen, die ein ähnliches äußeres Verhalten zeigen und einen ähnlichen Körperbau haben. Dass Eichhörnchen sehen, während Türmechanismen nicht sehen, wissen wir, weil wir wissen, dass Türmechanismen lediglich komplexe Anordnungen sind, die niemals zu einer neuen Art von Aktivität führen können.

Wir wissen, dass wir unterschiedliche Tätigkeiten ausführen, weil wir die Objekte der Aktivitäten erkennen. Der Gegenstand des Aktes des Erwärmens ist der Endpunkt der Wärme, und der Gegenstand des Aktes des Bauens ist der Endpunkt eines Bauwerks. In ähnlicher Weise ist das Objekt des Aktes des Wachstums das Ziel der Vergrößerung, und das Objekt des Aktes der Reproduktion ist ein neues Mitglied der Spezies. Das Objekt des Sehens ist die Farbe, während das Objekt des Hörens der Klang ist. Weiterhin besteht das Objekt des Denkaktes in den Ähnlichkeiten, die sich in verschiedenen Dingen finden, so wie die drei Seiten eines Dreiecks, abgesehen von allen besonderen Details, durch die sich verschiedene Dreiecke unterscheiden.

In jedem Fall erkennen wir eine neue Aktivität durch ihren Gegenstand. Nachdem wir die neue Aktivität erkannt haben, erkennen wir die Notwendigkeit eines neuen Vermögens. Und nachdem wir das neue Vermögen erkannt haben, erkennen wir eine neue Substanz. Für jede unterschiedliche Substanz muss es eine unterschiedliche substanzielle Form geben. Für jede andere Art von Lebewesen muss es also eine andere Art von Seele geben.

Wir haben allen Grund anzunehmen, dass Seelen beim Tod aufhören zu existieren. Aber vielleicht weist hier die menschliche Seele etwas Unterscheidendes auf. Vielleicht verleiht ihr das besondere Vermögen – das Vermögens der Vernunft – ein Eigenleben, durch das sie auch nach dem Tod weiterexistiert. Das ist der Gedanke von Thomas von Aquin.

Obwohl wir in jeder Gesellschaft die Auffassung finden, dass der Mensch eine unsterbliche Seele hat, meinte Thomas, dass diese Angelegenheit alles andere als offensichtlich sei. In der Tat ist die Unsterblichkeit der menschlichen Seele eine Frage des höchsten Bereichs, mit der sich nur diejenigen befassen sollten, die über viel Erfahrung in der Philosophie verfügen. Selbst ihnen mag es schwerfallen, die Angelegenheit zu begreifen. Kurz gesagt, die Frage nach der Unsterblichkeit der menschlichen Seele ist nicht die Art von Frage, die wir in einem Buch wie diesem behandeln sollten. Dennoch werden wir uns auf dieses herausfordernde Terrain begeben. Wir werden zumindest einen Überblick über das Argument geben, mit dem Thomas von Aquin zu dem Schluss kommt, dass die menschliche Seele unsterblich ist.

Die allgemeine Struktur des Arguments

Das Argument hat die folgende allgemeine Struktur. Der Mensch übt eine immaterielle Tätigkeit aus, die ein immaterielles Vermögen erfordert. Diese immaterielle Tätigkeit ist das rationale Denken, und das immaterielle Vermögen ist die Vernunft. Wenn Thomas sagt, dass die Vernunft ein immaterielles Vermögen ist, meint er damit, dass sie kein körperliches Organ hat. Die Sehkraft hat das Auge als ihr Organ (und vielleicht einen Teil des Gehirns), und das Vorstellungsvermögen hat Teile des Gehirns als sein Organ. Jedes mentale Vermögen, so scheint es, hat ein körperliches Organ.[1] Die Vernunft, so Thomas von Aquin, stellt eine Ausnahme dar. Sie hat kein Organ.[2]

Wenn die Vernunft kein Organ hat, dann kann sie nicht in der ganzen Substanz wohnen, denn der Mensch ist eine körperliche Substanz. Vielmehr muss sich die Vernunft in einem immateriellen Substrat befinden. Da die Seele für unsere Kräfte und Vermögen verantwortlich ist, identifiziert Thomas dieses Substrat mit der menschlichen Seele.[3] Kurz gesagt, andere Kräfte und Vermögen befinden sich in der ganzen Substanz – im ganzen Menschen –, und der ganze Mensch ist körperlich. Im Gegensatz dazu befindet sich die Vernunft allein in der Seele.

Damit die Seele das Subjekt ist, in dem das Vermögen der Vernunft wohnt, muss sie ihre eigene Existenz haben, denn die Tätigkeit folgt aus einem existierenden Subjekt.[4] Da die menschliche Seele die substanzielle Form des ganzen Menschen ist, kommt Thomas zu dem Schluss, dass der Mensch durch die Existenz seiner Seele existiert. Der Mensch hat nicht zwei getrennte Existenzakte, einen für seine Seele und einen für seine Substanz. Er hat eine einzige Existenz, denn er ist ein einziges Wesen, aber

---

[1] *ST*, I, q. 84, a. 6.
[2] *ST*, I, q. 75, a. 2; I, q. 77, a. 5.
[3] *ST*, I, q. 75, a. 2.
[4] *ST*, I, q. 75, a. 6.

diese einzige Existenz kommt von der Seele, die Gegenstand eines bestimmten Vermögens ist, nämlich der Vernunft.

Ein weiterer Schritt ist notwendig, um die Unsterblichkeit der Seele zu verstehen. Thomas von Aquin fragt, ob die Existenz der Seele jemals von ihr weggenommen werden kann. Er stellt fest, dass Dinge auf zwei verschiedene Arten aufhören können zu existieren. Zum einen existieren einige Dinge aufgrund des Subjekt, in dem sie sich befinden, so dass sie auch ihre Existenz verlieren, wenn dieses Subjekt aufhört zu existieren. Wenn ein Hund aufhört zu existieren, dann hört auch sein Sehvermögen auf, das nur insofern existiert, als es im Hund ist. Ebenso hört die Seele des Hundes auf zu sein, wenn der Hund aufhört zu sein, denn seine Seele existiert, indem sie Teil des Ganzen ist. Auf der anderen Seite gibt es Dinge, die von sich aus existieren, so dass sie ihre Existenz nur verlieren können, wenn sie selbst zerstört sind. Auf diese Weise hört der ganze Hund auf zu sein, weil seine Zusammensetzung aus Materie und Form zerstört ist.

Die menschliche Seele, so Thomas, kann ihre Existenz weder auf die eine noch auf die andere Weise verlieren. Sie ist keine Substanz, die aus Materie und Form zusammengesetzt ist, also kann sie ihre Existenz nicht verlieren, indem sie zerstört wird. Andererseits erhält sie ihre Existenz nicht von ihrem Subjekt, so wie die Sehkraft des Hundes ihre Existenz vom Hund erhält. Die Seele existiert nicht dadurch, dass sie in irgendetwas wohnt, sondern sie hat ihre eigene Existenz, unabhängig von einem Subjekt, in dem sie wohnt. Daraus folgt, dass die Seele ihre Existenz nicht einfach deshalb verliert, weil etwas anderes – das ganze menschliche Wesen – zu sein aufhört. Wenn die menschliche Seele einmal existiert, muss sie daher immer existieren.[5]

Nichtphysische Tätigkeiten

Das ist, kurzgefasst, das Argument, bei dem jeder Schritt durchaus angefochten werden kann. Wir werden uns auf die früheren Schritte konzentrieren. Erstens: Was bedeutet es, wenn man sagt, dass die Vernunft eine immaterielle Tätigkeit ist? Als wir zuerst die immanenten Aktivitäten

[5] *ST*, I, q. 75, a. 6

untersuchten, stellten wir fest, dass diese Aktivitäten nichtphysisch sind. Bei ihnen nimmt der Tätige eine Ähnlichkeit auf, aber nicht auf physische Weise. Wenn Sam Wärme spürt, nimmt er Wärme auf, aber seine gefühlte Wärme ist nicht dasselbe, wie wenn er physisch heiß wird. Vielmehr geht es darum, Wärme auf nichtkörperliche Weise aufzunehmen. In gewisser Weise sind also alle immanenten Aktivitäten nichtphysisch.

Sie sind jedoch nicht alle in gleichem Maße oder auf gleiche Weise nichtphysisch. Die Aktivität des Sehens zum Beispiel ist in Bezug auf Farben nichtphysisch. Sie nimmt auf nichtphysische Weise Farben (aber nicht Töne) auf. Dagegen ist die Aktivität des Vorstellens in beiderlei Hinsicht nichtphysisch. Sie nimmt sowohl Farben und Klänge als auch Oberflächenstrukturen, Temperaturen, Gerüche und Geschmäcker auf nichtphysische Weise auf. Die Aktivität des Vorstellens ist jedoch in ihrem nichtphysischen Charakter immer noch begrenzt. Sie nimmt zum Beispiel nicht die Ähnlichkeit von Substanzen auf nichtphysische Weise auf. Selbst viele Eigenschaften – wie z.B. Relationen – sind dem Vorstellungsvermögen nicht bekannt, so dass das Vorstellungsvermögen diese Eigenschaften nicht auf nichtphysische Weise aufnimmt.
Das Denken unterscheidet sich von all diesen immanenten Aktivitäten, weil es in jeder Hinsicht nichtphysisch ist.[6] Es kann die Ähnlichkeit mit jedem materiellen Gegenstand und jeder materiellen Eigenschaft aufnehmen. Mit dem ersten Akt der Vernunft – also der einfachen Apprehension – können wir Farben, Klänge, Bäume, Hunde, Relationen, elektromagnetische Felder und so weiter verstehen. Der Akt des logischen Denkens ist also nichtphysisch in Bezug auf alle materiellen Objekte. Kurz gesagt, er ist völlig nichtphysikalisch. Einer solchen völlig nichtphysikalischen Handlung können wir den Namen „immateriell" geben.

Zuvor haben wir festgestellt, dass die Vernunft die Fähigkeit besitzt, sich auf sich selbst zurückzubeugen und ihren eigenen Akt des Erkennens zu erkennen. Diese einzigartige Fähigkeit folgt aus dem immateriellen Charakter ihrer eigenen Tätigkeit. Wir erkennen Gegenstände, indem wir ihre Gestalt auf nichtphysische Weise aufnehmen. Wenn es jedoch um den Akt der Vernunft selbst geht, bleibt kein physischer Aspekt übrig. Man kann die Vernunft also genau so erkennen, wie sie ist, ohne sich in

---

[6] *ST*, I, q. 75, a. 2.

irgendeiner Weise weiter von der Materie zu entfernen. Gerade der Akt, in dem die Vernunft erkennt, ist also selbst ein unmittelbarer Gegenstand der Erkenntnis.

Die Vernunft hat kein körperliches Organ

Was bedeutet es also, wenn man behauptet, dass das Vermögen der Vernunft immateriell ist? Erinnern Sie sich an einen wichtigen Unterschied zwischen Dualismus und Hylemorphismus. Nach Auffassung des Dualismus ist die Seele eine immaterielle Substanz, und sie ist für immanente Tätigkeiten wie Fühlen, Vorstellen und Erinnern verantwortlich. Aus irgendeinem mysteriösen Grund sind diese Tätigkeiten jedoch auch an einen Körper gebunden. Im Gegensatz dazu behauptet der Hylemorphismus, dass es der ganze Organismus ist, der fühlt, sich etwas vorstellt und sich erinnert, auch wenn es die Seele ist, die in erster Linie dafür verantwortlich ist, dem Organismus diese Kräfte zu verleihen.[7] Es überrascht daher nicht, dass Organe an den Aktivitäten der Sinne beteiligt sind, seien diese nun äußerlich oder innerlich. Alle Sinne haben ein körperliches Organ, weil eine körperliche Substanz die Sinnestätigkeit ausübt. Wenn wir jedoch sagen, dass die Vernunft ein immaterielles Vermögen ist, dann weisen wir darauf hin, dass die Vernunft sich von den Sinnen unterscheidet. Während die Sinne körperliche Organe haben, hat die Vernunft kein Organ.

In begrenztem Umfang stimmen also der Dualismus und der Hylemorphismus hinsichtlich des Vermögens der Vernunft überein. Das Vermögen der Vernunft kann nicht im Körper wohnen, aber es muss irgendwo wohnen. Letztendlich muss es also unmittelbar in der Seele sein. Die Seele denkt durch sich selbst, ohne ein Organ. In Bezug auf die Sinne behauptet der Dualismus, dass es die Seele ist, die sich bewusst ist (obwohl der Körper in gewisser Weise notwendig ist). Im Gegensatz dazu behauptet der Hylemorphismus, dass der gesamte körperliche Organismus sich bewusst ist. In Bezug auf die Vernunft stimmen die beiden jedoch überein: Die

[7] *ST*, I, q. 75, a. 4; I, q. 75, a. 4, ad 1.

Seele denkt, und nicht der Körper. Kurz gesagt, die Kraft der Vernunft hat kein leibliches Organ.[8]

Was diese Behauptung der Immaterialität des Vermögens der Vernunft betrifft, so müssen wir zwei Dinge tun. Erstens müssen wir zeigen, warum Thomas von Aquin denkt, dass die Vernunft ein immaterielles Vermögen ist. Zweitens müssen wir uns mit dem Problem des Gehirns befassen, denn es mag den Anschein haben, dass wir mit unserem Gehirn denken. Kurz gesagt, es mag den Anschein haben, dass wir mit einem Körperorgan denken. Die moderne Wissenschaft scheint zu beweisen, dass Thomas von Aquin falsch liegt, denn ohne unser Gehirn können wir nicht denken.

Betrachten wir zunächst den ersten Punkt. Warum dachte Thomas von Aquin, dass die Vernunft ein immaterielles Vermögen sei? Das Argument des Aquinaten ist kryptisch. Folglich ist das, was im Folgenden dargelegt wird, nur eine mögliche Interpretation seiner Aussagen.

Wie oben angedeutet, sind alle immanenten Aktivitäten in Bezug auf den erkannten Gegenstand nichtphysisch; folglich muss der Akt der Vernunft völlig nichtphysisch sein, da die Vernunft alle materiellen Wesen zum Gegenstand hat. Folgt daraus, dass das Vermögen der Vernunft ebenfalls völlig unkörperlich sein muss? Thomas ist der Meinung, dass dies der Fall ist.[9] Er behauptet, dass ein erkennendes Vermögen das, was es erkennt, nicht physisch aufnehmen kann. Da die Kraft des Sehens Farben erkennt, kann sie selbst nicht physisch gefärbt sein. Da das Vermögen des Geschmacks Aromen erkennt, kann es selbst nicht aromatisiert sein. Folglich muss jedem der Sinnesorgane eine physische Eigenschaft fehlen, nämlich die physische Eigenschaft, die es erkennt. Da nun die Vernunft die gesamte physische Realität erkennt, folgt daraus, dass der Vernunft alle physischen Merkmale fehlen müssen, d.h. sie kann überhaupt nicht materiell sein.

---

[8] *ST*, I, q. 77, a. 5.

[9] *ST*, I, q. 75, a. 2.

Dem Erkenntnisvermögen fehlt die Form des Erkannten

Aber warum sollten wir annehmen, dass einem Erkenntnisvermögen die physische Eigenschaft fehlen muss, die es erkennt? Immerhin scheint das Sehorgan in der Tat farbig zu sein. Das Auge ist farbig und auch die Neuronen sind farbig. Zudem hat die Hand, mit der Sam Wärme spürt, selbst eine Temperatur; ihr fehlt nicht die körperliche Eigenschaft, die sie erkennt. Ebenso hat die Zunge vermutlich einen eigenen Geschmack. Die Behauptung Thomas von Aquins scheint also offenkundig falsch zu sein, und infolgedessen bricht sein Argument für die Immaterialität der Vernunft zusammen – so scheint es jedenfalls.

Thomas war sich sicherlich bewusst, dass das Auge farbig ist, dass das Gehirn eine Farbe hat, die Hand eine eigene Temperatur und die Zunge einen Geschmack (Kuhzungen wurden im Mittelalter wie bei uns gegessen). Was meinte er also mit der Behauptung, dass ein Erkenntnisvermögen physisch das nicht haben darf, was es erkennt? Er sagt, dass die physische Präsenz das Erkennen stören würde, und er führt dann das Beispiel des Kranken an, dessen Fieber seine Zunge bitter macht, so dass ihm alles bitter schmeckt.[10] Thomas von Aquin sagt also nicht, dass es unmöglich ist, das physisch Gegenwärtige wahrzunehmen. Im Gegenteil, das, was physisch vorhanden ist, ist das Einzige, was wahrgenommen wird. Da die Zunge bitter ist, schmeckt der Mensch alles als bitter.

Diese Behauptung mag vertraut klingen. Eine Person mit einer gefärbten Pupille oder Linse würde alles entsprechend dieser Farbe sehen; ebenso kann die Person, wenn die Ohrfollikel bereits in Schwingung sind, Geräusche von außen nicht richtig empfangen. Kurz gesagt, für alle äußeren Sinne stört die physische Präsenz einer Form die reine und richtige Aufnahme dieser Form. Aus diesem Grund, so stellten wir fest, werden Temperaturen immer im Verhältnis zur Körpertemperatur wahrgenommen. Vielleicht gilt etwas Ähnliches für den Geschmackssinn, oder vielleicht haben die Neuronen, die bestimmte Aromen – wie süß oder bitter – erhalten, diesen bestimmten Geschmack in ihren Rezeptoren.

---

[10] *ST*, I, q. 75, a. 2.

Wenn Thomas sagt, dass das Sehorgan keine Farbe haben darf, bezieht er sich auf die Pupille und die Flüssigkeit des Auges, die tatsächlich durchsichtig sind.[11] Er nimmt nicht an, dass dem Auge völlig die Farbe fehle (was natürlich eindeutig falsch ist). Vielmehr meint er, dass dem Auge in dem Teil Farbe fehlt, in dem es von außen Farben empfängt. Jede Farbe in diesem Teil des Auges – wie bei der Gelbsucht – stört in der Tat die Aktivität des Sehens. In unserer früheren Untersuchung (in Kapitel 2) haben wir eine aktualisierte Version der Behauptung des Aquinaten vorgestellt. Wir sagten, dass die Zapfen im Auge potenziell farbig sind – so wie ein Tisch in völliger Dunkelheit nur potenziell braun ist – und dass sie tatsächlich farbig werden, wenn Licht auf sie trifft.

Was meint Thomas aber, wenn er behauptet, dass die physische Präsenz einer Form die Wahrnehmung dieser Form beeinträchtigt? Er will sagen, dass die physische Präsenz die Aufnahme der Form verhindert, weil dann die bereits vorhandene Form wahrgenommen wird.[12]

Unterschiedliche Weisen, in denen die Form aufgenommen wird

Leider ist noch unklar, wie sich dieser Ansatz auf die Vernunft bezieht. Er scheint nicht einmal für die inneren Sinne zu gelten. Erinnern wir uns daran, dass die inneren Sinne nicht physisch irgendeine Form empfangen; vielmehr empfängt der Gemeinsinn seinen Gegenstand von den äußeren Sinnen, und die anderen inneren Sinne empfangen ihren Gegenstand vom Gemeinsinn.[13] Die inneren Sinne haben also keine physische Rezeption, sondern nur die Rezeption einer immanenten Form (d.h. der in Kapitel 2 besprochenen Form, durch die wir in unserer Erkenntnis die Ähnlichkeit der Dinge aufnehmen) von einem anderen Sinnesvermögen.[14] Für diese Sinnesorgane scheint das Vorhandensein oder Fehlen der physischen Form also irrelevant zu sein.

Dasselbe gilt aber auch für die Vernunft. Das Vorstellungsvermögen stellt der Vernunft einen Gegenstand vor, und dann abstrahiert der aktive

---

[11] *ST*, I, q. 75, a. 3.

[12] *QDA*, a. 14.

[13] *SCG*, bk. 4, c. 11, ¶4.

[14] *ST*, I, q. 84, a. 6, ad 2.

Intellekt einige Eigenschaften und lässt andere weg, wie z.B. die Vernunft erkennt, dass ein Auge sieht, wobei sie unberücksichtigt lässt, dass das Auge braun oder blau ist. Es scheint hier keine physische Aufnahme notwendig zu sein. In der Tat ist keine physische Rezeption möglich. Schließlich wird die Form in der Vernunft auf andere Weise aufgenommen, als sie physisch existiert. Die Vernunft erkennt ähnliche Eigenschaften, indem sie von anderen Eigenschaften absieht, aber in der physischen Realität sind die Ähnlichkeiten üblicherweise immer mit den konkreten Details verbunden. Es ist also unklar, was es überhaupt bedeuten mag, wenn man sagt, dass die Form physisch aufgenommen wird. Wie kann das sein? Wenn sie physisch aufgenommen wird, dann kann sie nicht von den Unterschieden abstrahiert sein.[15]

Dennoch ist die Vernunft nicht genauso wie die inneren Sinne. Sie nimmt nicht einfach irgendeine immanente Form von einem anderen Erkenntnisvermögen auf. Erinnern Sie sich an den Prozess, durch den der potenzielle Intellekt die erkannte Form erhält. Das Vorstellungsvermögen empfängt seine Formen von den äußeren Sinnen, aber die Vernunft empfängt ihre Formen nicht vom Vorstellungsvermögen. Die Formen in der Vorstellung sind, obwohl sie eher immanent als physisch sind, immer noch besondere vereinzelte Formen. Die Vernunft erkennt die abstrakten Arten der Dinge – wie die Natur eines Dreiecks –, ohne die vielen konkreten einzelnen Merkmale mit einzubeziehen, die sich von Individuum zu Individuum unterscheiden. Das vom Vorstellungsvermögen dargebotene Phantasma umfasst auch bestimmte konkrete Merkmale, die darin eingebettet sind, selbst wenn ein vorgestelltes Dreieck spitz-, recht- oder stumpfwinklig ist. Folglich muss der Intellekt des Tätigen bestimmte Merkmale abstrahieren und andere zurücklassen.

Wenn es also um die Aufnahme einer Form geht, haben wir drei verschiedene Situationen. Erstens müssen die äußeren Sinne die Form physisch aufnehmen; folglich behindert die Anwesenheit der physischen Form die Aufnahme einer neuen Form, so wie die Bitterkeit im Geschmacksorgan die Aufnahme von Süße behindert. Zweitens empfangen die inneren Sinne die Formen von einem anderen Erkenntnisvermögen; sie müssen die Form also nicht physisch aufnehmen, und die physische Präsenz der

[15] *ST*, I, q. 75, a. 5.

Form scheint die Aufnahme nicht zu behindern. Drittens unterscheidet sich der potenzielle Intellekt von diesen beiden anderen Erkenntnisvermögen. Er empfängt die Form nicht (und kann sie nicht physisch empfangen), wie es die äußeren Sinne tun. Gleichzeitig empfängt er die Form nicht einfach von einem anderen Erkenntnisvermögen. Das Vorstellungsvermögen präsentiert das Bild, in dem sich die Form befindet, aber die Form wird nicht einfach vom Vorstellungsvermögen empfangen. Vielmehr wird die Form aus diesem Bild abstrahiert. Anders als die Form, die das Verstellungsvermögen von den Sinnen empfängt, muss die im Phantasma präsentierte Form transformiert werden, bevor sie vom potenziellen Intellekt empfangen wird.

Die Vernunft muss immateriell sein, um ihren Gegenstand aufzunehmen

Thomas behauptet, dass das Vorhandensein einer physischen Form die Aufnahme anderer Formen behindert. Diese Aussage gilt für die äußeren Sinne, aber nicht für die inneren Sinne. Und was ist mit der Vernunft? Warum sollte dieser Anspruch für die Vernunft von Bedeutung sein? Thomas von Aquin scheint dies zu glauben. Aber wie?

Nehmen wir an, die Vernunft sei lediglich der Akt eines Körperorgans, wie das Sehen ein Akt des Auges ist. Was würde daraus folgen? Zwei Dinge scheinen zu folgen, die die Vernunft daran hindern könnten zu erkennen, was sie tut. Erstens müsste die Vernunft die Form in der Art der physischen Existenz aufnehmen, d.h. sie würde eine physische Ähnlichkeiten empfangen, so wie die Dinge physisch existieren, also zusammen mit allen konkreten Details, die sich von Individuum zu Individuum unterscheiden.[16] Wenn ein Siegel in Wachs geprägt wird, empfängt das Wachs das Bild des Siegels mit allen Details. Das Bild eines Dreiecks z.B. ist im Wachs dann nicht nur dreiseitig, sondern auch das eines spitzen Dreiecks von einer bestimmten Größe und so weiter. Der potenzielle Intellekt kann das Dreieck aber auch ohne die Details aufnehmen: er kann die Dreiseitigkeit erfassen und alle Details abstrahieren.

[16] *ST*, I, q. 75, a. 5.

Wenn die Vernunft ein Organ hätte, dann würde eine zweite Unannehmlichkeit folgen. Das Vorhandensein einer physischen Form im Organ der Vernunft würde die Aufnahme der zu erkennenden Form erschweren.[17] Warum? Weil der potenzielle Intellekt keine immanente Form von einem anderen Vermögen erhält, wie das Vorstellungsvermögen von den äußeren Sinnen genau die gleiche Form erhält, die in den äußeren Sinnen existiert. Das Vorstellungsvermögen ist teilweise körperlich, aber es muss keine körperliche Form erhalten, da es die Form direkt von den Sinnen annimmt. Im Gegensatz dazu könnte der potenzielle Intellekt, wenn er ein physisches Organ hätte, nicht so leicht eine immanente Form empfangen, die bereits von einem anderen Erkenntnisvermögen vorbereitet wurde. Kein früheres Erkenntnisvermögen kann diese immanente Form bereitstellen. Bei einem physischen Organ müsste also der potenzielle Intellekt eine physische Form empfangen.

Beide Aspekte deuten darauf hin, dass die Vernunft in der Tat kein körperliches Organ haben kann. Wenn sie ein solches hätte, dann würde sie die physischen Ähnlichkeiten aufnehmen, so wie sie physisch existieren, d.h. mit allen Bestimmungen. Kurz gesagt, wenn die Vernunft ein körperliches Organ hätte, dann könnte sie unmöglich bestimmte *Arten* von Dingen erkennen, die von anderen konkreten Merkmalen abstrahiert sind. Folglich darf die Vernunft kein körperliches Organ haben. Ebenso würde sie, wenn sie ein Organ hätte, in ihrer Aufnahme körperlicher Formen durch alle bereits vorhandenen körperlichen Formen behindert (da die Vernunft ihre Form im Gegensatz zu den inneren Sinnen nicht direkt von einem anderen Erkenntnisvermögen empfängt). Darüber hinaus müsste es mindestens eine solche physische Form geben, nämlich die Form des Organs selbst. Da die Vernunft in der Lage ist, alle physischen Körper zu kennen, darf es ein solches Hindernis nicht geben. Kurz gesagt, die Vernunft darf kein Organ haben.

In der hier vorgestellten Form wirkt das Argument kontrafaktisch. Wäre es der Fall – im Gegensatz zu den Tatsachen –, dass die Vernunft ein Organ hat, dann würden daraus zwei Dinge folgen, die verhindern würden, dass die Vernunft erkennt, was sie tatsächlich erkennt. Erstens würde sie die ähnlichen Merkmale mehrerer Dinge, abstrahiert von den konkreten

[17] *ST*, I, q. 75, a. 2.

Verschiedenheiten, nicht erkennen. Zweitens wäre sie nicht in der Lage, alle physischen Körper zu erkennen. Da diese beiden Schlussfolgerungen falsch sind, können wir vermuten, dass die Annahme, aus der sie sich ergeben – dass die Vernunft ein Organ hat –, ebenfalls falsch sein muss.

Thomas von Aquin behauptet daher, dass die Vernunft immateriell ist. Sie ist in jeder Hinsicht nichtphysisch. Wie wir beim Akt der Vernunft gesehen haben, ist das, was im Hinblick auf alles physische Sein nicht physisch ist, immateriell. Während andere Erkenntnisvermögen Organe haben, durch die sich der Mensch bewusst ist, hat die Vernunft keine Organe. Die Vernunft ist ein Vermögen, das nicht in einem Körper wohnt. Vielmehr residiert die Vernunft unmittelbar in der Seele.[18]

Ist das Gehirn das Organ der Vernunft?

Wir haben weiter oben einen Einwand gegen die Behauptung diskutiert, dass die Vernunft immateriell sei. Der Einwand war, dass wir das Gehirn brauchen, um rational denken zu können, wie bestimmte Formen von Hirnschäden zeigen, die Menschen am Denken hindern. Was auch immer Thomas von Aquin gedacht haben mag, so wissen wir heute, dass die Vernunft tatsächlich das Gehirn als Organ benutzen muss. Dieser Einwand berührt aber tatsächlich nicht die Behauptung Thomas von Aquins. Thomas war sich voll und ganz bewusst, dass das Gehirn für das Denken notwendig ist und dass eine Schädigung des Organs des Vorstellungsvermögens das Denken behindern kann.[19] Tatsächlich erfordert seine Theorie dies sogar. Hätte die zeitgenössische Wissenschaft entdeckt, dass das Gehirn (oder ein anderes Organ) für das Denken unnötig wäre, dann wäre Thomas von Aquin gezwungen gewesen, seine gesamte Ansicht aufzugeben.

Wie kann Thomas von Aquin aber behaupten, dass einerseits die Vernunft kein Organ benötigt, und anderseits behaupten, dass die Vernunft das Gehirn braucht? Erinnern wir uns daran, dass, wenn die Vernunft zunächst auf universale Weise erkennt, ihr zunächst ein Phantasma vorgelegt

---

[18] *ST*, I, q. 75, a. 2; I, q. 77, a. 5.

[19] *ST*, I, q. 84, a. 7.

werden muss, von dem der tätige Intellekt Ähnlichkeiten abstrahiert und die Unterschiede weglässt. Erinnern Sie sich weiterhin daran, dass, wenn die Vernunft auf universale Weise erkennt, sie sich immer wieder auf das Phantasma rückbeziehen muss; das heißt, sie muss das Universale so erkennen, wie es im Singular existiert, wenn auch nur im Singular des Phantasmas selbst. Andernfalls würde die Vernunft verfälschen, indem sie annähme, dass die Ähnlichkeiten nur durch sich selbst existierten.

Die Vernunft hängt also auf zwei Arten von der Vorstellung ab. Erstens muss das Vorstellungsvermögen den zu erkennenden Gegenstand darstellen; zweitens muss die Vernunft sich auf das Vorstellungsvermögen rückbeziehen, weil sie sich auf das Singuläre rückbeziehen muss. Ohne Vorstellungsvermögen würde die Vernunft nicht funktionieren. Wir haben jedoch gesehen, dass das Organ des Vorstellungsvermögens das Gehirn ist. Wenn bestimmte Teile des Gehirns geschädigt sind, dann ist auch das Vorstellungsvermögen geschädigt. Die Vernunft braucht also das Gehirn, denn sie braucht das Vorstellungsvermögen, und das Vorstellungsvermögen seinerseits befindet sich im Gehirn.

Die Abhängigkeit der Vernunft vom Gehirn ist nicht dasselbe, wie wenn das Gehirn ein Organ hat. Der Akt der Vernunft wird durch das Gehirn ausgeführt. Der Gegenstand der Vernunft durch das Gehirn der Vernunft vorgestellt, oder genauer gesagt, vom Vorstellungsvermögen, das das Gehirn als sein Organ hat.[20] Ohne Gegenstand kann es keine Tätigkeit geben. Wenn es einen Akt der Vernunft gibt, ist dies aber kein Akt des Gehirns. Vielmehr ist es ein Akt der Seele, ohne alle körperlichen Komponenten.

Eine Existenz für sich selbst

Das Argument Thomas von Aquins für die Unsterblichkeit der Seele ist damit fast vollständig. Wir haben gesehen, dass der Akt der Vernunft völlig nichtphysisch, das heißt immateriell ist. Von diesem Punkt aus konnten wir zeigen, dass das Vermögen der Vernunft ebenfalls immateriell ist, d.h., die Vernunft hat kein körperliches Organ, sondern befindet sich unmittelbar in der Seele. Aus dieser letzten Behauptung schlussfolgert

[20] *ST*, I, q. 75, a. 2, ad 3.

Thomas, dass die Seele ihre eigene Existenz haben muss. Warum? Weil eine Tätigkeit aus einem subsistierenden Tätigen folgt, das heißt, die Tätigkeit folgt aus etwas, das existiert.[21] Nun folgt die Tätigkeit der Vernunft aus der Seele; daher muss die Seele ein subsistierendes Agens sein; sie muss etwas mit Existenz sein.

Der letzte Schritt von Thomas von Aquins Argument gibt zu bedenken, dass man die Existenz der Seele nicht von ihr wegnehmen kann.[22] Die Existenz von Eigenschaften kann durch die Zerstörung der Substanz, in der sie sich befinden, weggenommen werden, so wie die Farbe eines Holzstücks weggenommen wird, wenn dieses Holz selbst durch Verbrennung zerstört wird. Die Existenz der Seele kann auf diese Weise nicht weggenommen werden, weil die Seele keine Eigenschaft ist. Die Existenz einer Eigenschaft leitet sich von der Existenz der Substanz ab, in der sie sich befindet, aber wie wir gesehen haben, ist die Existenz der Seele nicht von einer anderen geschaffenen Existenz abgeleitet.

Nur auf eine andere Weise, so meint Thomas, könnte die Existenz der Seele von ihr weggenommen werden. Ein Ding, das durch sich selbst existiert, kann seine Existenz verlieren, wenn seine Bestandteile auseinanderbrechen. Auf diese Weise kann eine Substanz aufhören zu existieren. Ein Hund kann aufhören zu existieren, wenn seine Materie und seine Form getrennt werden, was tatsächlich beim Tod geschieht. Obwohl der Hund durch sich selbst existiert, kann er dennoch aufhören zu existieren, weil er aus vielen Elementen zusammengesetzt ist. Im Gegensatz dazu hat die Seele eine Existenz durch sich selbst, und sie hat keine Teile, die zerbrochen werden können. Die menschliche Seele kann also in keiner Weise aufhören zu existieren.

Wie wir bereits oben erwähnt haben, ist dieses Argument für die Unsterblichkeit der Seele nicht der Stoff oberflächlicher Konversationen. Sogar diejenigen, die sich mit diesem Gedanken von Thomas gut auskennen, haben damit zu kämpfen. Wir dürfen kaum hoffen, ihn in einer Einführung in die Psychologie Thomas von Aquins zufriedenstellend erklären zu können. Es soll genügen, dass wir einige Voraussetzungen geklärt haben.

---

[21] *ST*, I, q. 76, a. 1.

[22] *ST*, I, q. 75, a. 6.

Leben nach dem Tod

Die Schwierigkeiten bezüglich der Unsterblichkeit der Seele hören nicht auf, wenn die Schlussfolgerung erreicht ist. Aus dieser Lehre Thomas von Aquins folgen denkwürdige Konsequenzen. Was sollen wir über das Sein der Seele nach dem Tod denken? Thomas behauptet, dass sie weiterhin existiert. Aber welche Art von Existenz hat die Seele nach dem Tod? Die Seele ist eindeutig keine Eigenschaft, wie eine Farbe, eine Gestalt oder eine Beziehung. Auf der anderen Seite ist sie nicht eine vollständige Substanz, obwohl sie irgendwie „substanziell" zu sein scheint. Sie ist aber keine vollständige Substanz, denn die Substanz ist die menschliche Person als Ganzes, und die menschliche Person ist nicht bloß eine Seele. Nur der Dualismus behauptet, dass die menschliche Person nur ihre Seele sei. Nach der Auffassung des Hylemorphismus ist die menschliche Person ein erstes Subjekt zusammen mit einer substanziellen Form. Die menschliche Person ist ein beseelter Körper.[23]

Wenn Tom stirbt, existiert seine Seele weiter. Folgt daraus, dass Tom weiterexistiert? Im Gegenteil, sagt Thomas, denn Tom ist nicht einfach eine Seele, sondern ein beseelter Körper. Wenn alles, was von Tom existiert, seine Seele ist, dann existiert er selbst nicht mehr.[24]

Dennoch hat Toms Seele von sich aus das Erkenntnisvermögen der Vernunft. Folgt daraus, dass diese Seele – die nicht ganz Tom ist – erkennen kann? In gewisser Weise trifft das nicht zu. Aber warum nicht? Weil die Vernunft von den Phantasmen abhängt, wie wir oben gesehen haben; aber Toms Seele kann keine Phantasmen haben, denn ohne einen Körper fehlt ihr das Organ der Vorstellung. Die Vernunft, die in Toms Seele wohnt, mag zwar einige abstrakte Formen behalten, aber sie kann nie zum Phantasma zurückkehren, so dass sie höchstens vage Vorstellungen von der Natur der Dinge hat, die aus sich selbst heraus existieren.[25]

---

[23] *ST*, I, q. 75, a. 4.
[24] *ST*, III, q. 50, a. 4.
[25] *ST*, I, q. 89, a. 5.

Das ist jedoch nicht das Ende dieser Angelegenheit. Thomas von Aquin behauptet, dass die Seele, wenn sie vom Körper getrennt wird, auf eine neue Weise zu erkennen beginnt, denn sie hat nun begonnen, auf eine andere Weise zu existieren, nämlich ohne Körper. Sie beginnt nun auf eine Weise zu erkennen, die für einen Geist ohne Körper angemessen ist.[26]

Vernunft ohne Körper? Ja, Thomas denkt, dass es Geister ohne Körper gibt, die allgemein eher als Engel bekannt sind.[27] Dass Thomas an Engel glaubt, ist nicht nur an seinen religiösen Glauben geknüpft. Vielmehr ist er der Ansicht, dass Beweise in der Welt um uns herum auf die Plausibilität von Geistern ohne Körper hinweisen. Wenn wir uns das Spektrum der Wesen im Universum ansehen, können wir erwarten, dass wir einige solcher Geister ohne Körper finden, weil sie zu dem passen, was manchmal als Hierarchie des Seienden bezeichnet wird. Diese Ordnung beginnt bei den niedrigsten Seienden, also bei unbelebten Wesen wie Felsen und Wasser. Pflanzen stehen eine Stufe über diesen unbelebten Entitäten, weil sie lebendige Aktivitäten wie Wachstum, Selbsterhaltung und Fortpflanzung aufweisen, wobei sie in irgendeiner Weise für sich selbst tätig sind. Tiere stehen noch eine Stufe höher und haben Fähigkeiten, die bei Pflanzen nicht zu finden sind. Sie sind nicht nur für sich selbst tätig, sondern haben auch immanente Tätigkeiten, Aktivitäten, die das Objekt, auf das sie gerichtet sind, nicht verändern. Schließlich finden wir über den Tieren den Menschen. Die Vernunft ist eine Stufe über den Erkenntnisvermögen der Tiere, weil die Vernunft auf immaterielle Weise erkennt; darüber hinaus ist das Vermögen der Vernunft selbst immateriell.

Mit den Menschen haben wir die Spitze des physischen Universums erreicht. Der Mensch ist körperlich, aber auch immateriell. Gibt es etwas Höheres? Wenn wir ein Seiendes finden, das Körper und Geist in sich vereint, wäre es dann möglich, ein Seiendes zu finden, das völlig immateriell ist? Können wir einen Geist ganz ohne Körper finden? Das wäre der nächste Schritt in der Hierarchie.

Dieser Schritt, so denkt Thomas, wird in den Engeln realisiert. Engel haben nicht direkt Vernunft, aber sie haben einen Intellekt. Sie bewegen

---

[26] *ST*, I, q. 75, a. 6, ad 3; I, q. 89, a. 1.

[27] *ST*, I, q. 50, a. 1.

sich nicht von einem Gedanken zum anderen,[28] sondern sie erfassen unmittelbar die Natur der Dinge. Abgesehen von dieser Macht des Intellekts fehlen den Engeln all die anderen Kräfte, die wir bisher diskutiert haben. Sie haben keine äußeren Sinne, keinen Gemeinsinn, kein Vorstellungsvermögen, kein Schätzungsvermögen, kein Gedächtnis und keine Emotionen. All diese Kräfte sind körperlich, und Engel haben keinen Körper. Folglich haben sie nur den Intellekt – und auch eine noch zu erörternde Macht, nämlich den Willen.[29]

Ihr Intellekt funktioniert nicht wie unsere Vernunft. Da Engel keinen Körper haben, haben sie keine Vorstellungen, und deshalb können sie auch keine Phantasmen haben, von denen sie Ideen abstrahieren können.[30] Sie haben aber auch kein Bedürfnis, zu abstrahieren. Sie haben von Natur aus alle Ideen, die sie brauchen.[31] Der menschliche Geist wird manchmal mit einer leeren Tafel verglichen, weil wir nicht mit Wissen geboren werden, sondern alles, was wir wissen, aus der Erfahrung lernen müssen. Beim Intellekt des Engels ist das Gegenteil der Fall. Seiner Natur nach ist er eine bereits gefüllte Schiefertafel. Daraus folgt aber nicht, dass Engel alle Dinge wissen. Darüber hinaus können sie nicht – zu einem einzigen Zeitpunkt – alle Dinge denken, die sie wissen.[32] Wenn ein Mensch über ein Thema nachdenkt, z.B. über ein mathematisches Problem, kann er nicht gleichzeitig über andere Themen nachdenken. In ähnlicher Weise kann ein Engel, wenn er mit einer seiner Ideen begreift, nicht gleichzeitig mit anderen Ideen begreifen. Trotz dieser Einschränkung, die er mit Menschen teilt, übertrifft der Geist der Engel den menschlichen Geist bei weitem.

Wir sollten beachten, dass wir bei der Diskussion der Engel nicht unbedingt in den Bereich der Theologie eingetreten sind. Thomas meint, dass wir vieles über Engel erkennen können, allein durch unsere natürliche menschliche Vernunft. Darüber hinaus wollten wir die Veränderung erklären, die sich nach dem Tod in der menschlichen Seele vollzieht: Wir werden, wie Engel, Geist und nicht Körper; daraus folgt aber nicht, dass

[28] *ST*, I, q. 58, a. 3.
[29] *ST*, I, q. 54, a. 5.
[30] *ST*, I, q. 55, a. 2, ad 2.
[31] *ST*, I, q. 55, a. 2.
[32] *ST*, I, q. 58, a. 2.

wir nach dem Tod tatsächlich zu Engeln werden. Letzteres ist ein weit verbreiteter Glaube, der nach Thomas von Aquin keinen Sinn ergibt. Wenn wir zu Engeln würden, würden wir aufhören zu existieren, da unsere Existenz an das gebunden ist, was wir sind, nämlich Menschen. Seelen, die von ihrem Körper getrennt sind, werden also nicht zu Engeln.

Dieses seltsame Ding – die vom Körper getrennte Seele – kann nicht mehr so erkennen, wie es das früher tat, denn ihm fehlt das für ihr Denken erforderliche Vorstellungsvermögen. Kann die Seele aber nun überhaupt nicht mehr erkennen? Thomas ist nicht dieser Ansicht. Denn die vom Körper getrennte Seele beginnt jetzt so zu erkennen, wie Engel erkennen. Wenn sie ähnlich wie ein Engel existiert, dann muss sie auch ähnlich wie ein Engel erkennen. Der menschliche Geist ist voll von Ideen, die sich von denen unterscheiden, die er in diesem Leben erworben hat und durch die er die Realitäten im Universum erkennen kann.

Was geschieht mit dieser getrennten Seele nach dem Tod? Kommt sie in den Himmel oder in die Hölle? Wird sie wiedergeboren? Thomas ging davon aus, dass die Philosophie zumindest die letzte Frage beantworten könne. Reinkarnation macht nur im Dualismus Sinn, obwohl selbst dort unklar ist, warum sich eine Seele an einen Körper bindet. Da Seelen sich jedoch an einen Körper binden, erlaubt der Dualismus, dass eine Seele sich an verschiedene Körper bindet. Beim Tod wird die Seele von einem Körper getrennt. Nach dem Tod kann sie sich wieder an einen anderen Körper anheften.

Im Hylemorphismus gibt es keinen Platz für Reinkarnation.[33] Die Seele ist nur ein Teil einer Substanz. Wenn sie nach dem Tod weiterexistiert, ist sie in gewisser Weise ein defektes Wesen, dem die mit dem Körper einhergehende Fülle fehlt. Dennoch kann sich die Seele nicht einfach an irgendeinen Körper binden. Sie wird nicht durch irgendeine beliebige Anhaftung wieder vollständig. Sie wird nur durch eine substanzielle Vereinigung vollständig, in der die Seele das erste Subjekt (oder die erste Materie) in*form*iert, um eine vollständige Substanz zu bilden. Diese Seele hat jedoch bereits das erste Subjekt informiert und hat bereits als Teil einer vollständigen Substanz existiert. Als solche ist sie für immer mit dem Körper

[33] *Sppl.*, q. 79, a. 1.

verwandt, den sie einst hatte. Sie kann sich nicht mit einem anderen Körper vereinigen.

Thomas von Aquin ist jedoch der Auffassung, dass die Philosophie – und nur um sie geht es in diesem Buch – uns nicht mehr sagen kann. Sie vertieft sich nicht in Fragen nach Himmel oder Hölle. Allenfalls könnte uns die Philosophie sagen, dass es zumindest passend erscheint, dass die Seele eines Tages mit ihrem Körper wiedervereinigt werde, dass also die Auferstehung des Körpers am ehesten zu unserer menschlichen Seele passt.[34] Aber was wird diese Auferstehung möglicherweise zu Stande bringen? Nichts in der Natur, die die Domäne der Philosophie ist.[35]

Die Philosophie lässt uns also letztlich unbefriedigt. Sie sagt uns, dass die Seele unsterblich ist, aber sie verrät uns wenig über das Leben nach dem Tod. Wie sieht das nächste Leben aus? Die Philosophie kann uns nur Anhaltspunkte geben. In diesem Buch werden wir also philosophisches Schweigen bewahren.

---

[34] *Sppl.*, q. 75, a. 1.

[35] *Sppl.*, q. 75, a. 3.

Kapitel 12

Freiheit

Ich bin kein Vogel, und kein Netz umgarnt mich:
Ich bin ein freier Mensch mit einem unabhängigen Willen.

Charlotte Brontë

Wir müssen noch über ein verbleibendes menschliches Vermögen diskutieren, nämlich den Willen, der den Emotionen ähnlich ist, weil er ein Begehrungsvermögen ist; gleichzeitig ist er der Vernunft ähnlich, weil er ein nichtkörperliches oder immaterielles Vermögen ist. Während es sich bei den Emotionen um Wünsche handelt, die auf die Erkenntnisse der Sinne folgen, ist der Wille ein Begehrungsvermögen, das auf intellektuelle Erkenntnisse oder das Erkennen der Vernunft folgt.

Wir können die menschlichen Vermögen also in die nichtgeistigen Lebenskräfte (zu denen Wachstum, Selbsterhaltung und Fortpflanzung gehören) und die mentalen Vermögen unterteilen – siehe Abbildung 5.2. Die mentalen Kräfte werden in Erkenntnisvermögen und Begehrungsvermögen eingeteilt. Die Erkenntnisvermögen werden in sinnliche und intellektuelle Erkenntnis (oder Vernunft) unterteilt. Sinnliche Erkenntnis unterteilt man in die äußeren und die inneren Sinne. Die Begehrungsvermögen werden eingeteilt in Emotionen und Willen. Die Emotionen folgen auf die sinnliche Erkenntnis (und werden wiederum in begehrende und zornige unterteilt), während der Wille auf das intellektuelle Wissen folgt. Das Bewegungsvermögen oder die Fähigkeit, sich fortzubewegen, kann man locker mit den Emotionen verbinden. In jedem Fall wird die Tätigkeit eines Vermögens durch ihren Gegenstand identifiziert.

Beim Thema des Willens denken die Menschen in zeitgenössischen Diskussionen oftmals sofort an den freien Willen oder die freie Wahl. Menschen, so das Argument, sind frei, während andere Dinge determiniert sind. Aufgrund dieser Freiheit hat der Mensch moralische Verantwortung, während Felsen, Bäume, Eichhörnchen und Schimpansen keine Verantwortung haben. Der Mensch hat diese besondere Freiheit, weil er einen freien Willen hat.

Thomas von Aquin stimmt dieser allgemeinen Argumentationslinie zu, aber für ihn ist der Wille viel mehr als die Quelle der freien Entscheidung. Der Wille ist, was noch grundlegender ist, ein Begehrungsvermögen. Als solches hat er verschiedene Akte des Begehrens, wie Liebe, Genuss, Hoffnung, Verzweiflung und so weiter. Die freie Wahl ist nur einer dieser möglichen Akte des Begehrens. Ein vollständiges Verständnis des Willens muss viel mehr untersuchen als den freien Willen. In der Tat kann der freie Wille selbst nicht isoliert von anderen Willenshandlungen verstanden werden.

Dennoch muss man einräumen, dass die freie Wahl ein wichtiger Akt des Willens ist; als solcher wird sie einen Großteil unserer Zeit in Anspruch nehmen. Das ganze gegenwärtige Kapitel widmet sich einer Untersuchung zeitgenössischer Ansichten über den freien Willen, deren Erörterung eine Grundlage bildet für das Verständnis von Thomas von Aquins Ansicht zum Thema der freien Wahl.

Auf den ersten Blick können die Ansichten über die freie Wahl unterteilt werden in diejenigen, die behaupten, dass der Mensch nicht frei sei, und diejenigen, die behaupten, dass der Mensch frei sei. Wie wir noch sehen werden, lässt die letztere Sichtweise sich selbst wieder in zwei weitere Ansichten unterteilen. Die eine wird Kompatibilismus genannt, und die andere ist die Theorie, dass wir selbstbestimmt handeln. Wir werden jede Sichtweise der Reihe nach betrachten, beginnend mit derjenigen, die die menschliche Freiheit verneint und üblicherweise als Determinismus bezeichnet wird, weil sie behauptet, dass Menschen in ihrem Handeln durch andere Kräfte bestimmt werden, wie natürliche Wünsche, Instinkte sowie durch Konditionierung von Seiten der Umwelt.

Determinismus

Die Bezeichnung „Determinismus“ sollte nicht dazu verleiten, das mit diesem Begriff Gemeinte mit dem Gedanken der deterministischen

Notwendigkeit zu verwechseln, d.h. dem Glauben, dass alles, was geschieht, notwendigerweise determiniert ist. Die Ansicht, dass alles, was geschieht, unbedingt notwendig ist, hat sich mit dem Aufkommen der modernen Quantenmechanik überholt, die uns sagt, dass manche Dinge mit probabilistischer Kausalität geschehen. Vielleicht sind auch einige menschliche Handlungen probabilistisch bedingt. Daraus folgt nicht, so behauptet der Determinismus, dass der Mensch frei ist. Wir sagen nicht, dass ein Elektron frei ist, auch wenn es sich mit probabilistischer Kausalität bewegt. Diese Kausalität beinhaltet eine hinreichende Ursache (oder eine Reihe von Ursachen), die das Ergebnis nicht determiniert; vielmehr macht sie bestimmte Ergebnisse wahrscheinlicher als andere. Ein menschliches Wesen kann genauso wie ein Elektron sein. Beide handeln nach Wahrscheinlichkeiten, aber keines von beiden ist frei.

Um Verwechslungen zwischen dem Determinismus – also der Auffassung, dass der Mensch nicht frei ist – und der deterministischen Notwendigkeit – der Auffassung, dass alles durch absolute Notwendigkeit geschieht – zu vermeiden, bevorzugen einige Deterministen den Namen „Verantwortungsskeptizismus". Es spiele keine Rolle, so sagen sie, ob menschliche Handlungen notwendigerweise oder probabilistisch verursacht werden. Vielmehr gehe es um die Frage, ob menschliches Handeln so verursacht werde, dass Menschen für ihr eigenes Handeln verantwortlich seien.

Nach Ansicht der Verantwortungsskeptiker ist der Mensch nicht für sein eigenes Handeln verantwortlich. Unabhängig davon, ob seine Handlungen mit Notwendigkeit oder nach einer gewissen Wahrscheinlichkeit verursacht werden, sind diese Handlungen letztlich verursacht wie alles andere im Universum auch. Das Rollen eines Steins einen Abhang hinunter wird durch die Kräfte verursacht, die auf ihn einwirken, unabhängig davon, ob diese Kräfte notwendigerweise oder mit einer gewissen Wahrscheinlichkeit wirken. Dieser Stein ist nicht für sein Hinabrollen oder seinen Fall verantwortlich. Ebenso werden die Handlungen von Menschen durch die Kräfte verursacht, die auf sie einwirken, unabhängig davon, ob diese Kräfte notwendig oder wahrscheinlich sind. Ein Mensch ist also nicht anders als ein Stein. Keines von beiden kann für seine Handlungen verantwortlich sein.

Betrachten Sie die Vielfalt der determinierten Aktivität, die wir im Universum finden. Die Aktivitäten von Kugeln auf einem Billardtisch zum Beispiel werden durch verschiedene Kräfte determiniert. Der Queue-Stock trifft zunächst auf die Spielkugel, die sich dann in Abhängigkeit von verschiedenen Kräften bewegt, wie der auf sie ausgeübten Kraft, der Schwerkraft, der entgegenwirkenden Reibung und so weiter. Schließlich trifft die Spielkugel auf die Kugel sieben, wodurch die Sieben in Bewegung gesetzt wird. Gleichzeitig verändert die Sieben die Bewegung der weißen Kugel. Dies läuft so ab, bis alles zur Ruhe kommt. Die Bewegungen aller Kugeln werden durch bestimmte Naturkräfte verursacht, so dass die Kugeln in keiner Weise ihre eigene Bewegung bestimmen. Einige der Naturkräfte sind im Inneren einer Kugel selbst vorhanden, z.B. ihre eigene Masse oder ihr eigener Reibungskoeffizient. Dennoch muss sich die Kugel entsprechend diesen natürlichen Ursachen bewegen.

Die Bewegungen und Tätigkeiten von Pflanzen sind komplizierter als die Bewegungen von Billardkugeln, aber die Prinzipien sind im Grunde die gleichen. Verschiedene natürliche Ursachen – einige äußere und einige innere – wirken auf die Pflanze ein, so dass diese auf diese oder jene Weise wächst. Beispiele für äußere Ursachen sind die Sonneneinstrahlung, das Wasser, die Nährstoffe im Boden und so weiter. Beispiele für innere Ursachen sind der genetische Aufbau der Pflanze. Keine dieser Ursachen erlaubt es der Pflanze, selbst zu bestimmen, was sie tut. Jede ihrer Tätigkeiten ist das Ergebnis natürlicher Kräfte.

Tiere sind noch komplizierter organisiert, aber gleichwohl gelten die gleichen Prinzipien. Verschiedene äußere Kräfte wirken auf sie ein, zum Beispiel die aufgenommenen Nährstoffe, die Gefahren, denen sie ausgesetzt sind, und so weiter. Verschiedene innere Kräfte, wie z.B. instinktive Wünsche, beeinflussen ebenfalls die daraus resultierenden Handlungen der Tiere. Wenn Sie die Küche betreten, huschen die Kakerlaken davon. Die Wirkung ergibt sich aus den Kräften, die zusammen mit ihren eigenen inneren Instinkten auf die Kakerlaken einwirken.

Bestimmte Tiere können so konditioniert werden, dass sie sich auf bestimmte Weise verhalten. So kann eine Ratte darauf trainiert werden, einen bestimmten Knopf zu drücken, um Futter zu bekommen. Daraus folgt nicht, dass ihre Handlungen frei wären. Vielmehr ergeben sich ihre

Handlungen aus dem Instinkt, zusammen mit einer Konditionierung. Ratten haben, wie andere Tiere auch, angeborene Veranlagungen. Einige Ratten sind zum Beispiel schüchterner als andere. Einige zeigen größere Aggression, andere sind eher verzagt. Unabhängig von ihren ursprünglichen Veranlagungen können alle Ratten von ihrer Umwelt beeinflusst werden, um neue und konditionierte Veranlagungen auszubilden. Ob sie instinktiv oder konditioniert handeln, ist dabei irrelevant. In beiden Fällen folgen ihre Handlungen bestimmten Kräften, die teils innerlich, teils äußerlich sind.

Menschen sind nicht anders. Das ist jedenfalls die Behauptung des Verantwortungsskeptizismus (oder Determinismus). Wir mögen komplizierter sein als andere Tiere, aber unser Verhalten ist im Grunde dasselbe. Manche Menschen werden zaghafter geboren, manche fröhlicher, manche jähzorniger und so weiter. Zusätzlich zu diesen angeborenen Veranlagungen wird der Mensch durch seine Umwelt geformt und gebildet, am radikalsten durch die Erziehung, die er von seinen Eltern, Lehrern und Gleichaltrigen erfährt. Letztendlich handeln Menschen auf der Grundlage verschiedener Kräfte.

Wenn Anna in den Lebensmittelladen geht, nimmt sie an, dass sie sich frei „entscheidet", in den Laden zu gehen. Tatsächlich, sagt der Determinismus, kann sie nichts an ihrem Handeln ändern. Angesichts ihrer angeborenen Veranlagungen, angesichts ihrer Erziehung, angesichts der Umstände, in denen sie sich befindet, folgt ihre Handlung. Sie mag die Illusion haben, dass sie sich entscheide, aber ihr Handeln resultiert aus anderen Kräften (unabhängig davon, ob diese anderen Kräfte deterministisch oder probabilistisch wirken). In keiner Weise, so behauptet der Determinismus, sei Anna für die von ihr ausgeführten Handlungen verantwortlich.

Argumente für den Determinismus

Die typischen Argumente für den Determinismus lassen sich in drei Kategorien einteilen: (1) Argumente, die auf der Natur der Kausalität basieren; (2) Argumente, die auf der Vorhersagbarkeit menschlichen Verhaltens basieren; und (3) Argumente, die auf Bestrafung, der Erteilung von Ratschlägen und ähnlichen Verhaltensweisen basieren. Das erste Argument

ist das grundlegendste. Die Natur der Kausalität selbst erfordert einen Determinismus. Vor dem Aufkommen der Quantenmechanik ging dieses Argument von der Behauptung aus, dass die Kausalität ihrem Wesen nach deterministisch sei. Wenn eine bestimmte Ursache gegeben ist, muss notwendigerweise eine bestimmte Wirkung folgen.
Mit der Quantenmechanik musste dieses Argument aktualisiert werden. Manchmal führt eine Ursache nur mit einer bestimmten Wahrscheinlichkeit zu einer Wirkung. Gemäß der Verantwortungsskepsis beeinflusst diese Modifikation das Argument aber nur wenig. Jedenfalls gilt auch weiterhin: Ob eine Ursache deterministisch oder mit Wahrscheinlichkeit wirkt, ist sekundär – das Ergebnis ergibt sich blindlings aus den Ursachen. Denn die probabilistischen Ursachen der Quantenmechanik sind nicht frei. Sie funktionieren immer noch nach den Naturgesetzen; es ist nur so, dass diese Gesetze jetzt selbst probabilistisch sind. Kurz gesagt, der Determinismus behauptet, dass es keine freien Handlungen gibt, weil es keine unverursachten oder keine völlig zufälligen Handlungen gibt.

Das zweite Argument für den Determinismus stellt fest, dass wir menschliches Verhalten oft mit großem Erfolg vorhersagen können. Wir können zum Beispiel erraten, ob jemand mit Wut auf ein jüngeres politisches Ereignis reagieren wird. Wir können erraten, ob jemandem ein bestimmter Film gefallen wird. Wir können erraten, ob jemand bei einem Test betrügen wird. Natürlich sind unsere Vermutungen nicht immer richtig, aber oft treffen sie genau zu.

Wie können solche Vorhersagen Beweise für den Determinismus liefern? Aufgrund der Art und Weise, wie wir diese Vorhersagen machen. Es ist klar, dass wir die Zukunft nicht direkt kennen. Wir kennen nur den gegenwärtigen Stand der Dinge. Wir kennen auch kausale Regeln. Indem wir diese Kausalregeln auf den gegenwärtigen Stand der Dinge anwenden, projizieren wir in die Zukunft. Wir können vorhersagen, wo sich der Mars in einem Jahr am Nachthimmel befinden wird, weil wir wissen, wo er sich jetzt befindet, und weil wir wissen, wie Gravitationskräfte und Impulse auf ihn einwirken. Ebenso können wir beim Billardspielen (mit ziemlicher Genauigkeit) vorhersagen, wie sich die Kugeln bewegen werden, weil wir den gegenwärtigen Zustand des Tisches kennen und (auf einer gewissen intuitiven Ebene) wissen, wie die Kugeln aufeinander einwirken und wie sie sich auf dem Tisch bewegen.

Wenn die aktuellen Ursachen nicht nach bestimmten Regeln (vielleicht probabilistischen) tätig wären, dann könnten wir keine Prognosen für die Zukunft machen. Nehmen wir an, der Mars könnte sich aus einer Laune heraus beschleunigen oder verlangsamen. Wir hätten dann keine Ahnung, wo der Mars im nächsten Jahr stehen würde. Nehmen wir, indem wir von kausalen Regeln absehen, an, dass Billardkugeln Rechts- oder Linkskurven machen könnten. Wir hätten dann keine Ahnung, wie sich die Kugeln verhalten würden. Unsere Vorhersagen hängen von der Zuverlässigkeit der Kausalgesetze ab.

Aber freie Handlungen sind genau die Handlungen, die sich nicht an kausale Regeln halten. Freie Handlungen sind also ihrem Wesen nach unvorhersehbare Handlungen. Wenn der Mensch frei wäre, könnten wir menschliches Verhalten nicht vorhersagen. Wenn der Mars die Freiheit hätte, schneller oder langsamer zu werden, könnten wir das Verhalten des Mars nicht vorhersagen. Wenn Billardkugeln frei wären, sich nach rechts oder links zu drehen, könnten wir ihr Verhalten nicht vorhersagen. Kurz gesagt, das Argument des Deterministen funktioniert wie folgt: Keine freie Handlung kann vorhergesagt werden; menschliche Handlungen können vorhergesagt werden; daher sind menschliche Handlungen nicht frei.

Das dritte Argument, das für den Determinismus spricht, stützt sich auf Verhaltensweisen wie Bestrafungen, Ermahnungen, Ratschläge und so weiter. Durch diese Verhaltensweisen versuchen wir, andere Menschen dazu zu bringen, sich auf bestimmte Weise zu verhalten. Wenn wir ein Kind dafür bestrafen, dass es lügt, hoffen wir, dass es in Zukunft nicht mehr lügen wird. Wenn wir jemanden ermahnen, den Bedürftigen zu helfen, hoffen wir, ihn dazu zu bewegen, tatsächlich zu helfen. Und so weiter.

In jedem Fall beteiligen wir uns an einem bestimmten Verhalten, das nur dann Sinn macht, wenn wir glauben, dass es andere Menschen dazu veranlasst, sich in einer bestimmten Weise zu verhalten. Wir scheinen also in der Annahme zu handeln, dass menschliches Verhalten, wie alles andere auch, verursacht wird. Mit anderen Worten, wir handeln in der Annahme, dass menschliches Verhalten nicht frei ist.

Kompatibilismus

Diejenigen, die den Determinismus ablehnen, müssen behaupten, dass der Mensch für sein eigenes Handeln verantwortlich ist. Es muss etwas Besonderes an menschlichen Handlungen sein – anders als bei einem Stein, einer Billardkugel, einem Baum oder einem Eichhörnchen –, so dass der Mensch für seine Handlungen verantwortlich ist. Menschliche Handlungen müssen eine besondere Art von Ursache haben.

Diese Positionen des „freien Willens" werden typischerweise in zwei verschiedene Ansichten unterteilt: den Kompatibilismus und die Sichtweise der selbstbestimmten Handlung (oder des Libertarismus). Der Kompatibilismus behauptet, dass Determinismus und Freiheit miteinander vereinbar seien. Eine einzelne Handlung könne sowohl determiniert als auch frei sein. Dem Kompatibilismus zufolge sind also freie menschliche Handlungen auch determinierte menschliche Handlungen. Im Gegensatz dazu sagt die Sichtweise der selbstbestimmten Handlung, dass freie Handlungen keine determinierten Handlungen sein können. Freie Handlungen sind ihrem Wesen nach selbstbestimmte Handlungen. Als solche werden sie nicht durch andere kausale Kräfte bestimmt, sondern durch den Handelnden selbst. Wenn Anna sich dafür entscheidet, in ein Lebensmittelgeschäft zu gehen, dann können ihre angeborenen Veranlagungen, ihre Konditionierung und ihre gegenwärtige Situation ihre Entscheidung beeinflussen, aber sie verursachen letztendlich nicht ihre Wahl. Nur sie selbst kann sich selbst zu einer Wahl veranlassen.

Der Kompatibilismus sollte nicht mit der Auffassung verwechselt werden, dass einige unserer Handlungen determiniert und andere frei sind. Er ist eine viel komplexere und subtilere Sichtweise, nicht die Art von Auffassung, die der Durchschnittsbürger auf der Straße auch nur ansatzweise in Betracht ziehen würde. Anstatt zu behaupten, dass einige unserer Handlungen determiniert und andere frei seien, behaupten Kompatibilisten, dass ein und dieselbe Handlung sowohl determiniert als auch frei ist. Wenn Anna in den Lebensmittelladen geht, ist demgemäß ihre Handlung die Folge bestimmter Kausalgesetze; gleichzeitig ist genau diese Handlung frei.

Was die Determination des Handelns betrifft, so unterscheidet sich der Kompatibilismus nicht vom Verantwortungsskeptizismus. Beide Theorien machen geltend, dass alle menschlichen Handlungen das Ergebnis von Ursachen sind, die nach Kausalgesetzen wirken. Wenn man einen Deterministen fragt, was Anna dazu veranlasst hat, in den Lebensmittelladen zu gehen, wird er in Bezug auf angeborene Veranlagungen, konditionierte Wünsche und Umwelteinflüsse antworten. Der Kompatibilist wird genau dieselbe Antwort geben. In diesem Punkt sind sich beide nicht uneinig.

Inwiefern unterscheiden sich dann die beiden Ansätze? Der Kompatibilist behauptet, dass Anna selbst für einige ihrer Handlungen verantwortlich sein kann, nämlich für die Handlungen, die frei sind. Ihre freien Handlungen sind diejenigen, die sich aus ihren eigenen inneren Überzeugungen und Wünschen ergeben. Diese Handlungen werden zwar von verschiedenen Kräften determiniert, sie sind aber dennoch frei, und Anna ist für sie verantwortlich.

Die kompatibilistische Vorstellung einer freien Handlung – als einer Handlung, die aus inneren Überzeugungen und Wünschen entsteht – leitet sich aus der allgemeinen Erfahrung ab. Wenn Anna in den Lebensmittelladen geht, weil sie es so will (aufgrund ihres Glaubens, dass sie dort Nahrungsmittel bekommen kann), dann sagen wir, dass ihre Handlung frei ist. Wenn sie von einem Angreifer physisch in den Lebensmittelladen geschleift wird, dann sagen wir, dass ihre Handlung nicht frei ist. Im letzteren Fall ergibt sich ihre Handlung nicht aus ihren eigenen Überzeugungen und Wünschen, sondern aus der Kraft des Angreifers, der auf sie einwirkt. Der Unterschied zwischen freien und unfreien Handlungen ist also in ihrer Quelle zu finden. Freie Handlungen ergeben sich aus inneren Überzeugungen und Wünschen; unfreie Handlungen ergeben sich aus äußeren Kräften.

Angesichts dieser Definition einer freien Handlung sagt der Kompatibilismus nun, dass wir für diejenigen Handlungen verantwortlich sind, die aus unseren eigenen Überzeugungen und Wünschen entstehen. Schließlich wollen wir sie selbst und verursachen sie. Wir machen Anna nicht für ihr Handeln verantwortlich, wenn sie in den Lebensmittelladen

geschleppt wird, aber wir machen sie verantwortlich, wenn sie den Laden aus freien Stücken betritt.
Kompatibilismus und Determinismus unterscheiden sich also nicht in ihrer Darstellung dessen, was in der Welt tatsächlich geschieht. Nach beiden Überzeugungen hat Annas Handlung, den Lebensmittelladen zu betreten, genau dieselben Ursachen. Vielmehr unterscheiden sie sich durch ihre Vorstellung von der Verantwortung für Handlungen. Dem Determinismus zufolge haben wir keine Verantwortung für unsere Handlungen, wenn alle unsere Handlungen nach bestimmten Kausalgesetzen verursacht werden. Nach dem Kompatibilitätsprinzip sind wir für einige unserer Handlungen verantwortlich, die sich aus unseren eigenen internen Überzeugungen und Wünschen ergeben, auch wenn sich diese Überzeugungen und Wünsche aus Kausalgesetzen ergeben.

Argumente für den Kompatibilismus

Da der Kompatibilismus viel mit dem Determinismus gemeinsam hat, sollte es uns nicht überraschen, dass viele der Argumente für den Determinismus auch vom Kompatibilismus übernommen werden. Zusammen mit dem Determinismus behauptet der Kompatibilismus, dass alle unsere Handlungen von anderen Kräften verursacht werden. In diesem Punkt verwenden die beiden Theorien also die gleichen Argumente. Wie der Determinismus weist auch der Kompatibilismus darauf hin, dass alles eine Ursache braucht – selbst menschliches Handeln – und dass diese Ursache immer nach bestimmten Regeln abläuft, auch wenn diese Regeln manchmal probabilistisch sind; es gibt keine unverursachte oder völlig zufällige menschliche Handlung. Wie der Determinismus wird auch der Kompatibilismus argumentieren, dass wir vorhersagen, wie sich Menschen verhalten werden, und dass solche Vorhersagen, die sich auf konsistente Kausalgesetze stützen, durch unverursachtes oder zufälliges Verhalten untergraben würden. Wie der Determinismus wird der Kompatibilismus darauf hinweisen, dass Bestrafung sinnvoll ist, weil wir glauben, dass die Bestrafung das Verhalten der Person verändern wird.

Der Kompatibilismus unterscheidet sich vom Determinismus in seiner Erklärung der Verantwortung. In diesem Punkt finden wir also neue Argumente für Kompatibilität. Der Kompatibilist weist zum Beispiel darauf hin, dass wir normalerweise als freie Handlungen solche bezeichnen, die aus unseren eigenen Überzeugungen und Wünschen entstehen, während wir solche Handlungen als unfrei bezeichnen, die aus einer äußeren Einwirkung entstehen. Der Kompatibilist weist auch darauf hin, dass wir Menschen für Handlungen verantwortlich machen, für die sie sich entscheiden, d.h. für Handlungen, die aus ihren eigenen Überzeugungen und Wünschen entstehen.

Die Auffassung des selbstbestimmt Handelnden

Die dritte Sichtweise wird als „agency view“oder „Libertarianismus“ bezeichnet (nicht zu verwechseln mit der gleichnamigen politischen Sichtweise). Während sich Kompatibilismus und Determinismus über das, was in der Welt geschieht, einig sind und sich nur durch ihre Vorstellungen von der Verantwortung unterscheiden, unterscheidet sich die „agency view“ von beiden hinsichtlich dessen, was tatsächlich in der Welt geschieht. Freie menschliche Handlungen sind nicht einfach das Ergebnis anderer kausaler Kräfte, die nach bestimmten Kausalgesetzen handeln (seien es nun notwendige oder probabilistische Gesetze). Vielmehr werden freie menschliche Handlungen von den Menschen selbst verursacht, und als kausale Agenten handeln Menschen nicht nach vorgegebenen Kausalgesetzen. In dieser Hinsicht werden Menschen in der Regel als Ausnahme betrachtet. Andere Ursachen handeln nach bestimmten Kausalgesetzen, Menschen nicht.

Die Theorie des selbstbestimmt Handelnden wird oft fälschlicherweise so dargestellt, als ob freie menschliche Handlungen als unverursachte oder zufällige Handlungen angesehen werden. Diese Falschdarstellungen wurden oben in dem auf Kausalität basierenden Argument vorgestellt, wo argumentiert wurde, dass es keine freien Handlungen gibt, weil es keine unverursachten oder zufälligen Handlungen gibt. Die Auffassung des selbstbestimmt Handelnden behauptet aber nicht, dass freie Handlungen unverursachte oder zufällige Handlungen seien. Vielmehr haben freie Handlungen eine bestimmte Art von Ursache, nämlich einen menschlichen Handelnden. Menschliche Handlungen sind also nicht einfach das Ergebnis bestimmter Naturkräfte.

Die Auffassung des selbstbestimmt Handelnden kann sogar einräumen, dass Genetik, Konditionierung und Umwelt als kausale Einflüsse auf das menschliche Verhalten wirken. Für freie Handlungen müssen diese Ursachen jedoch immer auf der Ebene der Veranlagung bleiben, d.h., sie disponieren den Menschen zu bestimmten Verhaltensweisen; nach der Theorie des selbstbestimmt Handelnden ist freies Handeln nicht einfach eine Folge dieser Ursachen. Wegen ihrer angeborenen Veranlagung, wegen ihrer Konditionierung und wegen der Situation, in der sie sich befindet, könnte Anna sehr geneigt sein, in ein Lebensmittelgeschäft zu gehen. Doch selbst angesichts all dieser Ursachen muss sie selbst die endgültige Entscheidung treffen. Aufgrund ihrer Veranlagung könnte es ihr leichter fallen, sich für den Weg zum Lebensmittelgeschäft zu entscheiden, aber sie könnte sich auch anders entscheiden.

Bei dieser Sichtweise müssen wir also zwischen freien Handlungen und Handlungen, denen wir gleichgültig gegenüberstehen, unterscheiden. Wenn uns eine Handlung gleichgültig ist, ist uns die eine oder die andere Entscheidung nicht so wichtig. Nehmen wir an, dass Bruce, nachdem ihm seine Freunde mehrere Filme empfohlen haben, keine besondere Neigung hat, den einen Film dem anderen vorzuziehen. Wir sagen, dass er gleichgültig ist. Nehmen wir andererseits an, dass er stark geneigt ist, in den einen Film zu gehen, und dem anderen gegenüber negativ eingestellt ist. Dann ist er nicht gleichgültig. Wir liegen falsch, wenn wir annehmen, dass freie Handlungen immer Gleichgültigkeit bedeuten, so als ob Bruce in der ersten Situation frei wäre, in der zweiten aber nicht. Selbst wenn wir stark zu einer Handlung geneigt sind – oder einer Handlung stark abgeneigt sind –, können wir uns immer noch frei dazu entscheiden.

Freiheit und Vorhersagbarkeit

Aus diesem Grund ist die Sicht des frei Handelnden auch unbeeindruckt von dem Argument der Vorhersagbarkeit menschlicher Handlungen. Für absolut sichere und präzise Vorhersagen benötigen wir natürlich die Kenntnis der aktuellen Situation, zusammen mit einer Kenntnis der notwendigen Kausalgesetze. Wir können nur deshalb vorhersagen, wo sich der Mars im nächsten Jahr befinden wird, weil wir die gegenwärtig auf ihn einwirkenden Kräfte kennen und weil wir wissen, dass diese Kräfte entsprechend einer Notwendigkeit wirken. Wenn unsere Vorhersagen nicht absolut sicher sind oder wenn sie nicht völlig präzise sind, dann brauchen wir weder eine vollständige Kenntnis der gegenwärtigen Situation noch notwendige Kausalgesetze. Unvollständiges Wissen reicht aus, und die wirksamen Ursachen könnten sich als probabilistisch erweisen. Wenn wir zum Beispiel das Wetter vorhersagen, sagen wir nicht mit Sicherheit voraus, sondern mit einer gewissen Wahrscheinlichkeit, und unsere Vorhersagen sind nicht absolut präzise, geben aber im Allgemeinen eine gewisse Bandbreite an. Letzten Endes fallen sogar unsere Vorhersagen über die Bewegung der Himmelskörper in diese Kategorie. Vielleicht stört irgendein unbekannter Himmelskörper die Bewegung des Mars innerhalb des nächsten Jahres, so dass sich unsere Vorhersage als falsch erweist.

Freie menschliche Handlungen können auf diese Weise vorhergesagt werden – d.h. ohne Gewissheit und ohne Präzision –, denn Menschen haben die Veranlagung, auf bestimmte Weise zu handeln. Wenn Anna in den letzten zwei Jahren jeden Montag in ein Lebensmittelgeschäft gegangen ist, dann können wir vorhersagen, dass sie am darauffolgenden Montag wieder dorthin gehen wird. Dennoch könnte sich die Vorhersage als falsch herausstellen, und so handelt es sich nicht um eine absolut präzise Vorhersage (z.B. „sie wird am Montag um 09:45 Uhr in den Supermarkt gehen“).

Solche unsicheren Vorhersagen sind mit der Auffassung des selbstbestimmt Handelnden vereinbar. Annas Veranlagungen machen einige Entscheidungen wahrscheinlicher als andere. Dennoch muss sie selbst die endgültige Entscheidung treffen. Diese endgültige Entscheidung kann in gewisser Weise vorhersehbar und auch frei sein; es bleibt immer noch Annas Entscheidung, und letztlich bestimmen nicht die auf sie einwirkenden Ursachen ihr Handeln.

Beinflussende Ursachen

Aus den gleichen Gründen ist die Auffassung des selbstbestimmt Handelnden unbeeindruckt von dem Argument der Bestrafung, der Ermahnung, von Lob und so weiter. Natürlich erwarten wir, dass wir das Verhalten von

Menschen durch Bestrafung, Ermahnung oder Lob beeinflussen können. Daraus folgt aber nicht, dass wir annehmen, ihr Verhalten sei einfach die Folge dieser Umweltkräfte. Eine Mutter, die ihren Sohn für Lügen bestraft, glaubt sicherlich, dass die Bestrafung das Verhalten ihres Sohnes beeinflussen kann. Zugleich glaubt sie vermutlich, dass das zukünftige Verhalten ihres Sohnes letztlich von ihm selbst bestimmt werden muss. Ihre Bestrafung kann einen Einfluss ausüben, aber der Sohn muss letztlich selbst bestimmen.

Nach Ansicht der „agency view" sind also alle drei Argumente für den Determinismus wirkungslos. Das erste Argument geht davon aus, dass alle Handlungen das Ergebnis von Ursachen sind, die nach bestimmten Kausalgesetzen wirken; es gibt einfach keine unverursachte Handlung oder eine völlig willkürliche Handlung, das heißt, es gibt keine freie Handlung. Dieses Argument stellt das, was eine freie Handlung ist, falsch dar, wenn es annimmt, dass eine solche Handlung eine unverursachte oder eine zufällige Handlung sei. Darüber hinaus behauptet dieses Argument, ohne genaue Begründung, dass es keine Ursache aus Selbstbestimmung gebe; alle Ursachen – so wird angenommen – müssen in das Muster der Befolgung bestimmter vorgegebener kausaler Gesetze passen.

Das zweite Argument (aus der Vorhersagbarkeit) ignoriert die Tatsache, dass Menschen dazu disponiert sein können, auf eine bestimmte Art und Weise zu handeln (und diese Disposition vielleicht durch Vererbung, Konditionierung und Umwelt erhalten), und dennoch auch frei sein können. Das dritte Argument begeht den gleichen Fehler. Es ignoriert die Tatsache, dass so etwas wie Bestrafung eine kausale Wirkung auf menschliches Verhalten ausüben kann, indem sie dieses beeinflusst, aber dennoch die Möglichkeit der Selbstbestimmung offenlässt.

Verantwortung für unsere Handlungen

Im Hinblick auf die Ursache freier menschlicher Handlungen unterscheidet sich die Sichtweise des selbstbestimmt Handelnden sowohl vom Determinismus als auch vom Kompatibilismus. Wie steht es nun mit der Frage der Verantwortung? Stimmt sie in diesem Punkt mit Kompatibilismus und Determinismus überein oder nicht?

In gewisser Weise stimmt die Sichtweise der „agency view“ mit dem Determinismus überein. Sie stimmt der These zu, dass Menschen nicht für Handlungen verantwortlich sind, die einfach das Ergebnis bestimmter kausaler Regeln sind. Um Verantwortung zuzuschreiben, reicht es nicht aus (wie es der Grundsatz der Kompatibilität voraussetzt), dass unsere Handlungen aus unseren eigenen internen Überzeugungen und Wünschen entstehen. Wenn eine Handlung nicht unseren eigenen inneren Überzeugungen und Wünschen entspringt – wie, wenn Anna in den Lebensmittelladen geschleppt wird –, dann sind wir natürlich nicht dafür verantwortlich. Dennoch ist auch eine Handlung, die sich aus unseren eigenen internen Überzeugungen und Wünschen ergibt, nicht unbedingt frei und wir sind nicht unbedingt dafür verantwortlich.

Dieser Punkt lässt sich am besten veranschaulichen, indem man annimmt, dass der Kompatibilismus in seiner Darstellung der Kausalität menschlicher Handlungen korrekt ist: Menschliche Handlungen – selbst freie menschliche Handlungen – sind letztlich das Ergebnis bestimmter kausaler Regeln. Ausgehend von dieser Annahme, so die Ansicht der Theorie des selbstbestimmt Handelnden, folgt aber nicht die kompatibilistische Theorie der Verantwortung. Nehmen wir an, dass Anna einer Gehirnwäsche unterzogen wird, damit sie in den Lebensmittelladen geht. Wir würden ihr Handeln üblicherweise nicht als frei bezeichnen und sie nicht dafür verantwortlich machen. Nichtsdestotrotz erfüllt diese Handlung der Gehirnwäsche die Bedingungen von Freiheit und Verantwortung, die der Kompatibilismus aufgestellt hat: Sie entspringt Annas eigenen internen Überzeugungen und Wünschen. Beunruhigend ist, dass diese internen Überzeugungen und Wünsche durch die Gehirnwäsche geformt und gebildet wurden.

Nach der kompatibilistischen Sicht der Kausalität in der Welt unterscheidet sich die Gehirnwäsche jedoch nicht von den anderen Arten von Ursachen, die Anna beeinflussen könnten. Sie könnte einer Gehirnwäsche unterzogen werden, um den Wunsch zu verspüren, in ein Lebensmittelgeschäft zu gehen. Andererseits könnten auch ihre Genetik, ihre Konditionierung und ihre Situation in ihr den Wunsch hervorrufen, in den Lebensmittelladen zu gehen. In beiden Fällen trifft Anna selbst keine Entscheidung. Vielmehr hat sie andere Gründe. Anna ist in beiden Fällen eine

Marionette. Es reicht nicht aus, einfach eine innere Überzeugung oder einen inneren Wunsch als Ursache für ihre Handlung zu identifizieren. Sie ist auch dann noch eine Marionette, wenn der Kompatibilitätsgrundsatz stimmt. Ihre Handlung mag aus ihrer eigenen inneren Überzeugung und ihrem eigenen inneren Wunsch entstehen, aber dieser Wunsch kann selbst durch etwas anderes bestimmt sein, zum Beispiel durch eine Gehirnwäsche. Aber gemäß dem Kompatibilitätsprinzip werden unsere Überzeugungen und Wünsche immer von etwas anderem bestimmt.

Die kompatibilistische Theorie der Verantwortung ist also unangemessen. Dennoch ist sie ansprechend, weil sie eine Halbwahrheit enthält. Wir sind nicht verantwortlich für Handlungen, die von äußeren Kräften verursacht werden. Darüber hinaus ergeben sich die Handlungen, für die wir verantwortlich sind, aus unseren eigenen Überzeugungen und Wünschen. Das allein macht uns jedoch nicht verantwortlich. Nach Ansicht der „agency view" müssen die Handlungen, für die wir verantwortlich sind, unseren eigenen Überzeugungen und Wünschen entspringen und noch zusätzlich etwas mehr. Sie müssen aus ganz bestimmten Überzeugungen und Wünschen entstehen, oder sie müssen auf eine bestimmte Art und Weise aus Überzeugungen und Wünschen entstehen, auf eine Art und Weise, die Selbstbestimmung ermöglicht.

Freiheit und Bestrafung

Die Praxis der Bestrafung kann sich als Argument gegen den Kompatibilismus erweisen, denn in der Regel denken wir, dass Strafe nur bei selbstbestimmten Handlungen gerechtfertigt ist. Dass eine Handlung „von innen kommt", ist eine unzureichende Grundlage für Bestrafung. Wenn jemand zum Beispiel geisteskrank ist, dann halten wir eine Bestrafung nicht für gerechtfertigt. Warum nicht? Schließlich erfüllt doch sein Handeln die kompatibilistische Bedingung für Verantwortung: es entspringt seinen eigenen Überzeugungen und Wünschen. Dennoch nehmen wir von einer Bestrafung Abstand, weil wir der Meinung sind, dass Geisteskranke nicht in der Lage sind, sich selbst zu bestimmen.

Dieser Punkt kann geklärt werden, indem man verschiedene Rechtfertigungen für Bestrafung untersucht, zu denen medizinische Wirkung,

Abschreckung, Schutz und Vergeltung gehören. Eine Bestrafung wird insofern als heilsam bezeichnet, als von ihr erwartet wird, dass sie das Verhalten des Täters ändert. Die Mutter, die ihren Sohn für Lügen bestraft, praktiziert eine heilsame Bestrafung in der Hoffnung, dass die Bestrafung ihren Sohn von seinem Fehler „heilen" wird. Die Bestrafung wirkt insofern abschreckend, als von ihr erwartet wird, dass sie das Verhalten anderer Menschen, außer des Täters selbst, ändert. Wenn Kenny für das Überfahren einer roten Ampel bestraft wird, hoffen wir nicht nur, dass die Bestrafung sein Verhalten ändert (heilsame Bestrafung), sondern auch, dass sie sich auf andere Menschen auswirkt, so dass die Wahrscheinlichkeit, dass diese selbst eine rote Ampel überfahren, geringer wird. In ähnlicher Weise stecken wir Kriminelle zum Teil deshalb ins Gefängnis, weil wir hoffen, andere Menschen davon abhalten zu können, ähnliche Verbrechen zu begehen.

Bestrafung ist insofern Schutz, als sie den Verbrecher daran hindert, weitere kriminelle Taten zu begehen. Ein Dieb im Gefängnis kann nicht mehr stehlen. Die Bestrafung im Gefängnis ist also ein Schutz der Gesellschaft vor dem Dieb.

Die Bestrafung ist insofern durch Vergeltung gerechtfertigt, als wir der Meinung sind, dass der Täter die Strafe verdient hat. Der Autodieb verdient eine Art Vergeltung, eine gewisse Heimzahlung dessen, was er getan hat. Er hat sich selbst über andere und über die Gesellschaft gestellt, und jetzt verdient er es, wieder in seine Schranken verwiesen zu werden. Manchmal sind wir beunruhigt, wenn wir von einer leichten Strafe für einen Kriminellen hören. Ein Vergewaltiger zum Beispiel bekommt vielleicht nur sechs Monate für sein Verbrechen. Wir sind nicht deshalb so beunruhigt, weil wir der Meinung sind, dass eine Gelegenheit, ihn zu bessern, vertan wurde (Heilung), oder weil wir einfach glauben, dass andere Vergewaltiger ermutigt werden (Abschreckung), oder weil wir schlicht glauben, dass er entlassen wird und andere vergewaltigen könnte (Schutz). Wir sind auch deshalb beunruhigt, weil wir glauben, dass er nicht bekommen hat, was er verdient. Die Strafe war ungerecht.

Natürlich lassen sich all diese Rechtfertigungen für die Bestrafung miteinander kombinieren. Wir stecken einen Mörder ins Gefängnis in der Hoffnung, dass sich dadurch sein Verhalten ändert (Heilung), dass sich dadurch das Verhalten anderer ändert (Abschreckung), dass die Gesellschaft vor diesem Verbrecher geschützt wird, und auch, weil wir glauben, dass er es verdient hat (Vergeltung). Nach Auffassung der Theorie des selbstbestimmt Handelnden ist jedoch eine dieser Rechtfertigungen für die Bestrafung wesentlich, nämlich die Vergeltung. Bestrafung hört auf, Bestrafung zu sein, wenn es keine Vergeltung gibt.

Wir können versuchen, die Gesellschaft vor einem Verrückten zu schützen, indem wir ihn in eine Anstalt einweisen. Wir können die Gesellschaft auch vor einer ansteckenden Krankheit schützen, indem wir die Infizierten unter Quarantäne stellen. Ein solcher Schutz ist jedoch keine Strafe, denn in keinem der beiden Fälle gehen wir davon aus, dass die betreffende Person es verdient habe.

Ebenso können wir auf unterschiedliche Weise versuchen, das Verhalten zu ändern. Wir können jemanden einer Schockbehandlung unterziehen, um ihn von einem zwanghaften Verlangen zu heilen. Die Schockbehandlung ist sicherlich ein „Medikament“, aber wir betrachten sie nicht als Bestrafung, weil wir nicht das Gefühl haben, sie sei „verdient“. Bei der Schockbehandlung geht es nicht darum, ein begangenes Unrecht wiedergutzumachen. Wenn wir die Schockbehandlung (auf perverse Weise) bei Sarah anwenden, in der Hoffnung, das Verhalten von Sam zu ändern, dann könnte sie als Abschreckung dienen, aber sie wäre keine Bestrafung, gerade weil sie ungerecht wäre.

Bestrafung muss also immer ein Element der Vergeltung beinhalten. Nach Ansicht der Theorie des selbstbestimmt Handelnden macht Vergeltung in der kompatibilistischen Weltsicht jedoch keinen Sinn. Wenn jemand einer Gehirnwäsche unterzogen wird, um ein Verbrechen zu begehen, gehen wir nicht davon aus, dass er Strafe verdient. Vielmehr verdient er Strafe nur für das, wozu er sich selbst entschlossen hat. Eine Handlung, die von innen heraus entsteht, ist noch keine ausreichende Rechtfertigung für Vergeltung. Wenn alles, was wir tun, einfach nur das Ergebnis von Ursachen ist, die über uns selbst hinausgehen – wie es nach dem Kompatibilitätsprinzip letztlich der Fall ist –, dann ist Vergeltung niemals gerechtfertigt und Bestrafung macht keinen Sinn.

Die Fähigkeit, anders zu handeln

Die Selbstbestimmung des Libertarismus wird oft im Sinne einer Fähigkeit, anders zu handeln, charakterisiert. Anna hat sich beispielsweise dafür entschieden, in ein Lebensmittelgeschäft zu gehen, aber sie hätte sich auch anders entscheiden können. Diese Fähigkeit, so das Argument, ist einzigartig für die Sichtweise des selbstbestimmt Handelnden, sowohl hinsichtlich des Kompatibilismus als auch im Hinblick auf den Determinismus.

Anna muss das, was sie tut, auf der Grundlage der Ursachen tun, die zu ihrem Handeln Anlass geben. Es gibt keinen Grund, warum sie etwas anderes hätte tun können.

Kompatibilisten bringen oftmals Einwände gegen diese Darstellung vor. Ihrer Ansicht nach hätte der Handelnde anders handeln können. Anna ist in der Tat in ein Lebensmittelgeschäft gegangen, aber sie hätte auch anders handeln können, *wenn* sie es gewollt hätte. Tatsächlich hätte sie nicht nur anders handeln *können*, sondern sie *hätte* auch anders gehandelt.

Der Libertarianismus findet dieses Argument nicht überzeugend. Der vom Kompatibilismus übernommene Begriff „hätte anders handeln können" ist viel zu schwach. Er gibt Anna selbst keine Macht, anders zu handeln. Er besagt nur, dass, wenn die Dinge anders gewesen wären, die Dinge anders sein würden. Wenn die Ursachen in der Welt anders wären, dann wären Annas Wünsche andere gewesen, und wenn Annas Wünsche anders gewesen wären, dann wäre auch ihr Verhalten anders. „Wenn der Mond aus Käse gemacht wäre, dann könnte man ihn essen", ist ein wahrer Satz. Diese Wahrheit hat jedoch nichts mit der realen Welt zu tun, in der der Mond nicht aus Käse gemacht ist. Sie sagt lediglich aus, wie die Dinge hätten sein können, wenn die Welt anders wäre. Ebenso besagt der Kompatibilitätsgrundsatz lediglich, dass Anna anders handeln würde, wenn die Welt anders wäre. Er gibt Anna keine eigene Macht, mit der sie selbst die Welt verändern könnte.

Dieses besondere Vermögen ist genau das, was sowohl der Determinismus als auch der Kompatibilismus in der Sichtweise der Theorie des selbstbestimmt Handelnden verwerflich finden. Warum gibt es, wenn es um Menschen geht, plötzlich ein besonderes Vermögen, eine besondere Art von Kausalität, die nicht nach den kausalen Regeln abläuft? Was genau ist diese besondere Kraft, und wie lässt sie sich erklären? Letztlich, so das Argument, behauptet der Libertarianismus lediglich eine geheimnisvolle Kraft und liefert keine Erklärung dafür.

Ist Freiheit eine Illusion?

Argumente, die für die Sichtweise des selbstbestimmt Handelnden sprechen, beruhen oft auf Erfahrungen. Erstens erleben wir, dass wir Entscheidungen treffen; bei diesen Entscheidungen liegt es an uns selbst, was wir tun. Zweitens beobachten wir beim Menschen eine viel größere Verhaltensvielfalt als im Tierreich, was auf das Vorhandensein einer neuen Art von Kausalität hinweist. Drittens erleben wir, dass wir darüber nachdenken, was wir tun sollen. Diese Überlegung, so das Argument, macht keinen Sinn, wenn es nicht an uns liegt, was wir tun.

Der Determinismus legt nahe, dass diese Erfahrungen der freien Entscheidung lediglich Illusionen seien. Letztlich, so die deterministische Sichtweise, sind unsere Entscheidungen das Ergebnis verschiedener Ursachen, die in uns und auf uns einwirken. Sie liegen nicht in unserer Hand. Jede gegenteilige Erfahrung ist einfach eine Illusion, die wir bei der Betrachtung der wahren Ursachen in der Welt außer Acht lassen müssen.

Die Behauptung, dass unsere Erfahrung eine Illusion sei, wird oft durch bestimmte Experimente unterstützt, die Benjamin Libet durchgeführt hat.[1] In diesen Experimenten wurden die Versuchspersonen angewiesen, ihre Handgelenke zu beugen, wann immer sie es wünschten. Die Versuchspersonen wurden gebeten, zu berichten, wann sie zum ersten Mal den Drang, den Wunsch oder die Absicht verspürten, ihre Handgelenke zu beugen, und der Zeitpunkt dieses Wunsches wurde von Libet auf raffinierte Weise festgehalten. Gleichzeitig wurde eine neuronale Aktivität aufgezeichnet, die auf ein „Bereitschaftspotenzial" zur Bewegung der

---

[1] B. Libet, C. A. Gleason, E. W. Wright, and D. K. Pearl, "Time of Unconscious Intention to Act in Relation to Onset of Cerebral Activity (Readiness- Potential)," *Brain* 106 (1983): 623–42.

Muskeln hinwies, d.h. auf die Art der neuronalen Aktivität, die üblicherweise der eigentlichen Bewegung der Muskeln vorausgeht. Die Experimente zeichneten also drei Ereignisse auf: (1) die Wahrnehmung eines Drangs oder der Absicht, die Muskeln zu bewegen, (2) das Bereitschaftspotenzial, Muskeln zu bewegen, und (3) die tatsächliche Bewegung der Muskeln.

Wenn unsere Entscheidungen kausal für unsere Aktivitäten verantwortlich sind, dann sollten wir erwarten, dass der Zeitpunkt der drei Vorgänge in der aufgeführten Reihenfolge liegt. Zuerst sollten wir die Absicht haben, unsere Muskeln zu bewegen; diese Absicht würde dann eine neuronale Aktivität verursachen, die zur Bewegung der Muskeln führt, die dann die eigentliche Bewegung der Muskeln bewirken würde. Libet entdeckte jedoch ein anderes Timing. Zuerst erschien das Bereitschaftspotenzial, dann das Bewusstsein und dann die eigentliche Bewegung. Angesichts dieser Abfolge scheint es, als spiele das Bewusstsein keine kausale Rolle. Das Bereitschaftspotenzial führt bereits zur Bewegung der Muskeln, und das Bewusstsein ist einfach eine Nebenbestimmung, die etwa zur gleichen Zeit auftaucht. Das Gefühl, dass unsere Absichten tatsächlich unsere Handlungen verursachen, ist also eine Illusion, so das Argument. Was unsere Handlungen wirklich verursacht, ist die neuronale Aktivität. Das Bewusstsein – mit dem Gefühl, dass es an uns liegt, unser Handgelenk zu beugen – ist vorhanden, spielt aber keine kausale Rolle. Deterministen kommen zu dem Schluss, dass das, was wir tun, in Wirklichkeit nicht von uns abhängt. Vielmehr liegt es in unserer neuronalen Aktivität begründet.

Libet selbst gefiel diese Schlussfolgerung nicht; jedoch räumte er ein, dass seine Experimente die „positive Freiheit" widerlegten, d.h. die Freiheit, unsere Verhaltensweisen hervorzubringen. Dennoch versuchte er in einem anderen Experiment zu zeigen, dass wir eine „negative Freiheit" haben, d.h. die Freiheit, Impulse, in einer bestimmten Weise zu handeln, abzulehnen oder ein Veto dagegen einzulegen.[2] Er forderte die Probanden auf, gegen ihren Wunsch, ihr Handgelenk zu beugen, ein Veto einzulegen. Der Zeitpunkt deutete darauf hin, dass das Veto nach dem

---

[2] B. Libet, "Unconscious Cerebral Initiative and the Role of Conscious Will in Voluntary Action," *Behavioral and Brain Sciences* 8 (1985): 529–66.

Bereitschaftspotenzial kam. Libet kam zu dem Schluss, dass die Versuchspersonen zwar nicht den Wunsch hatten, ihre Handgelenke zu beugen (dieser Wunsch wurde durch das vorausgehende Bereitschaftspotenzial initiiert), dass sie jedoch die Fähigkeit behielten, die Kausalität des Bereitschaftspotenzials zu stoppen.

Tafel 12-1 Drei Auffassungen vom freien Willen

	Alle unsere Handlungen sind von außen verursacht	*Sind einige Handlungen frei?*	*Wie ist eine freie Handlung bestimmt?*
Determinismus	ja	nein	Eine unverursachte oder zufällige Handlung
Kompatibilismus	ja	ja	Eine Handlung, die aus unseren eigenen Wünschen und Glauben hervorgeht
Libertarianismus	nein	ja	Eine selbstbestimmte Handlung

Libertarier haben eingewandt, dass die Experimente nichts bewiesen. Das Bereitschaftspotenzial sei lediglich eine notwendige Voraussetzung für irgendeine Absicht. Es liefere den Drang zum Handeln, aber die Entscheidung zum Handeln müsse folgen. Tatsächlich sei bereits beim Aufbau des Experiments die Entscheidung gefallen. Die Versuchspersonen hätten entschieden, dass sie ihre Hände beugen würden, wenn sie den Wunsch verspürten. Jetzt hätten sie einfach auf das Signal (irgendeinen Drang oder Wunsch) gewartet und ihre vorherige Entscheidung ausgeführt.

Wohin von hier aus?

Diese Diskussion der zeitgenössischen Ansichten über den freien Willen hat den Rahmen für unsere Untersuchung den Standpunkt Thomas von Aquins geschaffen. Wohin gehört sein Denken im Rahmen dieser drei Ansichten? Kann seine Position sich nahtlos in eine einzelne von ihnen einordnen? Diese Fragen können nur beantwortet werden, wenn wir das Vermögen des Willens und seiner Handlungen verstehen.

Kapitel 13

Der Wille

Was ich am meisten brauchte,
war zu lieben und geliebt zu werden.
Augustinus

Ein Wort befreit uns von all der Last
und dem Schmerz des Lebens:
dieses Wort ist Liebe.
Sophokles

Das Rätsel der Freiheit kann nicht einfach dadurch gelöst werden, dass man sich auf die Wahl konzentriert. Wie wir bereits festgestellt haben, ist der Wille weit mehr als das Vermögen zur Entscheidung. Er ist ein Begehrungsvermögen, das auf die Erkenntnis des Intellekts folgt. Erinnern wir uns daran (wie in Kapitel 5 besprochen), dass einige Veränderungen und Bewegungen auf ein Ziel gerichtet sind, das außerhalb des Dings selbst liegt, so wie ein Pfeil auf ein Ziel gerichtet ist; diese haben wir als Neigungen bezeichnet, die aus dem Inneren des Dings selbst aufsteigen, so wie eine Pflanze dazu neigt, Wurzeln zu schlagen. Einige dieser inhärenten Bewegungen auf ein Ziel sind bewusst, das heißt, sie folgen dem Bewusstsein einer gewissen Realität. Emotionale Wünsche zum Beispiel folgen auf eine sinnliche Wahrnehmung. Der Wille ist die bewusste Neigung, die auf eine intellektuelle Erkenntnis folgt.

Der Gegenstand des Willens

Wie alle Vermögen wird auch der Wille durch seine Tätigkeit identifiziert, und seine Tätigkeit wird durch seinen Zweck erkannt. Das Sehvermögen zum Beispiel wird durch den Akt des Sehens identifiziert, der wiederum durch seinen Gegenstand, die Farbe, charakterisiert ist. In ähnlicher Weise werden die begehrenden Emotionen durch ihre Objekte von den zornigen Emotionen unterschieden. Die begehrenden Emotionen beziehen sich auf ein einfaches Gut oder ein einfaches Übel, während die zornigen sich auf ein schwieriges Gut oder ein schwieriges Übel beziehen. Um die Willenstätigkeiten zu verstehen, müssen wir also den Gegenstand verstehen, auf den sie gerichtet sind.

Wie die Emotionen ist auch der Wille ein Begehrungsvermögen. Als solches ist sein Gegenstand das Gute (oder sein Gegenteil, das Böse oder das Schlechte).[1] Inwiefern unterscheidet sich der Wille von den Emotionen, die ebenfalls das Gute als ihren Gegenstand haben? Der Wille und die Emotionen unterscheiden sich, weil ihre Objekte nicht genau gleich sind. Der Gegenstand des Willens ist das Gute, wie es die Vernunft erkennt, während der Gegenstand der Emotionen das Gute ist, wie es die Sinne erkennen.[2] Der Wille unterscheidet sich also von den Emotionen in der Weise, dass sich das intellektuelle Erkennen vom Erkennen der Sinne unterscheidet.

Die Sinne sortieren Erfahrungen nach ihrer Beziehung zu bestimmten Ergebnissen in gut oder schlecht. Der grundlegende Output ist Lust (oder Schmerz), wobei es sich dabei um das handelt, was Thomas von Aquin als äußere Lust (angenehm für den Tastsinn) oder innere Lust (angenehm für das Vorstellungsvermögen) bezeichnet. Die Sinne haben kein Verständnis für allgemeine Merkmale. Sie haben beispielsweise kein allgemeines Verständnis für ein Dreieck als eine dreiseitige Figur, obwohl sie eine (positive oder negative) Reaktion auf das Bild einer dreiseitigen Figur zeigen können. Ebenso liefern die Sinne kein allgemeines Verständnis dafür, was es bedeutet, gut zu sein.[3] Sie verbinden einfach bestimmte konkrete Erfahrungen mit dem, was gefällt.

Im Gegensatz dazu erfasst die Vernunft neben den Unterschieden auch Ähnlichkeiten. Sie versteht zum Beispiel, was Dreiseitigkeit bedeutet. Ein Vogel kann keine allgemeine Vorstellung von einem Dreieck bilden, aber er kann lernen, auf das Bild eines Dreiecks zu picken, um Nahrung zu bekommen. Ein Kind hingegen kann ab einem gewissen Alter begreifen, was Dreiseitigkeit bedeutet. Ebenso kann die Vernunft begreifen, was es bedeutet, gut zu sein; wir können verstehen, was bei vielen guten Dingen

---

[1] *ST*, I-II, q. 8, a. 1.
[2] *ST*, I, q. 80, a. 2.
[3] *ST*, I, q. 82, a. 5.

ähnlich ist. Für die Sinne ist „gut" nichts anderes als eine Assoziation mit dem, was den Sinnen gefällt. Für die Vernunft ist „gut" das, was eine Sache vollendet.[4]

Wir begreifen leicht, dass ein gutes Auge gut sieht, und dass ein schlechtes Auge einen Defekt hat, durch den es nicht gut sieht. Genauso schreibt ein guter Stift gut, während ein schlechter Stift nicht gut schreibt. Ein gutes Herz pumpt das Blut gut, während ein schlechtes Herz nicht gut pumpt. In jedem Fall ist das Gute an der Sache das, was sie Sache vervollständigt, das, was ihren Zweck oder ihre Funktion verwirklicht. Die Vernunft kann diese vielen Vorkommnisse von „gut" wahrnehmen und das herausziehen, abstrahieren, was an ihnen ähnlich ist. Die Vernunft kann die Natur des Guten erfassen.

Der Beschränktheit der Sinne entspricht einer parallelen Beschränktheit in den Emotionen. Die Sinne kommen nie über konkrete Instanzen hinaus, die nach ihrem Verhältnis zu Lust und Schmerz sortiert sind. Ebenso bewegen sich die Emotionen immer auf ein konkretes Gut hin, und zwar genau insoweit, als es mit Lust oder Schmerz in Verbindung gebracht wird.[5] Im Gegensatz dazu dehnt sich die Vernunft über die Assoziationen hinaus auf das Verständnis von Ähnlichkeiten aus. Mit der Weite der Vernunft korrespondiert eine parallele Weite des Willens. Die Vernunft geht über die konkreten Fälle hinaus und erfasst das Wesen des Guten selbst. In gleicher Weise begehrt der Wille Objekte genau insoweit, als sie gut sind.[6]

Diese Fähigkeit zeigt sich am besten in unserer Neigung, wenn wir etwas begehren, mit einer abstrakten Betrachtung zu beginnen und – nach weiterem Nachdenken – zu immer konkreteren Wünschen zu gelangen. Diana könnte zum Beispiel mit dem Wunsch beginnen, eine Reise nach Europa zu unternehmen. Nach reiflicher Überlegung entscheidet sie, dass sie nach England reisen möchte. Nach weiterer Überlegung entscheidet sie sich für London. Dann beschließt sie, dass sie im April reisen möchte. Und so geht es weiter, bis sie sich über die konkreten Einzelheiten ihrer Reise klar ist. In ähnlicher Weise könnte Paul damit beginnen, etwas zu essen; er grenzt seinen Wunsch auf italienisches Essen ein und dann wählt

[4] *ST*, I, q. 5, a. 1.

[5] *ST*, I-II, q. 1, a. 2, ad 3; I-II, q. 4, a. 2, ad 2; *QDV*, q. 25, a. 1.

[6] *ST*, I-II, q. 1, a. 2, ad 3; *QDV*, q. 25, a. 1.

er Pasta; schließlich entscheidet sich für Fettuccine mit Alfredo-Sauce. So geht es mit unseren Wünschen bis hin zum Willen. Wir beginnen, etwas unter einer Abstraktion zu begehren, und wir bewegen uns zu immer konkreteren Realisierungen.

Dieser Punkt bedarf einer weiteren Klärung. Wir wünschen nichts Abstraktes, denn das Gute verwirklicht sich nur im Konkreten. Vielmehr wünschen wir immer konkrete Güter, aber wir wünschen sie unter einer abstrakten Betrachtung.[7] Diana wünscht keine abstrakte Reise nach Europa. Sie wünscht eine konkrete Reise nach Europa, aber sie fängt damit an, sie unter keiner besonderen Überlegung zu wünschen, sondern zunächst bloß als eine Reise nach Europa. Paul begehrt keine abstrakte Mahlzeit. Vielmehr wünscht er sich eine wirkliche Mahlzeit, aber er beginnt damit, sich diese unter abstrakten Gesichtspunkten zu wünschen.

Die abstrakteste aller Überlegungen betrifft das Gute im Allgemeinen. Der Wille kann sogar auf diese allgemeinste aller abstrakten Überlegungen reagieren.[8] Wir können einen Gegenstand einfach insoweit begehren, als er gut ist. Wir begehren gleichwohl ein konkretes Gut, da das Gute immer im Konkreten verwirklicht ist, aber wir begehren es unter einer sehr abstrakten Betrachtung; wir begehren es einfach insofern, als es gut ist.

Auch dieser Punkt bedarf der weiteren Klärung, denn er ist leider anfällig für ein sehr bedauerliches Missverständnis. Vorhin stellten wir fest, dass die Vernunft begreift, was ein gutes Auge ist, was ein guter Stift ist und was ein gutes Herz ist – wobei wir aus diesen vielen Beispielen die allgemeine Idee abstrahierten, was es bedeutet, gut zu sein. Nun haben wir festgestellt, dass der Wille das Gute gerade in dem Maße begehrt, in dem er gut ist. Wir könnten irrtümlich zu dem Schluss kommen, dass der Wille das Gute eines Stiftes, das Gute eines Baumes und das Gute einer Katze begehre, da all diese Güter unter die allgemeine Vorstellung des Guten fallen.

Wenn Thomas sagt, dass der Wille das Gute im Allgemeinen begehrt, meint er nicht, dass der Wille jedes einzelne Gut begehrt. Vielmehr

---

[7] *ST*, I, q. 80, a. 2, ad 2.

[8] *ST*, I-II, q. 10, a. 1.

bezieht er sich auf das *menschliche* Gut im Allgemeinen. Der Wille ist ein begehrendes Vermögen eines menschlichen Wesens; als solches begehrt er das, was den Menschen vervollständigt. Der Wille unterscheidet sich von anderen begehrenden Vermögen dadurch, dass er diese Vollendung gerade insofern wünschen kann, als es ein menschliches Gut ist. Im Gegensatz dazu begehren die Gefühle immer etwas Konkretes, das mit dem Angenehmen verbunden ist. Der Gegenstand des Willens ist also das Gut im Allgemeinen, das als menschliches Gut im Allgemeinen verstanden werden muss.[9] Unter diesem weiten Gegenstand kann der Wille viele konkret spezifizierte Güter begehren, wie zum Beispiel Bewegung, Studium und Dessert.

Wille versus Gefühle

Wir haben gesehen, dass es sich bei meinem Gefühl der Liebe um einen auf ein einfaches Gut gerichteten Impuls handelt, während das Gefühl des Hasses ein Impuls ist, der einer einfachen schlechten Sache entflieht. Das Gefühl des Begehrens ist eine Bewegung hin zu einem einfachen Gut, das abwesend ist, während das Gefühl des Genusses das Ruhen in einem einfachen, gegenwärtigen Gut ist, und so weiter. Die verschiedenen Tätigkeiten der Emotionen werden nach den Aspekten der Gegenstände eingeteilt. Dasselbe gilt auch für den Willen. Thomas spricht von der Liebe im Willen und vom Hass im Willen. Er spricht von Freude im Willen und Trauer im Willen. Der Wille kann hoffen und er kann verzweifeln.
Dieselben Worte können also für verschiedene Handlungen der Emotionen und des Willens verwendet werden.[10] Es gibt eine emotionale Liebe und eine Liebe des Willens. Die Hoffnung liegt in den Emotionen und sie liegt im Willen. Dennoch haben dieselben Worte unterschiedliche Bedeutungen, wenn sie auf die Emotionen und auf den Willen angewandt werden. Die beiden Gruppen von Wünschen mögen die gleichen Namen haben, aber sie unterscheiden sich wesentlich voneinander.

Am wichtigsten ist, dass sich beide Gruppen in der Art und Weise unterscheiden, wie sich die Vernunft von den Sinnen unterscheidet. Wir haben

---

[9] *ST*, I-II, q. 1, a. 2, ad 3; I-II, q. 10, a. 1.
[10] *ST*, I, q. 20, a. 1, ad 1.

gesehen, dass jeder der Sinne ein Körperorgan hat. Im Gegensatz dazu ist die Vernunft ein völlig immaterielles Vermögen, das kein Körperorgan benötigt; sie wohnt unmittelbar in der Seele. Ebenso haben wir gesehen, dass es sich bei Emotionen um körperliche Wünsche handelt, die eine körperliche Veränderung beinhalten, deren wir uns bewusst werden; deshalb nennen wir die Emotionen „Gefühle". Wenn wir zum Beispiel Angst haben, verkrampfen sich unsere Muskeln, unser Herz beginnt schneller zu schlagen und so weiter. Diese Veränderungen gehören zu dem, was es bedeutet, das Gefühl der Angst zu haben. Darüber hinaus sind wir uns dieser Veränderungen in uns bewusst – wir spüren sie.

Der Wille ist, wie die Vernunft, kein körperliches Vermögen.[11] Seine Handlungen beinhalten keine körperlichen Veränderungen, und wir sind uns unserer Willenshandlungen nicht sinnlich bewusst. Wir fühlen nicht die Liebe des Willens, wir fühlen nicht den Genuss des Willens, und wir fühlen nicht die Hoffnung des Willens. Natürlich sind wir uns unserer Willenshandlungen bewusst, aber unser Bewusstsein ist nicht sinnlich. Vielmehr sind wir uns unserer Willenshandlungen durch die Vernunft bewusst.[12]

Diese Unfähigkeit, unsere Willenshandlungen zu empfinden, könnte einige dazu veranlassen, die Existenz des Willens an sich zu leugnen. Wir sagen: Sehen ist Glauben. Genauer gesagt mag es lauten: „Fühlen ist Glauben". Wir fühlen uns sicherer, wenn wir etwas fühlen. Aus diesem Grund sind philosophische Persönlichkeiten wie David Hume nie über das Vorstellungsvermögen hinausgelangt. Letztlich lehnen sie die Vernunft und ihre Immaterialität ab. Aufgrund des Mangels des Vermögens der Vernunft sind diese Personen nicht in der Lage, Beziehungen, insbesondere kausale Beziehungen, zu erfassen. Dieselben philosophischen Persönlichkeiten haben eine ähnliche Schwierigkeit mit dem Willen.

Wir gestehen bereitwillig die Emotionen zu, die wir empfinden können. Wir sind weniger geneigt, Willensakte anzuerkennen, die wir nicht fühlen können. Wir kennen das Gefühl der Liebe, denn wir fühlen die Liebe. Aber was ist mit dem Willensakt der Liebe? Gibt es ihn wirklich? Anna weiß,

---

[11] *ST*, I-II, q. 9, a. 5; I-II, q. 17, a. 7; I, q. 77, a. 5.

[12] *ST*, I, q. 87, a. 4.

dass sie sich entschieden hat, in den Lebensmittelladen zu gehen, aber sie spürt ihre Wahl nicht. Vielleicht spürt sie ihren Wunsch nach einer Mahlzeit (der sie dazu veranlasst hat, in den Lebensmittelladen zu gehen), und sie spürt vielleicht die Befriedigung, die sie empfindet, sobald sie beginnt zu essen, aber sie spürt weder ihre Wahl, in den Lebensmittelladen zu gehen, noch ihre Wahl, die Mahlzeit einzunehmen. Dennoch ist die Wahl real.

Dieses Beispiel zeigt eine weitere Schwierigkeit beim Erkennen der Willenshandlungen. Allzu oft sind sie verborgen vom Hintergrund eines Wirrwarrs von Emotionen. Beispielsweise steht die Entscheidung, in den Lebensmittelladen zu gehen, nicht für sich allein, sondern wird zusammen mit emotionalen Wünschen, wie dem Wunsch zu essen, getroffen. Fast jedes Mal, wenn wir uns entscheiden, tun wir dies als Reaktion auf verschiedene Emotionen.[13] Wir entscheiden uns zu schreien, weil wir wütend sind; wir entscheiden uns zu rennen, weil wir Angst haben, und so weiter. Auf der anderen Seite verweigern wir das Dessert trotz unseres Verlangens nach etwas Süßem, wir behaupten uns trotz unserer Angst und so weiter. Wenn wir unsere Aufmerksamkeit auf die sinnlichen Emotionen lenken, können wir die Wahl aus den Augen verlieren. Wie viel eher können wir also die willentliche *Liebe* zum Essen aus den Augen verlieren, wenn sie neben dem emotionalen Verlangen nach einer Mahlzeit steht.

Thomas von Aquin beharrt darauf, dass wir uns unserer Willensakte bewusst sind, aber wir können sie mit Emotionen verwechseln. In gleicher Weise wurden die Ideen der Vernunft oft mit Vorstellungen verwechselt. John Locke dachte, dass allgemeine Vorstellungen eine Art von universalem Bild seien. Wir haben gesehen, dass es ein solches Bild nicht geben kann, aber Locke verwechselte das, was zur Vernunft gehört, mit der bekannteren Vorstellung. In ähnlicher Weise können die Wünsche unseres Willens den Emotionen zugeschrieben werden.

Die Vernunft ist erheblich mächtiger als die Sinne. Ebenso sind die Wünsche des Willens viel tiefgreifender als die Wünsche der Gefühle. Die Emotionen sind immer an eine konkrete Realität gebunden, die mit dem

---

[13] *ST*, I-II, q. 9, a. 2.

verbunden ist, was den Sinnen gefällt. Der Wille dehnt sich über den gesamten Bereich des Guten aus. In den Gefühlen zum Beispiel ist der Kummer in der Tat beunruhigend; im Willen zerreißt der Kummer die Seele selbst. Die Freude in den Gefühlen ist erhebend; die Freude des Willens ist tiefer Frieden.

Wir sprechen von der Trauer des Willens und der Freude des Willens, aber die vorangegangene Diskussion hat gezeigt, dass diese Worte ausgedehnt sind, wenn sie auf den Willen angewandt werden.[14] „Trauer" impliziert zunächst etwas, das man fühlt, ebenso wie „Freude". Wenn diese Worte auf den Willen angewendet werden, beziehen sie sich auf Zustände einer bewussten Neigung ohne ein körperliches Gefühl. Sie beziehen sich auf einen Zustand, der sich auf das Vorhandensein von etwas Bösem richtet, oder auf einen Zustand, der sich auf das Vorhandensein von etwas Gutem bezieht. Wir empfinden sicherlich eine sinnliche Freude, wenn wir einen lange verlorenen Freund wiederfinden, und wir empfinden eine sinnliche Trauer über den Tod eines Freundes. Tiefer als die sinnliche Freude ist jedoch die Freude des Willens, die nicht sinnlich empfunden werden kann, und tiefer als das Gefühl der Trauer ist die entsprechende Trauer des Willens.

Die Akte des Willens

Wenn Thomas von Aquin die Willensakte unterscheidet, konzentriert er sich auf diejenigen, die das Gute und nicht das Böse betreffen. Darüber hinaus ist die Unterscheidung zwischen dem einfachen und dem schwierigen Gut, das für die Emotionen eine herausragende Rolle spielt, für den Willen nicht so wichtig, da beide in den allgemeinen Gegenstand des Willens, d.h. das Gute im Allgemeinen, einbezogen sind.[15] Obwohl Thomas von Aquin von Hoffnung und Verzweiflung im Willen spricht, werden diese Handlungen nicht in seine offizielle Liste der verschiedenen Willenshandlungen aufgenommen.

---

[14] *ST*, I, q. 20, a. 1, ad 1.

[15] *ST*, I, q. 82, a. 5.

Für den Willen konzentriert er sich auf eine andere Einteilung innerhalb des Guten: die Einteilung zwischen einem Ziel und den Dingen, die für das Ziel nützlich sind. Gesundheit zum Beispiel ist ein Ziel, und eine medizinische Operation ist hilfreich, um dieses Ziel zu erreichen. Beides kann als „gut" bezeichnet werden, aber das Wort gilt zunächst einmal für den Zweck und wird nur abgeleitet auf das angewendet, was für den Zweck nützlich ist.[16] Bei der Einteilung der Willenshandlungen verlässt sich Thomas auch auf die dreifache Einteilung von Impuls, Bewegung und Ruhe. Letztlich spricht er also von sechs Willensakten: Impuls, Bewegung und Ruhe im Hinblick auf das Ziel; und Impuls, Bewegung und Ruhe im Hinblick auf das, was für das Ziel nützlich ist.

Da der Wille ein Begehrungsvermögen ist, das der Vernunft folgt, muss es für jeden Willensakt zunächst einen Akt der Vernunft geben, der den Gegenstand dem Willen vorstellt. Anna muss zum Beispiel zuerst wissen, dass es nützlich ist, in den Lebensmittelladen zu gehen, bevor sie (willentlich) wünschen kann, dorthin zu gehen. Angesichts der sechs Willensakte haben die Schüler von Thomas von Aquin also sechs Akte der Vernunft identifiziert, obwohl Thomas selbst diese Übertragung nicht explizit vornimmt.

Die sechs Akte lassen sich am besten anhand eines konkreten Beispiels verstehen. Jim hat den Wunsch, gesund zu sein. Es ist eine gute Sache, gesund zu sein. Dennoch ist er sich nicht ganz sicher, ob es sich lohnt, dem Wunsch zu entsprechen. Schließlich bedeutet das eine Verpflichtung zu körperlicher Betätigung, gesunder Ernährung und regelmäßiger Nachtruhe – Verpflichtungen, bei denen er sich nicht sicher ist, dass sie es wert sind. Nach einer Untersuchung beschließt er, dass er sich wirklich um seine Gesundheit bemühen sollte, und so beabsichtigt er, die für seine Gesundheit notwendigen Mittel zu ergreifen. Jim beginnt damit, die Mittel zu diesem Ziel eingehender zu betrachten. Wie viel soll er sich bewegen? Welche Art von Bewegung soll er wählen? Soll er Rad fahren, schwimmen oder laufen? Jedes hat seine Vor- und Nachteile. Nach der Untersuchung akzeptiert er jedes der Mittel, aber er muss nun entscheiden, welches am besten ist und welches er bevorzugen soll. Schließlich stellt er fest, dass Radfahren am besten für ihn ist; also entscheidet er sich

[16] *ST*, I, q. 5, a. 6; I-II, q. 8, a. 2.

für ein Programm, bei dem er eine Stunde am Tag und an vier Tagen in der Woche Fahrrad fährt. Am nächsten Morgen steht er auf und realisiert seine Entscheidung, indem er sich tatsächlich bewegt, auf das Rad steigt und in die Pedale tritt. Nach einem Monat, in dem er dieses Programm durchgeführt hat (zusammen mit gutem Essen und so weiter), hat sich sein Gesundheitszustand tatsächlich verbessert, und er findet nun Befriedigung in seiner Gesundheit.

Die sechs Handlungen, in der Reihenfolge, in der Jim sie ausgeführt hat, sind Wünschen (oder Wollen), Beabsichtigen, Zustimmen, Entscheiden, Durchführen und Genießen. Wollen, Beabsichtigen und Genießen beziehen sich auf den Zweck; Zustimmen, Entscheiden und Durchführen beziehen sich auf die Mittel oder das, was für das Ziel nützlich ist. In dem Beispiel ist das Ziel die Gesundheit. Jim beginnt mit dem Wunsch, gesund zu leben, dann beabsichtigt er, die Gesundheit zu erlangen, und schließlich genießt er die Gesundheit. Die Mittel sind natürlich vielfältig, aber das Beispiel konzentriert sich auf das Mittel der Bewegung und schließlich das Fahrradfahren. Jim beginnt damit, dass er den verschiedenen Arten von Bewegung zustimmt, dann entscheidet er sich für das Radfahren, und als Nächstes geht er dazu über, Fahrrad zu fahren, eine Bewegung, die Thomas von Aquin „durchführen" nennt.

Das Wollen ist der Impuls auf das Ziel hin, aber es ist noch keine Bewegung zum Ziel hin; zur Bewegung kommt es nur mit dem Beabsichtigen.[17] Die Idee ist, dass wir etwas Gutes wollen können, ohne uns schon entschieden zu haben, es zu tun. Sich darauf zu verständigen, es zu tun, ist genau das, was man beabsichtigt. Wenn das Gute erreicht ist, dann haben wir Ruhe oder Zufriedenheit.[18]

Tafel 13-1 Akte des Willens

	Impuls	*Bewegung*	*Ruhe*
In Bezug auf das Ziel	Wünschen oder Wollen	Beabsichtigen	Genießen
In Bezug auf die Mittel	Zustimmung	Entscheidung	Durchführung

[17] *ST*, I-II, q. 12, a. 1; I-II, q. 12, a. 1, ad 4.

[18] *ST*, I-II, q. 11, a. 4.

Eine ähnliche Einteilung gilt für die Handlungen hinsichtlich der Mittel. Einem Mittel zuzustimmen bedeutet einfach, einen Impuls in Richtung auf das Mittel als ein gutes und akzeptables Mittel zu haben. Zustimmung ist jedoch noch keine Bewegung in Richtung der Mittel, denn wir können viele Mittel akzeptabel finden, wenn nur eines oder einige wenige tatsächlich gewählt werden.[19] Die Verfolgung oder Bewegung in Richtung der Mittel ist eine Wahl.[20] Nachdem wir gewählt haben, führen wir die Wahl jedoch nicht auch unbedingt sofort durch. Diese Ausführung beinhaltet einen weiteren Willensakt, bei dem der Wille die verschiedenen Vermögen der Seele auf die Tätigkeit anwendet; der Wille bewegt den Körper, um zum Beispiel auf das Fahrrad zu steigen und in die Pedale zu treten.[21] Dieses „Durchführen" ist noch kein Ruhen - da wir im Ziel und nicht in den Mitteln ruhen –, aber es ist dem Ruhen entsprechend; es ist die Erlangung der Mittel durch den Willen.

Wie oben erwähnt, muss jedem Willensakt ein Akt des Intellekts vorausgehen. Bevor er sich Gesundheit wünscht, muss Jim die Gesundheit an sich als eine gute Sache betrachten. Bevor er Gesundheit will, muss Jim erkennen, dass das Streben nach Gesundheit es wert ist verfolgt zu werden, auch angesichts all der anderen Güter, die er sich wünscht. Bevor er sich an der Gesundheit erfreut, muss Jim sich bewusst machen, dass er das Ziel, gesund zu sein, erreicht hat.

Vor der Zustimmung muss sich die Vernunft über verschiedene Mittel beraten und feststellen, dass es sich tatsächlich um akzeptable Mittel zu dem Ziel handelt.[22] Die Beratung ist ein Prozess der Prüfung möglicher Mittel, um den Zweck zu erreichen. Die Überlegung schließt mit dem Urteil ab, d.h. mit der Feststellung, dass bestimmte Mittel tatsächlich verfolgt werden sollten.

---

[19] *ST*, I-II, q. 15, a. 3, ad 3.
[20] *ST*, I-II, q. 13, a. 1.
[21] *ST*, I-II, q. 16, a. 1.
[22] *ST*, I-II, q. 14, a. 1; I-II, q. 15, a. 3.

Tafel 13-2 Die Akte des Willens mit den Akten des Intellekts

	In Bezug auf das Ziel		*In Bezug auf die Mittel*	
Akte des	*Intellekts*	*Willens*	*Intellekts*	*Willens*
Impuls	Beurteilung des Guten an sich betrachtet	Wollen	Überlegung	Zustimmung
Bewegung	Beurteilung des Guten hinsichtlich der Mittel	Beabsichtigen	Urteil	Entscheidung
Ruhe	Beurteilung des Guten als Besitz	Genießen	Befehl	Durchführung

Dieses Urteil geht der Wahl voraus.[23] Vor der tatsächlichen Durchführung steht ein besonderer Akt der Vernunft, den Thomas von Aquin „Befehl" nennt, eine Bezeichnung, die wir vielleicht eher einem Willensakt zubilligen würden.[24] Thomas hat jedoch den Akt im Sinn, durch den die Vernunft die Ausführung befiehlt. Dieser Befehl ist nicht rein intellektuell. Vielmehr lehrt Thomas, dass der intellektuelle Akt des Befehls mit dem Impuls und der Bewegung einhergeht, die aus dem Willen hervorgeht. Der Befehl ist also ein Akt der Vernunft, der mit einem Akt des Willens verbunden ist.[25]

Bei der Erörterung dieser vielfältigen Akte der Vernunft und des Willens ist es angebracht, sich daran zu erinnern, was wir in Kapitel 4 gesagt haben. Letztlich handeln nicht die Vermögen, sondern die Person selbst handelt mit ihren Vermögen. Nicht die Vernunft überlegt, sondern die Person selbst überlegt durch die Vernunft. Nicht der Wille stimmt zu; vielmehr stimmt die Person durch ihren Willen zu. Die Person befiehlt sich selbst die Ausführung einer Handlung durch die Vernunft. Es ist reine Bequemlichkeit, nicht von einer Person zu sprechen, sondern von den tätigen Vermögen, und dies führt zu einer Ungenauigkeit.

---

[23] *ST*, I-II, q. 13, a. 1, ad 2.

[24] *ST*, I-II, q. 17, a. 1.

[25] *ST*, I-II, q. 17, a. 1; II-II, q. 47, a. 8, ad 3.

Mittel und Zwecke

Es wäre töricht zu glauben, dass diese zwölf Akte – sechs Akte der Vernunft und sechs Akte des Willens – immer in ordentlicher Reihenfolge aufeinander folgten. Das Zusammenspiel dieser verschiedenen Akte kann in der Tat komplex sein. Manchmal werden zwei Akte miteinander verbunden. Thomas sagt zum Beispiel, dass in dem Fall, dass eindeutig nur ein vernünftiges Mittel zur Verfügung steht, Zustimmung und Entscheidung ein und dieselbe Handlung sind.[26] Ebenso können Absicht und Entscheidung dieselbe Handlung sein, aber auf unterschiedliche Weise betrachtet werden.[27] Wenn Jim zum Beispiel feststellt, dass es sich insgesamt lohnt, nach Gesundheit zu streben, sagen wir, dass er beabsichtigt, gesund zu leben. Gleichzeitig hat er damit aber auch die Mittel gewählt. Er hat zwar noch keine bestimmten Mittel gewählt, wie zum Beispiel das Radfahren, aber er hat sich dafür entschieden, alles zu tun, was für die Gesundheit notwendig ist. Später entscheidet er sich für das Fahrrad als das bestimmte Mittel zur Erlangung der Gesundheit. Gleichzeitig hat er dann auch die Absicht, Rad zu fahren; er plant, die für das Ziel des Radfahrens notwendigen Handlungen durchzuführen.

Was also als Zweck oder als Mittel zählt, ist fließend. Im Großen und Ganzen ist ein Zweck etwas, auf das etwas anderes – ein Mittel oder vielleicht die Person selbst – gerichtet ist; andererseits ist ein Mittel etwas, das auf etwas anderes gerichtet ist. In Bezug auf den Akt der Absicht sagt Thomas von Aquin daher, dass sich der Zweck auf den fernen oder einen näheren Zweck beziehen kann.[28] Thomas nennt als Beispiel jemanden, der sich Gesundheit (als einen fernen Zweck) durch die Einnahme von Medikamenten (als einen nahen Zweck) wünscht, was die betreffende Person dadurch tut, dass sie zuerst das Medikament zubereitet oder sich besorgt (unmittelbare Mittel). Die Einnahme des Medikaments ist ein Zweck in Bezug auf die Zubereitung des Medikaments; sie ist aber ein Mittel in Bezug auf die Gesundheit.[29]

---

[26] *ST*, I-II, q. 15, a. 3, ad 3.
[27] *ST*, I-II, q. 12, a. 4, ad 3.
[28] *ST*, I-II, q. 12, a. 2.
[29] *ST*, I-II, q. 12, a. 3.

Thomas ist weniger bereit, den Begriff „Ziel“ so flexibel zu verwenden, wenn es um den Akt des Wollens und vor allem um den Akt des Genießens geht.[30] Wir genießen die Gesundheit, aber wir genießen nicht die Einnahme von Medikamenten, auch wenn die Einnahme von Medikamenten auf die eine oder andere Weise ein Ziel ist. Wir sprechen zwar vom „Wollen“ einiger Dinge, die eindeutig nützliche Mittel sind, wie z.B. vom Wunsch nach einem chirurgischen Eingriff, um wieder gesund zu werden, aber das spiegelt eher die Flexibilität des Wortes „wollen“ wider, das oft benutzt wird, um auszudrücken, was Thomas von Aquin unter Zustimmung versteht.

Wir „genießen“ die Dinge, die in gewisser Weise von Natur aus gut sind. Die Chirurgie ist gut; aber bloß deshalb, weil sie nützlich für die Gesundheit ist, sagen wir nicht, dass wir sie genießen. Auf der anderen Seite ist süße Medizin zum einen nützlich für die Gesundheit und hat zum anderen auch ihre eigene Güte (weil sie süß ist), so dass wir sagen könnten, dass wir die Medizin genießen.[31] Streng genommen sagt Thomas jedoch, dass wir nur das letzte Ziel genießen.[32]

Die Idee dabei ist, dass eine Überlegung eine ganze Reihe von Mitteln und Zwecken hervorbringt. Warum fährt Jim Fahrrad? Weil er Sport treiben will (im Gegensatz zum Radfahren, um zum Lebensmittelgeschäft zu kommen). Warum trainiert er? Weil er gesund sein möchte. Warum will er gesund sein? Damit er mehr Zeit mit seiner Familie verbringen kann. Warum will er mehr Zeit mit seiner Familie verbringen? An diesem Punkt könnte Jim vielleicht antworten: „Einfach so.“ Jim hat eine Reihe von Mitteln und Zielen. Radfahren dient der Bewegung, das heißt der Gesundheit, das heißt der Zeit, die er mit seiner Familie verbringt. Innerhalb dieser Reihe scheint „Zeit mit seiner Familie zu verbringen“ das letzte Ziel zu sein. Nichts darüber hinaus bietet ein weiteres Ziel.

Im strengen Sinne genießen wir nur das letzte Ziel. Außerdem beginnt all unser „Wollen“ mit dem letzten Ziel.[33] Es mag seltsam klingen, dass wir mit dem Ziel beginnen, aber so funktionieren unsere Wünsche und die

---

30 *ST*, I-II, q. 11, a. 3.
31 *ST*, I-II, q. 20, a. 3.
32 *ST*, I-II, q. 11, a. 3.
33 *ST*, I-II, q. 1, a. 4.

darauf folgenden Überlegungen. Unsere Wünsche könnte man als auf den Kopf gestellt beschreiben: beginnend mit dem Ziel. Jim beginnt nicht damit, dass er Rad fahren will, sondern er beginnt damit, dass er sich Gesundheit wünscht. Irgendwann kommt er dazu, Fahrradfahren zu wollen, aber erst, nachdem er zurückgehend überlegt hat. Wie bekomme ich Gesundheit? Durch Bewegung. Wie bekomme ich Bewegung? Durch Radfahren.

Jeder Wunsch findet also seinen Anfang im letzten Ziel. Der allererste Wunsch, vor allen anderen, dient dem menschlichen Wohl. Genauer gesagt ist es die eigene Verwirklichung des menschlichen Wohls. Kurz gesagt, beginnt jeder damit, sein eigenes Wohl zu wollen. Das ist die eigentliche Natur des Willens. Sein natürliches Ziel ist, wie wir gesehen haben, das menschliche Wohl. Im Hinblick darauf ist dieser Wunsch unvermeidlich.

Wir sollten einem Einwand zuvorkommen, auf den wir in einem späteren Kapitel ausführlicher eingehen werden. Jemand könnte das Gesagte als eine Form von Egoismus interpretieren. Wenn jeder Mensch unvermeidlich sein eigenes Wohl will, dann muss er egoistisch sein. Er sucht sein eigenes Wohl und nur sein eigenes Wohl. Niemals wird er wirklich das Wohl anderer anstreben.

Dieses Argument ist eine Fehlinterpretation Thomas von Aquins, indem es eine sehr enge Bedeutung von „sein eigenes Wohl" verwendet, als ob sich das Wort „mein" nur auf einen privaten Besitz beziehen könnte. Sarah kann von „meinem Auto" und „meinem Computer" sprechen und sich dabei auf einen Privatbesitz beziehen. Aber sie kann auch von „meinem Bruder" sprechen, und vermutlich meint sie damit nicht, dass sie ihren Bruder besitzt. Vielmehr hat sie eine Art Beziehung oder Verbindung zu ihm, aber keine, die auf Besitz beruht. Wenn jeder nach „seinem Wohl" strebt, folgt daraus nicht, dass er etwas verfolgt, das einfach ein Privatbesitz ist. „Mein Wohl" könnte sich als das Wohl anderer Menschen erweisen. Zu einem späteren Zeitpunkt werden wir uns mit der genauen Art und Weise befassen, in der die Lehre Thomas von Aquins – dass jeder sein eigenes Gut sucht – keine Form des Egoismus ist.

Ein natürliches Begehren des Willens

An dieser Stelle wollen wir versuchen besser zu verstehen, was Thomas meint, wenn er sagt, dass dieser Wunsch (nach dem eigenen Wohl) natürlich und für den Willen unvermeidlich ist. Der Wille ist wie jedes andere Vermögen: Er hat einen natürlichen Gegenstand.[34] Der Gegenstand des Sehens ist die Farbe, der Gegenstand des Verstandes sind die Gemeinsamkeiten der Dinge, abgesehen von den konkreten Details, und der Gegenstand des Willens ist das Gute im Allgemeinen, also mein Gut im Allgemeinen. Jede Handlung des Willens ist also an diesen Gegenstand gebunden. Wenn es einen Akt des Sehens gibt, dann ist es ein Akt des Farbsehens (Grau, Weiß und Schwarz sind bestimmte Arten von Farben). Wenn es einen Akt des Intellekts gibt, dann beinhaltet er das Verstehen der Natur der Dinge, abgesehen von den konkreten Unterschieden. Und wenn es einen Willensakt gibt, dann geht es darum, mein allgemeines Wohl zu wollen.

Es kann sein, dass eine Person zu einem bestimmten Zeitpunkt nicht wirklich sieht (zum Beispiel, wenn ihre Augen geschlossen sind), obwohl sie das Vermögen hat, zu sehen. Es geht also nicht darum, dass das Vermögen des Sehens notwendigerweise Farben sehen muss, denn es kann sein, dass die betreffende Person überhaupt nicht sieht. Vielmehr geht es darum, dass jemand, der mit der Fähigkeit des Sehens sieht, auch Farben sehen muss; das ist es, was es bedeutet zu sehen. Ebenso muss der Wille nicht immer gewollt sein, denn zu einem bestimmten Zeitpunkt kann es überhaupt keinen Willensakt geben. Aber wenn das Vermögen des Willens tätig ist – wenn es überhaupt etwas will –, dann muss es das Gute im Allgemeinen oder eine gewisse Verwirklichung davon wollen.

Natürlich wollen wir unser allgemeines Wohl so, wie es sich in spezifischeren Gütern verwirklicht. Jim will sein allgemeines Wohl insofern, als es sich in Gesundheit sowie darin, Zeit mit seiner Familie zu verbringen, die Natur zu genießen und so weiter, verwirklicht. Diese verschiedenen Güter sind ebenso wenig von Jims Gesamtgut getrennt wie das Sehen von Blau vom Sehen von Farbe. Blau zu sehen bedeutet einfach, eine

---

[34] *ST*, I-II, q. 10, a. 1.

bestimmte Farbe zu sehen. Für Jim ist der Wunsch nach Gesundheit einfach der Wunsch nach einer bestimmten Art und Weise, sein allgemeines Wohl zu verwirklichen.

Was den letzten Zweck betrifft, so unterscheidet Thomas von Aquin zwischen der Wesenheit des letzten Ziels und dem, worin es gefunden wird.[35] Sein Wesen ist nichts anderes als das Objekt des Willens, also das Gesamtwohl des Einzelnen. Jeder Mensch wünscht von Natur aus – mit seinem Willen – dieses letztendliche Ziel. Das, worin dieses Ziel liegt, kann dagegen vielfältig und unterschiedlich sein. Einige Menschen erwarten vielleicht, dass sie ihr Wohl in Vergnügen finden, andere erwarten es in Reichtum, wieder andere in Freundschaft und so weiter. Wir haben kein natürliches Verlangen nach diesen besonderen Verwirklichungen des letzten Ziels. Vielmehr müssen wir selbst über diese Realisierungen nachdenken und uns selbst dazu bewegen, sie zu wollen.

Die Vorstellung, dass der Wille einen natürlichen Wunsch hat, wird wichtig sein für das Verständnis von Freiheit, das im nächsten Kapitel erörtert werden soll. Was in diesem Kapitel deutlich werden sollte, ist, dass der Wille viel mehr ist als ein Entscheidungsvermögen. Er ist ein begehrendes Vermögen im weitesten Sinne. Mit unserem Willen lieben und hassen wir, beabsichtigen und wählen wir, hoffen und verzweifeln wir. Die Wahl ist nur einer der Akte des Willens.

Die größte Liebe

Wir machen uns ein falsches Bild von unseren Wünschen, wenn wir annehmen, dass all unser Wünschen und Lieben emotional sei und dass der Wille mit der Entscheidung einhergehe, Konflikte einfach zu lösen. Unsere tieferen Wünsche liegen nicht in den Emotionen. Sie beginnen und enden im Willen. Wenn wir nur unseren Emotionen Beachtung schenken, dann sind wir wie ein Windbeutel, der im Wind weht, der je nach den wankelmütigen Wünschen der Emotionen auf diese und jene Weise hin und her bewegt wird. Wir müssen erkennen, dass wir nicht nur unsere

[35] *ST*, I-II, q. 1, a. 7.

Emotionen sind. Wir sind etwas viel Tieferes und Solideres als unsere Emotionen. Unser wesentlichstes Selbst zentriert sich in unserem Willen. Vor allem müssen wir erkennen, dass Liebe nicht einfach eine Emotion ist. Wir haben natürlich gesehen, dass Liebe auch eine Emotion ist. Wir lieben Dinge wie Schokoladeneis, und wir hegen eine romantische Liebe für andere Menschen. Aber Liebe ist nicht nur ein Gefühl. Liebe findet sich im Willen, und die Liebe im Willen ist viel wichtiger als jede Liebe, die sich in den Emotionen findet.[36] Mit unserem Willen – wie auch mit unseren Emotionen – lieben wir Dinge, die wir erwerben möchten, wie Schokoladeneis, Geld, einen guten Ruf und so weiter. Im Willen finden wir jedoch eine andere Art von Liebe, die Thomas von Aquin die Liebe der Freundschaft nennt.[37] Wir können andere Menschen um ihrer selbst willen lieben. Wir können das Gute für sie suchen. Diese Freundschaftsliebe wohnt im Willen. Sie kann Unterstützung in den Emotionen finden, aber die wahre Liebe zu anderen Menschen liegt im Willen.

Wir werden diese Liebe zu anderen im letzten Kapitel untersuchen. Zunächst wollen wir untersuchen, was Thomas über die Freiheit des Willens zu sagen hat.

---

[36] *ST*, I-II, q. 26, a. 3.

[37] *ST*, I-II, q. 26, a. 4.

Kapitel 14

Freie Entscheidung

Das Herz hat seine Gründe,
die die Vernunft nicht kennt.
Blaise Pascal

Kehren wir zur Frage des freien Willens zurück, die zuerst in Kapitel 12 behandelt wurde. Ist Thomas von Aquin als Determinist, Kompatibilist oder als Libertärer einzustufen? Angesichts seiner Lehre, dass der Wille ein natürliches und unvermeidliches Ziel hat, mag er wie ein Determinist erscheinen. Thomas lehnt den Determinismus jedoch entschieden ab und bekräftigt immer wieder die Freiheit des Willens und der menschlichen Verantwortung für die eigenen Handlungen.[1] Vielleicht ist er also ein Kompatibilist. Schließlich findet er eine Notwendigkeit im Willen und bejaht doch zugleich die Freiheit des Willens. In ähnlicher Weise besagt der Kompatibilismus, dass einige unserer Handlungen determiniert und zugleich frei sind.

Es ist nicht einfach zu bestimmen, ob Thomas von Aquin ein Kompatibilist ist, vor allem deshalb nicht, weil die Auffassung, die wir als Kompatibilismus bezeichnen, vor David Hume gar nicht oder zumindest nicht häufig vertreten wurde. Dennoch macht Thomas einige Aussagen, die darauf hindeuten, dass er den Kompatibilismus in der Tat ablehnt.[2] Folgt daraus, dass er sich die Sichtweise des selbstverantwortlich Handelnden zu eigen machen würde? Auch auf diese Frage ist die Antwort alles andere als eindeutig. Wir müssen mit einer Untersuchung der Kausalität beginnen.

---

[1] *ST*, I-II, q. 13, a. 6; *QDM*, q. 6.

[2] *QDV*, q. 22, a. 15; *QDV*, q. 24, a. 2; *QDM*, q. 1, a. 3; *QDM*, q. 6.

Vier Ursachen

In Anlehnung an Aristoteles unterscheidet Thomas von Aquin zwischen vier verschiedenen Arten von Ursachen: effizienten Ursachen, Ziel- oder Zweckursachen, Materialursachen und Formalursachen.[3] Die ersten beiden werden als extrinsische, die beiden letzteren als intrinsische Ursachen bezeichnet, weil sie als Ursachen innerhalb des Verursachten selbst liegen. Wir haben die Materialursache und die Formalursache ausführlich diskutiert, wenn auch nicht explizit in diesen Begriffen. Bei einer Vase ist der Ton die Materialursache und die Form die Formalursache. Beide Ursachen liegen in der Wirkung selbst, d.h. in der Vase selbst. Sie sind Bestandteile oder Elemente der Wirkung. Bei Substanzen ist die materielle Ursache das erste Subjekt (oder die prima materia), und die formale Ursache ist die substanzielle Form. Bei Lebewesen, einschließlich Menschen, ist die materielle Ursache das erste Subjekt und die formale Ursache die Seele.

Bei der Untersuchung der transienten Tätigkeiten haben wir einige Fälle von Wirkursachen betrachtet. Wenn das Feuer Wasser erhitzt, ist es die Wirkursache für die Erwärmung des Wassers. Wenn eine Katze Junge zeugt, ist die Mutterkatze die effiziente Ursache für das Entstehen der Kätzchen. Wenn Brett eine Kiste baut, ist Brett die effiziente Ursache für die Kiste. Eine effiziente Ursache bringt etwas hervor, sei es eine Eigenschaft oder eine Substanz.[4] Im Gegensatz zu materiellen und formalen Ursachen sind effiziente Ursachen den Wirkungen, die sie hervorbringen, äußerlich. Das Feuer ist nicht Teil des heißen Wassers, und die Mutterkatze ist nicht Teil ihrer Jungen. In modernen Diskussionen bezieht sich das Wort „Ursache" in der Regel auf eine effiziente Ursache. Sie ist das, was zum Beispiel Hume im Sinn hatte.

---

[3] *DPN*, c. 4.

[4] *DPN*, c. 4, ¶28.

Tafel 14-1 Die vier Ursachen

Interne Ursachen	Materialursache	Wodurch sich ein Ding verändert
	Formalursache	Wodurch ein Ding das ist, was es ist
Externe Ursachen	Wirkursache	Wodurch ein Ding existiert
	Zweckursache	Wofür etwas existiert

Final- bzw. Zweckursache ist der Zweck oder Grund für etwas. Eine Vase ist zum Beispiel dazu da, Blumen zu halten, ein Auto ist dazu da, gefahren zu werden, und ein Auge ist zum Sehen da.

Viele moderne Denker sind geneigt, die Existenz von Zweckursachen zu bestreiten. Diese Zweifel brauchen uns im Augenblick nicht zu beunruhigen, da es uns um die Zweckursachen im menschlichen Handeln geht, und alle außer den größten Skeptikern sind bereit, zuzugeben, dass Menschen bestimmte Zwecke verfolgen. Es kommt also nicht darauf an, ob das Auge wirklich um des Sehens willen da ist oder ob das Auge ein bloßer Zufall ist, der, wenn er zufällig sieht, aufgrund der evolutionären Anpassung an die Umwelt und der damit verbundenen Vorteile existiert. Was zählt, ist, dass Jim, wenn er Fahrrad fährt – oder wenn ein Mensch sonst wie handelt –, er dies um eines Zieles oder Zweckes willen tut, zum Beispiel um der Gesundheit willen.

Es mag den Anschein haben, dass der Zweck unmöglich eine Ursache sein könne, selbst nicht für Menschen, weil er beziehungsweise sie während der Handlung noch nicht existiert. Die Gesundheit kann zum Beispiel nicht die Ursache für Jims Radfahren sein, weil die Gesundheit erst nach Jims Radfahren existiert. Natürlich ist das Radfahren die Ursache für die Gesundheit und nicht umgekehrt.

Bei menschlichen Handlungen existiert die Gesundheit jedoch in gewisser Weise schon vor dem Radfahren; sie existiert zumindest in Jims Gedanken, und wenn sie nicht existieren würde, würde Jim nicht Fahrrad fahren. Natürlich verursacht das Fahrradfahren Gesundheit. Gleichzeitig kann die Gesundheit aber auch Radfahren verursachen. Wie können sich die beiden gegenseitig verursachen? Indem sie dies auf unterschiedliche

Weise tun.[5] Radfahren ist die effiziente Ursache für Gesundheit, während Gesundheit die Zweckursache des Radfahrens ist.

Die Zielursache dient in erster Linie dazu, den Charakter eines Handelnden oder einer effizienten Ursache zu bestimmen. Das Ziel der Gesundheit zum Beispiel bestimmt die Handlung von Jim, und der Zweck, Blumen zu halten, bestimmt, wie die Form einer Vase sein muss. Ohne Bestimmung würde eine effiziente Ursache nicht auf eine bestimmte Weise wirken.[6]

Gibt es Notwendigkeit im Willen?

Wenn Thomas von Aquin fragt, ob es im Willen eine gewisse Notwendigkeit gilt, antwortet er darauf mit dem Hinweis auf die vier Ursachen.[7] Er unterscheidet drei Arten von Notwendigkeit. (1) Eine bedingte Notwendigkeit ergibt sich aus der Zweckursache in jenen Situationen, in denen ein Zweck nur ein einziges Mittel erfordert, zumindest wenn der Zweck gut erreicht werden soll. Thomas führt als Beispiel an, dass man ein Schiff benötigt, um das Meer zu überqueren. In unseren Tagen gilt diese Notwendigkeit für dieses spezielle Beispiel nicht mehr; wir können das Meer mit anderen Mitteln überqueren, zum Beispiel mit einem Flugzeug. (2) Eine Zwangsnotwendigkeit ergibt sich aus einer effizienten Ursache, die jemanden zwingt, in einer bestimmten Weise zu handeln. Wenn Robin physisch ins Gefängnis eingesperrt wird, dann geht sie durch eine Zwangsnotwendigkeit ins Gefängnis. Thomas bringt Material- und Formalursachen zusammen für eine dritte Notwendigkeit, die so genannte (3) natürliche oder absolute Notwendigkeit. Als materielle Ursache nennt er das Beispiel des Todes oder des Verfalls; da die Materialursache potenziell zu anderen Substanzen werden kann, wird der Tod notwendigerweise irgendwann eintreten. Für die formale Ursache führt Thomas das Beispiel eines Dreiecks an, dessen Innenwinkel notwendigerweise gleich zwei rechten Winkeln sind.

Wie lassen sich diese drei Notwendigkeiten auf den Willen anwenden? Es liegt auf der Hand, dass die bedingte Notwendigkeit in einigen

[5] *DPN*, c. 4, ¶¶28–29.
[6] *ST*, I, q. 2, a. 3.
[7] *ST*, I, q. 82, a. 1.

Situationen auf den Willen zutrifft. Wenn Clare das Meer überqueren will und das einzige verfügbare Mittel ein Schiff ist, dann muss Clare das Schiff nehmen. Natürlich kann sie ihren Wunsch, das Meer zu überqueren, aufgeben (wenn sie z.B. Todesangst vor einer Schifffahrt hat). Diese Option schmälert nicht ihre bedingte Notwendigkeit, die sich aus dem Ziel ergibt. Bei einem bestimmten Zweck ist ein bestimmtes Mittel erforderlich. Wenn man diesen Zweck eliminiert (z.B. den Wunsch, das Meer zu überqueren, aufgibt), verschwindet die Notwendigkeit.

Gilt für den Willen auch die Notwendigkeit des Zwangs? Bei dieser Frage müssen wir zwischen dem Willensakt selbst (so wie bei der Entscheidung) und der gewählten Handlung (wie beim Gang zum Lebensmittelgeschäft) unterscheiden. Für letztere kann Zwang gelten.[8] Angenommen, Anna hat sich entschieden, in den Lebensmittelladen zu gehen. Dennoch führt sie ihre Entscheidung nicht aus. Warum? Weil Kenny sie im Haus einsperrt und sie physisch zwingt, zu Hause zu bleiben – unter Zwang. In diesem Fall gilt die Zwangsnotwendigkeit für die gewählte Handlung (zum Lebensmittelgeschäft zu gehen), weil Anna zwangsweise daran gehindert wird, ihre Wahl zu treffen.

Was ist mit der Wahl selbst? Gibt es eine effiziente Ursache, die Anna dazu zwingen kann, sich für einen Einkauf im Lebensmittelgeschäft zu entscheiden? Die Antwort des Aquinaten ist ausdrücklich: absolut nicht.[9] Keine effiziente Ursache kann den Willen zu dieser oder jener Handlung zwingen. Wie wir gesehen haben, liegt die eigentliche Natur einer Willenshandlung in einer Neigung. Aber eine Neigung entsteht – ihrem Wesen nach – aus dem Inneren. Der Baum neigt zum Beispiel dazu, Wurzeln zu schlagen, weil etwas in ihm einen Anstoß zu dieser Handlung gibt. Da jeder Willensakt eine Neigung ist und da jede Neigung von innen heraus entsteht, folgt daraus, dass jeder Willensakt von innen heraus entstehen muss. Keiner kann aus einer äußeren effizienten Ursache entstehen.[10] Zwangsnotwendigkeit entsteht jedoch immer aus einer *äußeren*

[8] *ST*, I-II, q. 6, a. 4.

[9] *ST*, I, q. 82, a. 1.

[10] Nach Ansicht Thomas von Aquins kann die Kausalität Gottes als eine Ausnahme gelten, da Gott den Willen zum Handeln bewegt (ST, I-II, q. 9, a. 6). Letztlich ist dieser Fall jedoch keine Ausnahme, denn Gott bewegt den Willen von innen heraus und entsprechend seiner Natur.

effizienten Ursache. Zwangsnotwendigkeit kann sich also niemals auf Willenshandlungen beziehen.

Tafel 14-2 Notwendigkeit im Willen

Art der Notwendigkeit	*Art der Ursache*	*Beschreibung*	*Findet dies sich im Willen?*
Bedingte Notwendigkeit	Finalursache	Wenn ein Mittel zu einem gewünschten Ziel erforderlich ist	ja
Notwendigkeit des Zwangs	Wirkursache	Wenn etwas oder jemand zum Handeln gezwungen wird	nein
Absolute Notwendigkeit	Formalursache	Wenn Bestimmungen aus der Form notwendig folgen	ja
	Materialursache	Wenn Konsequenzen notwendig aus der Potenzialität folgen	nicht anwendbar

Man könnte annehmen, dass, wenn jemand hypnotisiert oder einer Gehirnwäsche unterzogen wird, er dann gezwungen wird, bestimmte Dinge zu begehren oder Dinge zu wählen. Laut Thomas handelt es sich in diesen Fällen jedoch nicht um Willenszwang. Vielmehr geht es um die Beseitigung einer Handlung des Willens; der Wille wird gleichsam abgeschaltet. Jemand, der einer Gehirnwäsche unterzogen wird, wird nicht gezwungen, zu wählen; vielmehr wird er gezwungen, ohne eine Wahl zu handeln.[11]

[11] *ST*, I-II, q. 10, a. 3.

Was ist mit der dritten Art der Notwendigkeit – der absoluten Notwendigkeit –, die sich aus materiellen oder formalen Ursachen ergibt? Gilt sie auch für den Willen? Auch hier ist Thomas von Aquins Antwort nachdrücklich: absolut ja.[12] Der Wille ist eine bestimmte Art von Vermögen, und jedes Vermögen hat eine durch seinen Zweck bestimmte Natur. Seiner Natur nach muss der Wille (wenn er überhaupt handelt) das allgemeine Wohl der Person anstreben. So wie jeder Akt des Hörens ein Akt des Hörens von Tönen sein muss, so muss jeder Akt des Wollens ein Akt des Wollens zum allgemeinen Wohl sein. Diese Notwendigkeit stand im letzten Kapitel im Mittelpunkt vieler Diskussionen.

Mit dieser Antwort möchte es scheinen, dass Thomas ein Kompatibilist sei. Schließlich glaubt er, dass der Wille seiner Natur entsprechend handeln muss, und gleichzeitig sagt er, dass der Wille frei ist. Diese Schlussfolgerung ist jedoch zu voreilig. Nachdem er bekräftigt hat, dass für den Willen bestimmte Arten von Notwendigkeit gelten, sagt Thomas sofort, dass nicht jeder Willensakt notwendig ist.[13] Ein Kompatibilist meint, dass ein und dieselbe Handlung durch verschiedene Ursachen determiniert und gleichzeitig frei sei. Im Gegensatz dazu sagt Thomas, dass einige Willenshandlungen notwendig sind, während andere nicht notwendig sind. Notwendigerweise müssen wir unser Gesamtwohl wollen. Es besteht jedoch keine Notwendigkeit, dass Anna sich dafür entscheidet, in ein Lebensmittelgeschäft zu gehen.

Der Intellekt bewegt den Willen zum Handeln

Hält Thomas von Aquin also an der Auffassung der selbstverantwortlich Handelnden fest? Um diese Frage zu beantworten, müssen wir sehen, was er zu den Ursachen des Willensaktes zu sagen hat. Er fragt, ob der Intellekt den Willen zum Handeln veranlasst,[14] ob die Emotionen den Willen zum Handeln veranlassen,[15] oder ob der Wille selbst sein eigenes Handeln

[12] *ST*, I, q. 82, a. 1.
[13] *ST*, I, q. 82, a. 2.
[14] *ST*, I-II, q. 9, a. 1.
[15] *ST*, I-II, q. 9, a. 2.

verursacht.[16] Die Antwort auf diese Fragen wird dazu beitragen, zu verstehen, auf welche Weise unsere Entscheidungen frei sind.

Wenn Thomas von Aquin fragt, ob der Intellekt den Willen zum Handeln veranlasst, trifft er eine wesentliche Unterscheidung.[17] Eine Ursache muss den Willen in irgendeiner Weise bestimmen, aber es gibt zwei Möglichkeiten, wie er bestimmt werden kann. Erstens kann der Wille zum Handeln und zum Nichthandeln bestimmt werden; zweitens kann er zu dieser oder jener Handlung bestimmt werden. Auf der einen Seite kann Jim sich entscheiden oder nicht entscheiden; auf der anderen Seite kann er sich entscheiden, Fahrrad zu fahren oder zu schwimmen. Dieselbe doppelte Entschlossenheit findet sich auch bei anderen Handlungen. Jemand kann zum Beispiel sehen oder nicht sehen, und er kann Blau, Grün oder jede andere Farbe sehen. Das Sehvermögen muss also zum Sehen oder Nichtsehen bestimmt werden, und es muss zu diesem oder jenem Gegenstand des Sehens bestimmt werden.

Das Sehvermögen wird durch den Handelnden selbst bestimmt, der seine Augen öffnen und schließen kann, um zu sehen oder nicht zu sehen. Im Allgemeinen, sagt Thomas, ist der Wille die letztendliche Quelle der Entscheidung, zu handeln oder nicht zu handeln, sofern die Person die Kontrolle über eine bestimmte Aktivität hat. Wir entscheiden, ob wir unsere Augen öffnen oder schließen, ob wir uns etwas vorstellen oder nicht vorstellen, ob wir unsere Hände bewegen oder nicht bewegen. Natürlich haben wir über manche Handlungen keine Kontrolle. Wir können uns zum Beispiel nicht dafür entscheiden, unser Bein ruhig zu halten, wenn der Arzt auf unsere Kniebeuge klopft, wodurch eine Reflexreaktion ausgelöst wird.

Das Sehvermögen wird durch den Gegenstand, der ihm präsentiert wird, darin bestimmt, ob es Blau, Grün oder eine andere Farbe sieht. Wenn Sarah auf einen braunen Tisch schaut, dann ist ihr Akt des Sehens auf Braun festgelegt; wenn sie eine rote Blume betrachtet, dann ist ihr Sehakt auf Rot festgelegt. Im Allgemeinen, sagt Thomas, wird ein Akt durch seinen Gegenstand zu diesem oder jenem bestimmt. Der Akt des Verkostens zum

[16] *ST*, I-II, q. 9, a. 3.
[17] *ST*, I-II, q. 9, a. 1.

Beispiel wird durch den verkosteten Gegenstand bestimmt, und der Akt des Vorstellens wird durch den vorgestellten Gegenstand bestimmt.

Thomas von Aquin wendet diese Erkenntnisse auf den Willen an. Einerseits kann Jim wählen oder nicht wählen – was von Jim, sofern er ein Handelnder ist, letztlich durch seinen Willen bestimmt wird. Andererseits kann Jim wählen, Fahrrad zu fahren oder zu schwimmen, und der Charakter dieser Wahl wird durch den Gegenstand, den er wählt, bestimmt. Dieses Objekt wird jedoch dem Willen aus rationalen Gründen vorgelegt. Jim überlegt, welche Übung am besten ist, und kommt zu dem Urteil, dass Radfahren am besten ist. Letzten Endes behauptet Thomas also, dass der Wille zu dieser oder jener Handlung durch den Intellekt bestimmt wird, der den Gegenstand dem Willen präsentiert.

Wieder einmal scheint es also, dass Thomas ein Kompatibilist sein könnte. Schließlich wird der Wille durch den Intellekt bestimmt. Da Jim entschieden hat, dass Radfahren am besten für seine Gesundheit ist, muss er sich für das Fahrrad entscheiden. Das Urteil der Vernunft steht an erster Stelle, und dann folgt die Wahl.

Die Beziehung zwischen dem Urteil der Vernunft und der anschließenden Entscheidung ist nach Ansicht von Thomas nicht so einfach. Thomas beharrt darauf, dass der Wille nicht durch die Gegenstände bedingt ist, die weniger als vollkommen gut sind.[18] Mit anderen Worten, der Wille ist im Hinblick auf das Gesamtgut bestimmt, aber nicht im Hinblick auf weniger gute Güter. Jedes andere Gut, so Thomas von Aquin, hat etwas Gutes und etwas Schlechtes an sich (oder wir können es zumindest als solches wahrnehmen). Wenn es also mit dem Gut der Gesundheit, mit dem Gut des Radfahrens, mit dem Gut des Einkaufens im Lebensmittelgeschäft oder mit irgendeinem anderen besonderen Gut präsentiert wird, ist der Wille nicht bedingt.

Ob der Wille eines dieser besonderen Güter auswählt, kann also von ihm selbst abhängen. Thomas vergleicht den Willen mit den Augen. Nehmen wir an, die Augen blicken auf einen Gegenstand, der teils farbig und teils transparent ist, zum Beispiel eine Glasscheibe, auf der ein Bild abgebildet

[18] *ST*, I-II, q. 10, a. 2.

ist. Notwendigerweise sehen die Augen Farbe, aber wenn sie zufällig auf den Teil des Gegenstandes schauen, der transparent ist, dann werden sie nichts (von diesem Gegenstand) sehen. In Analogie dazu kann der Wille, wenn er mit einem teilweise guten und teilweise nicht guten Objekt konfrontiert wird, wählen oder nicht wählen. Indem er sich auf das konzentriert, was gut ist, wird er zur Entscheidung geführt; indem er sich darauf konzentriert, was nicht gut ist, kann er nicht entscheiden. Radfahren erscheint Jim als gut, aber er erkennt, dass es einige Nachteile hat. Wenn er sich auf diese negativen Eigenschaften konzentriert, kann es sein, dass er sich nicht für das Radfahren entscheidet.

Der Wille bestimmt sich selbst zum Handeln

Die Augen unterscheiden sich vom Willen in einer sehr signifikanten Weise. Sie sind durch den Willen dazu bestimmt, diesen oder jenen Teil der Glasscheibe anzuschauen. Letzten Endes haben sie also keine eigene Freiheit. Im Gegensatz dazu bewegt sich der Wille selbst, zu handeln oder nicht zu handeln.[19] Der Wille ist in dieser Hinsicht einzigartig; er allein bewegt sich selbst, ob er handelt oder nicht handelt. Wenn ihm ein zu fällendes Urteil – wie das Urteil über das Radfahren – vorgelegt wird, ist der Wille nicht durch das Objekt bedingt. Ob er wählt oder nicht wählt, hängt allein vom Willen selbst ab.

Wie kann sich der Wille selbst bewegen? Wird er durch die Selbstbewegung nicht seine eigene Ursache? Nicht, sagt Thomas von Aquin, wenn wir einen Akt betrachten, durch den er sich selbst zu einer anderen Handlung bewegt.[20] Indem der Wille Gesundheit wünscht, kann er sich selbst zu dem Wunsch bewegen, Fahrrad zu fahren. Der Wille setzt einen Akt – den Wunsch nach Gesundheit – und bewegt sich selbst zu einer anderen Handlung – dem Wunsch, Fahrrad zu fahren. Indem der Wille irgendeinen Zweck wünscht, sagt Thomas, kann er sich selbst dazu bewegen, ein entsprechendes Mittel zu wählen. Erinnern Sie sich, dass ein Tätiges in irgendeiner Form wirkt und dass es das Leidende dazu bringt, wie diese Form zu werden, so wie Feuer durch seine eigene Wärme erwärmt und

[19] *ST*, I-II, q. 9, a. 3.
[20] *ST*, I-II, q. 9, a. 3, ad 1.

das Wasser dazu bringt, warm zu werden. Beim Willen verhält es sich nicht anders. Er hat eine bestimmte Form – den Wunsch nach dem Wohl der Gesundheit, durch den er sich selbst zu einer neuen Handlung bewegen kann. Diese neue Handlung muss in irgendeiner Weise wie das Original sein. Der Wunsch, Fahrrad zu fahren, ist in der Tat ein Wunsch nach Gesundheit, aber er ist eine besondere Verwirklichung dieses Wunsches.

Es stimmt, dass der Wille sich nur durch Überlegung selbst bewegt.[21] Jim beginnt mit dem Wunsch nach Gesundheit und überlegt dann, wie er gesund werden kann. Am Ende seiner Überlegungen kommt er zu dem Urteil, dass er Rad fahren sollte. Wenn der Wille sich selbst bewegt, dann tut er das nur durch die Vernunft. Sollen wir daraus schließen, dass der Wille durch das Urteil der Vernunft notwendig tätig ist?

Diese Schlussfolgerung ignoriert den Unterschied zwischen der Art und Weise, wie die Vernunft determiniert, und der Art und Weise, wie der Wille determiniert. Die Vernunft bestimmt in Bezug auf den Gegenstand (zu dieser oder zu jener Handlung); der Wille bestimmt in Bezug auf Handeln oder Nichthandeln.[22] Die Urteile der Vernunft können also den Willen zum Handeln nicht bewegen, denn das ist nicht die Art und Weise, wie die Vernunft bewegt. Sie kann einen bestimmten Gegenstand bestimmen, aber die *Bewegung* hin zu diesem Gegenstand hängt vom Willen ab.

Thomas unterscheidet klar zwischen der „Freiheit" der Tiere und der Freiheit des Menschen. Tiere sind in einem sehr eingeschränkten Sinne frei, nämlich insofern, als sich ihre Urteile über ein begehrenswertes Objekt ändern können.[23] Ein Eichhörnchen sieht eine Nuss und begehrt diese; dann aber nimmt es einen sich nähernden Hund wahr und urteilt, dass es nicht wünschenswert ist, die Nuss jetzt zu holen. Ob das Eichhörnchen wünscht, die Nuss zu nehmen oder sicher auf dem Baum zu bleiben, hängt vollständig von seinem Urteilsvermögen ab, das sich ändern kann. Wenn der Mensch immer dem Urteil der Vernunft folgen müsste, dann wäre er nicht anders als die Tiere. Die Urteile der Tiere können sich ändern, aber wenn sie ein bestimmtes Urteil gefällt haben, folgt die Wahl mit Notwendigkeit. Für Thomas ist jedoch klar: Der Mensch ist mehr als

---

[21] *ST*, I-II, q. 9, a. 4.
[22] *ST*, I-II, q. 9, a. 3, ad 3.
[23] *QDV*, q. 24, a. 2.

die Tiere. Der Mensch allein, so sagt er, ist Herr auch über sein Urteilsvermögen.

Im Wechselspiel zwischen Vernunft und Wille beginnt die Vernunft also damit, dass sie dem Willen etwas Gutes (z.B. Gesundheit) vorstellt, das der Wille dann begehrt. Als Nächstes bringt der Wille die Vernunft zum Nachdenken, um zu entscheiden, ob und mit welchen Mitteln dieses Gut erstrebenswert ist. Die Überlegungen der Vernunft führen letztlich zu einem bestimmten Urteil über die auszuführenden Handlungen (wie z.B. Radfahren). Der Wille kann dann dieses Urteil akzeptieren oder ablehnen.[24] Genauer gesagt, er kann entweder mit seiner Bewegung zum Nachdenken fortfahren oder er kann die Beratung beenden und zu der Handlung übergehen, die die Vernunft vorgelegt hat.

Bevor wir fortfahren, sollten wir uns klarmachen, dass diese Darstellung eine Kurzfassung ist. Es ist nicht ganz zutreffend, von Vernunfturteilen und Willenswahl zu sprechen, von den Präsentationen der Vernunft und vom Willen, der sich bewegt. Diese Vermögen allein handeln letztlich nicht. Vielmehr handelt immer die Person im Rahmen ihrer Vermögen. Es ist nicht so sehr die Vernunft, die urteilt, sondern die Person urteilt mit Hilfe ihrer Vernunft. Es ist nicht so sehr der Wille, der entscheidet, sondern es ist die Person, die durch ihren Willen entscheidet. Eine menschliche Person wird nicht von ihren Vermögen hin- und hergeschoben. Vielmehr sind ihre Vermögen die Instrumente, mit denen sie selbst handelt.

Beachten Sie die erstaunliche Eleganz der Position des Thomas von Aquin. Der Wille ist frei, gerade deshalb, weil er notwendig ist. In allen seinen Handlungen sucht der Wille notwendigerweise das allgemeine Wohl. Von diesem ersten Wunsch aus kann der Wille sich selbst dazu bewegen, andere Objekte zu begehren. Diese anderen Objekte haben zwar einen gewissen Anteil am Gesamtgut, aber sie verwirklichen es nicht vollständig. Sie haben etwas Gutes, aber ihnen fehlt auch etwas Gutes. Im Willen gibt es also keine Notwendigkeit für eines dieser weniger guten Güter. Durch sein notwendiges Begehren kann sich der Wille also zu Wünschen bewegen, für die keine Notwendigkeit besteht.

---

[24] *ST*, I, q. 83, a. 3.

Die daraus resultierende Wahl des Willens ist aber keine unverursachte Handlung. Sie ist auch keine zufällige Handlung. Die Wahl wird durch den Willen selbst verursacht. Der Wille ist nicht völlig geheimnisvoll; er ist wie andere Ursachen. So wie das Feuer Wärme besitzt und die Wärme an Wasser weitergibt, so besitzt der Wille irgendeine Form, nämlich den Wunsch nach dem Gemeingut, von dem aus er zu weiteren Wünschen nach konkreteren Gütern übergeht. Der große Umfang der Form, die der Wille besitzt, kann jedoch in der Form, die er weitergibt, nicht vollständig verwirklicht werden. Die Ausdehnung des Gemeingutes kann in den vielen einzelnen Gütern, die wir wählen, nicht vollständig verwirklicht werden.

Gleichzeitig unterscheidet sich der Wille von anderen Ursachen. Er wirkt auf sich selbst. Von einer Handlung bewegt er sich selbst zu einer anderen Handlung. Diese Neuartigkeit des Willens kommt jedoch nicht völlig unerwartet. In der immanenten Tätigkeit finden wir eine Aktivität, die nicht aus sich selbst herausgeht, um einen Leidenden zu verändern. Wenn wir uns in der Kette der immanenten Aktivitäten nach oben bewegen, gelangen wir schließlich zur Vernunft, wo wir eine völlig immaterielle immanente Aktivität vorfinden. Wie wir gesehen haben, beugt sich die Vernunft auf sich selbst zurück. Beim Menschen finden wir das Selbstbewusstsein; wir haben einen Verstand, der sich bewusst ist, dass er auf die Welt blickt. Eine ähnliche Selbstreflexion findet sich auch im Willen, der ebenfalls eine völlig immaterielle Aktivität aufweist.[25] Die Vernunft beugt sich jedoch in Bezug auf den *formalen* Gegenstand zurück, während sich der Wille in Bezug auf eine *effiziente* Kausalität zurückbeugt. Der Wille allein bewegt sich also selbst, zu handeln oder nicht zu handeln. Es scheint also, dass Thomas von Aquin bereit ist, eine Version der Theorie des selbständig Handelnden zu akzeptieren.

Angesichts des komplizierten Wechselspiels zwischen Vernunft und Wille dürfte Thomas über die Ergebnisse von Libets Experiment nicht sehr überrascht sein. Erinnern Sie sich, dass die Versuchspersonen gebeten wurden, ihre Fäuste zu ballen, wenn sie den Wunsch dazu verspürten. Libet entdeckte, dass die Versuchspersonen zunächst einen Nervenimpuls hatten, der mit der Bewegung ihrer Hände verbunden war, und dass sie

[25] *ST*, I-II, q. 11, a. 3, ad 3; I-II, q. 16, a. 4, ad 3.

erst dann den Drang verspürten, ihre Hände zu bewegen. Dieses Ergebnis könnte sich aus der Lehre Thomas von Aquins über die Beziehung zwischen Vorstellungsvermögen, Vernunft und Willen ergeben. Wie wir gesehen haben, wird jeder Akt der Vernunft von einem Akt der Vorstellung begleitet, der sich selbst in einer bestimmten Aktivität des Gehirns realisiert. Es sollte also nicht überraschen, wenn die neuronale Aktivität einem Akt der Vernunft vorausgeht. Wir haben auch gesehen, dass ein Urteil der Vernunft immer einem Willensakt vorausgehen muss. In der Situation der Experimente könnte es also durchaus eine Hirnaktivität geben, die Teil des Dranges ist, die Finger zu beugen. Die Vernunft, die sich dieses Wunsches bewusst wird, bildet ein Urteil darüber, dass es an der Zeit ist, die Finger zu beugen. Nur dann kann der Wille diesen Drang akzeptieren oder ablehnen.

Libets Vorstellung von einer „negativen Freiheit“ passt auch gut zu Thomas von Aquins Idee, dass der Wille über Handeln oder Nichthandeln entscheidet. Erstens stellt die Vernunft das Ballen der Faust als gut dar (vielleicht im Anschluss an einen emotionalen Wunsch, der einen Akt des Gehirns beinhaltet). Erst dann kann der Wille handeln oder nicht handeln. Erst dann kann er das von der Vernunft dargebotene Gut akzeptieren oder zurückweisen.

Einflüsse auf den Willen

In Kapitel 12 haben wir zwischen Freiheit und Indifferenz unterschieden. Ein freier Akteur wird nicht durch die Ursachen bestimmt, die auf ihn einwirken. Daraus folgt nicht, dass er indifferent ist, dass er sich nicht auf die eine oder andere Weise intensiv darum kümmert. Jemand, der frei ist, kann gleichwohl deutlich zu der einen oder anderen Entscheidung hinneigen. Während der Handelnde frei bleibt, kann er auch durch die Ursachen, die auf ihn einwirken, in die eine oder andere Richtung beeinflusst werden. Thomas von Aquin selbst dachte, dass diese Einflüsse sehr stark sein können. Eine Mehrheit der Menschen, so sagte er, wird von ihren Leidenschaften beeinflusst, die wiederum von verschiedenen Umweltfaktoren bewegt werden können.[26]

---

26 *ST*, I-II, q. 9, a. 5, ad 3.

Wir haben gesehen, dass der Intellekt den Willen bewegt, indem er ihm den Gegenstand präsentiert, während der Wille sich je nach der Aufgabe selbst bewegt, um zu handeln oder nicht zu handeln. Auf welche Weise bewegen die Emotionen den Willen? Sie bewegen ihn, sagt der Aquinate, durch die Vernunft.[27] Unsere emotionalen Wünsche können unser Urteilsvermögen beeinflussen. Vielleicht hatte Jim einen schlimmen Unfall mit dem Fahrrad, so dass er, wenn er daran denkt, mit dem Fahrrad zu fahren, eine starke Angst entwickelt. Aufgrund dieser Reaktion urteilt er, dass es besser wäre, schwimmen zu gehen als Fahrrad zu fahren. Die Emotion beeinflusst letztlich seine Wahl, aber nur, indem sie zuerst sein Urteilsvermögen beeinflusst. Aus Erfahrung wissen wir im Allgemeinen, dass unsere Urteile stark von unseren Emotionen beeinflusst werden. Letztendlich bewegen die Emotionen also den Willen durch das Objekt. Sie beeinflussen den Gegenstand, der dem Willen vorgelegt wird.

Manchmal handeln wir aus dem Impuls einer Emotion heraus, spontan und ohne Nachdenken. Wenn uns z.B. jemand irritiert, geben wir eine knappe Antwort, ohne viel nachzudenken. In solchen Fällen treffen wir vielleicht überhaupt keine Entscheidung. Mit anderen Worten: diese Emotionen beeinflussen nicht den Willen, sondern umgehen ihn. Wir handeln nach den Emotionen, nicht durch irgendeine Wahl des Willens. Diese Fälle, in denen wir aus einem emotionalen Impuls heraus handeln, betreffen jedoch – außer im Falle eines vorübergehenden Wahnsinns, der auch noch die geringfügigen willensbedingten Aktivitäten umgeht – nur kleinere Handlungen, die wir spontan ohne Reflexion durchführen. Die meisten unserer Handlungen erfordern zumindest ein geringes Maß an Nachdenken und damit den Willen.

Die Emotionen selbst werden von anderen Faktoren beeinflusst. Thomas war sich zum Beispiel durchaus bewusst, dass wir bestimmte emotionale Veranlagungen erben können.[28] Manche Menschen werden beispielsweise ängstlicher geboren, während andere mutiger geboren werden. Darüber hinaus können diese Veranlagungen durch Erfahrung verändert werden. Ein zunächst zaghaftes Individuum, das in einer gewalttätigen

[27] *ST*, I-II, q. 9, a. 2.

[28] *ST*, I-II, q. 51, a. 1.

Umgebung aufwächst, kann noch zaghafter werden. In einer anderen Umgebung könnte sein Gefühl des Wagemuts gefördert werden.

Der Wille hat seine eigenen Veranlagungen, die sich von den Veranlagungen in den Emotionen unterscheiden. Die beiden Arten von Veranlagungen sind jedoch nicht genau gleich. Emotionen sind körperliche Vermögen. Folglich enthält der Körper, mit dem wir geboren werden, emotionale Veranlagungen.[29] Im Gegensatz dazu ist der Wille ein völlig immaterielles Vermögen. Als solches werden seine Veranlagungen nicht direkt vom Körper beeinflusst.[30] Veranlagungen des Willens werden nicht genetisch vererbt.

Wie die Emotionen können aber auch die Veranlagungen des Willens durch andere Faktoren beeinflusst werden. Bei einem Kind, das in einer liebevollen Umgebung aufwächst, wird zum Beispiel die Veranlagung zur Liebe gefördert. Die liebevolle Umgebung fördert zwei getrennte Dispositionen: eine in den Emotionen und eine im Willen. Die Umgebung mag zwar bestimmte Veranlagungen im Willen fördern, aber diese Veranlagungen können nur durch die eigene Entscheidung des Individuums direkt gebildet werden.[31] Indem wir uns für bestimmte Güter immer wieder entscheiden, stärken wir unser Verlangen nach diesen Gütern und machen zukünftige Entscheidungen leichter und wahrscheinlicher. Jemand, der sich z.B. wiederholt dafür entscheidet, mit anderen zu teilen, entwickelt eine Disposition zur Großzügigkeit. Künftig fällt es ihm leichter, sich für Großzügigkeit zu entscheiden.

Natürlich können auch andere Umweltfaktoren unsere Entscheidungen beeinflussen. So ist die Gelegenheit selbst ein wichtiger Einfluss. Jemand, dem die Möglichkeit gegeben wird, Geld zu stehlen, könnte es tatsächlich stehlen und dadurch in seinem Willen eine gierige Gesinnung fördern. Vor allem aber beeinflusst unsere Umwelt unsere Entscheidungen, indem sie einige Dinge als gut und andere als schlecht darstellt. In unserer heutigen Gesellschaft wird zum Beispiel der Reichtum verherrlicht, so dass die Menschen geneigt sind zu urteilen, dass Reichtum es wert sei, erstrebt zu werden. Ebenso deutet das Vorherrschen sexualisierter Bilder in

---

[29] *ST*, I-II, q. 9, a. 5, ad 3.

[30] *ST*, I-II, q. 9, a. 5.

[31] *ST*, I-II, q. 51, a. 2; I-II, q. 52, a. 3.

unserer Gesellschaft (neben der Stimulierung der Leidenschaften) auf die Auffassung hin, dass Glück nur mit sexueller Lust erlangt werden könne.

Aus dieser Untersuchung der Einflüsse auf den Willen ergibt sich ein Muster. Jeder Einfluss auf den Willen – mit Ausnahme des Einflusses des Willens auf sich selbst – wirkt durch die Vernunft. Die Vererbung beeinflusst unsere Emotionen, aber unsere Emotionen beeinflussen die Wahl nur, indem sie unser Urteilsvermögen beeinflussen. Auch Umweltfaktoren können unsere Emotionen beeinflussen, aber die Emotionen können nur unser Urteilsvermögen beeinflussen. In beiden Fällen bewegen sie den Willen nur durch die Vernunft. Sogar die Dispositionen des Willens, die durch die eigenen Entscheidungen des Individuums gebildet werden, können zukünftige Entscheidungen durch die Vernunft beeinflussen, denn das Urteil der Vernunft kann nicht nur beeinflusst werden, weil wir ein emotionales Verlangen nach etwas haben; es kann auch beeinflusst werden, weil wir ein stärkeres Verlangen im Willen haben. All diese Einflüsse wirken sich also über die Vernunft auf den Willen aus. Die Vernunft selbst bewegt jedoch den Willen, indem sie ihm einen Gegenstand vorstellt. Alle diese Einflüsse auf den Willen wirken also, indem sie die Art und Weise beeinflussen, in der das Gute dem Willen präsentiert wird.

Die Dispositionen des Willens selbst unterscheiden sich jedoch von anderen Einflussfaktoren. Möglicherweise beeinflussen sie die Art und Weise, in der das Objekt präsentiert wird, und sie beeinflussen auch zukünftige Entscheidungen auf bestimmte Weise. Sie verleihen der Person eine stärkere Disposition – in ihrem Willen – zu ähnlichen Entscheidungen. Die Selbstbewegungen des Willens werden also auf der Grundlage seiner vergangenen Entscheidungen erleichtert oder erschwert.[32]

Trotz dieser vielen Einflüsse, die auf ihn einwirken, bleibt der Wille frei. Bestimmte Entscheidungen werden erleichtert, andere werden erschwert. Am Ende müssen wir jedoch entscheiden. Wir müssen uns zu einer bestimmten Handlung bewegen. Wenn wir vor einer Entscheidung stehen, müssen wir uns immer daran erinnern, dass es an uns liegt, was wir tun.

---

32 *ST*, I-II, q. 49, a. 3.

Kapitel 15

Zweck

Du hast uns für Dich selbst geschaffen, o Herr,
und unsere Herzen sind unruhig,
bis sie ruhen in Dir.
Augustinus

Wir werden nicht aufhören zu forschen,
Und das Ende all unserer Erkundungen
Wird sein, dass wir dort ankommen, wo wir begonnen haben.
Und zum ersten Mal den Ort erkennen.
T. S. Eliot

Wir haben das menschliche Erkennen und das menschliche Begehren untersucht. Menschliches Erkennen beginnt mit den äußeren Sinnen, durch die wir die Welt um uns herum erfassen. Als Nächstes haben wir die inneren Sinne, wie das Vorstellungsvermögen und das instinktive Schätzungsvermögen, durch die äußeren Sinne kennen gelernt. Schließlich abstrahiert die Vernunft, indem sie aus dem, was durch die Sinne erkannt wurde, Ähnlichkeiten herauszieht und sich ihres eigenen Erkenntnisaktes bewusst wird, indem sie die Übereinstimmung mit der Welt um sie herum erkennt. Der selbstbewusste Geist wird geboren, indem er auf sich selbst und auf die Welt schaut.

Menschen haben auch bewusste Vermögen, etwas zu wünschen. Während die Erkenntnisvermögen die Welt erfassen, reagieren die wünschenden Vermögen auf die Welt. Dem Erkennen der Sinne folgend, zeigt sich eine Vielfalt von Emotionen, und auf die Vernunft folgend zeigen sich die tiefsten Wünsche von allen, die Wünsche des Willens. Im Willen finden wir auch eine radikale Freiheit, die Fähigkeit, uns zu bewegen, zu handeln oder nicht zu handeln. Der selbstbewusste Akteur ist auch der selbstbestimmende Akteur.

Wir erkennen eine Substanz anhand ihrer Vermögen und Fähigkeiten, und wir erkennen die Vermögen anhand ihrer Tätigkeiten; die Aktivitäten selbst werden durch ihre Gegenstände identifiziert. Wir haben daher diese verschiedenen Aktivitäten im Hinblick auf ihre Objekte untersucht und dabei die den Aktivitäten zugrundeliegenden Vermögen und Fähigkeiten verstehen gelernt. Den Vermögen selbst zugrunde liegt jedoch die menschliche Person. Wir wissen, was wir sind – wir wissen, was es bedeutet, Mensch zu sein –, indem wir verstehen, was wir tun.

Die Bedeutung unserer Selbstwahrnehmung

Wenn wir verstehen wollen, was wir sind, ist das keine bloße Neugierde. Dieses Verständnis beeinflusst die Art und Weise, wie wir unser Leben führen, zutiefst. Eine mangelhafte Erkenntnis stellt zum Beispiel die menschliche Person als nicht viel mehr dar als ein unzusammenhängendes Bündel emotionaler Wünsche. Ein Leben, das im Schatten dieser Auffassung geführt wird, tendiert zur hilflosen Suche nach dem, was jetzt am dringlichsten ist. Hilflos, weil wir von unseren Wünschen hin und her bewegt werden; wir selbst bewegen uns nicht. Wir sind dann Opfer unserer Sehnsüchte, dazu bestimmt, diesen zu folgen.

Wenn wir zu verstehen beginnen, dass wir nicht nur emotionale Wesen sind, sondern auch tiefere Wünsche im Willen haben, dann können wir eine Distanz zwischen unserem wahren Selbst und der fordernden Kakophonie emotionaler Wünsche herstellen. Wir sind nicht nur das, was wir fühlen. Wir sind etwas Tiefgründigeres. Wir müssen uns nicht dafür entscheiden, alle unsere Wünsche zu befriedigen. Wir können die Kontrolle über unsere Wünsche übernehmen.

Fehlerhafte Vorstellungen von der menschlichen Person können noch schädlichere Auswirkungen auf unser Leben haben. Sie können ein Gefühl der Bedeutungslosigkeit und der Verzweiflung fördern. Warum sollen wir unser Leben weiterführen? Was ist der Sinn des Ganzen? Wenn wir als menschliche Wesen nur kosmische Zufälle sind, dann hat unser Leben keinen Sinn. Das Höchste, was wir uns von einem solchen Leben erhoffen können, ist ein gelegentliches Gefühl der Zufriedenheit.

Was den Sinn des menschlichen Lebens betrifft, so gibt es drei primäre Auffassungen. Erstens sagen einige, dass das menschliche Leben keinen Sinn habe. Zweitens sagen andere, dass wir unserem eigenen Leben einen Sinn geben können. Und schließlich sagen wieder andere, dass unser Leben einen objektiven Sinn hat, den wir entweder erfüllen oder ablehnen können. Thomas von Aquin gehört zur dritten Gruppe.

Sinn oder Zweck impliziert, dass es ein Ziel des Lebens gibt. Der Zweck eines Messers ist es, zu schneiden, und der Zweck eines Auges ist es, zu sehen. Diese Dinge haben insofern einen Zweck, als sie ein Ziel haben, auf das sie gerichtet sind. Ebenso hat unser Leben insofern einen Zweck, als es irgendein Ziel hat.

Ein sinnloses Leben

Diejenigen, die dem Leben keinen Sinn zugestehen, behaupten, dass das Leben kein Ziel habe. Für sie ist die Welt voller blinder Kräfte, die miteinander interagieren. Planeten kreisen um Sterne. Die Sterne heizen die Oberfläche der Planeten auf. Die Chemikalien auf den Planeten reagieren miteinander. Einige Chemikalien replizieren sich selbst. Einige dieser sich selbst replizierenden Organisationen kolonisieren und replizieren sich als Haufen. Einige chemische Reaktionen verursachen einen Zustand, den wir Bewusstsein nennen. Alles, so das Argument, ist die Folge von blinden Kräften, die aufeinanderprallen. Keine dieser Kräfte wirkt auf ein Ziel zu. Sie erzeugen einfach bestimmte Ergebnisse.

In diesem Schema von äußerst unwahrscheinlichen Zufällen ist der Mensch nur ein weiterer Zufall. Wie die anderen Zufälle haben Menschen kein Ziel, keinen Zweck. Sie haben eine Vielzahl von Begierden, aber diese Begierden selbst sind einfach das Ergebnis chemischer Reaktionen, die sich ihrer Kontrolle entziehen. Das Leben mag sich als angenehm oder schmerzhaft erweisen, aber es wird sich nicht als zweckgerichtet erweisen. Aus dieser Sicht können wir hoffen, Vergnügen zu erlangen, aber nicht mehr.

Selbsterschaffene Zwecke

Einige sind nicht bereit, dieses düstere Urteil über das menschliche Leben zu akzeptieren, und haben vorgeschlagen, dass wir unserem eigenen Leben einen Sinn geben können. Wir können uns Ziele setzen und dadurch definieren, wer wir sind. Wir können uns zum Beispiel dafür entscheiden, zu versuchen, die Welt zu einem besseren Ort zu machen. Dieses Ziel gibt unserem ansonsten leeren Leben einen Sinn. Unserem Leben wird kein Sinn oder Zweck *gegeben*. Vielmehr geben *wir* dem Leben einen Sinn. In dieser Sichtweise können wir definieren, wer wir sind.

Diese Auffassung hat ein eher unangenehmes Ergebnis: Wir können unser Leben und unsere Ziele definieren, wie wir wollen. Jemand könnte sich dafür entscheiden, die Welt zu einem besseren Ort zu machen, aber ein Adolf Hitler könnte sich dafür entscheiden, Macht und Herrschaft für sich selbst zu erlangen. Ist ein Zweck besser als ein anderer? Nach dieser Ansicht nicht. Die Zwecke sind schlicht unterschiedlich. Jedes Ziel – sei es, anderen zu helfen oder andere zu foltern – kann dem Leben eines Menschen einen Sinn geben, und dieser Sinn ist das Höchste, was wir uns von unseren Entscheidungen erhoffen können.

Einige haben versucht, diese Sichtweise subjektiver Entscheidungen zu verteidigen, indem sie darauf hinwiesen, dass Hitler eine Art Fanatiker war. Es sei in Ordnung, unseren eigenen Zweck zu wählen, so behaupten sie, solange wir nicht fanatisch seien. Diese Ansicht scheint eine Liebe zur Mittelmäßigkeit zu befürworten. Hitler war zweifellos ein Fanatiker. Aber auch Mutter Teresa war eine Art Fanatikerin, und auch Albert Schweitzer war ein Fanatiker, und auch Jesus Christus war ein Fanatiker. Nach dieser Ansicht sind also nur mittelmäßige Ziele akzeptabel.
Wenn wir jedoch etwas tiefer graben, erkennen wir, dass diese Ansicht nicht wirklich zwischen Fanatikern und Nichtfanatikern unterscheiden kann. Nach welchem Maßstab beurteilen wir etwas als extrem? Ist es extrem, sich einem einzigen Zweck zu widmen? Wenn ja, dann scheint die Hingabe an viele Zwecke das entgegengesetzte Extrem zu sein.

Schlussendlich verblasst die Auffassung der Selbsterschaffung, weil sie eine bohrende Frage nicht beantworten kann: Was ist der Zweck des Zwecks? Dan könnte sich entscheiden, seinem Leben einen Sinn zu geben, indem er Arzt wird und Patienten heilt. Sein Leben dreht sich um dieses Ziel. Er studiert Medizin; er eröffnet eine Praxis; er hilft vielen Patienten. Dieses Ziel gibt verschiedenen Aspekten seines Lebens einen Sinn. Warum studiert er? Um Patienten zu heilen. Warum sucht er eine Arbeit? Um Patienten zu heilen. Warum spricht er gerade jetzt mit dieser Patientin? Damit er ihr helfen kann. Dan tut, was er tut, damit er ein guter Arzt ist und Patienten heilen kann. Aber was ist der Sinn des Ganzen? Was ist der Zweck seines Tuns? Ein Zweck gibt solchen Dingen einen Sinn, die auf ein Ziel hingeordnet sind. Er gibt sich selbst keinen Sinn. Dans Zweck des Heilens gibt seinen Handlungen des Studiums, des Eröffnens einer Praxis und so weiter einen Sinn. Der Zweck kann sich selbst keinen Sinn geben.

Vielleicht hat das alles für sich selbst einen Sinn. Diese Antwort könnte stimmen, aber nicht für diese Auffassung des selbsterschaffenen Zwecks. In dieser Sichtweise der menschlichen Absicht hat nichts von selbst einen Sinn; wir müssen etwas einen Sinn geben. Dan gibt vielen seiner Handlungen einen Sinn, indem er das Ziel setzt, Patienten zu heilen. Dasselbe Ziel kann dem Ziel selbst keinen Sinn geben. Und wenn das Ziel keinen inhärenten Sinn hat, dann ist nicht klar, inwiefern die diesem Ziel zugeordneten Handlungen einen Sinn haben.

Was die meisten von uns (aber nicht notwendigerweise die Verfechter dieser Ansicht) für einen bösen Zweck halten würden – wie der von Hitler verfolgte Zweck –, ist eine sehr konkrete Art und Weise, denselben Standpunkt zu vertreten. Dan hat sich entschieden, ein guter Arzt zu sein. Stattdessen könnte er sich dafür entscheiden, ein guter Dieb zu sein. Das letztgenannte Ziel könnte vielen seiner Handlungen einen Sinn geben, wie z.B. Türen aufzubrechen, heimlich zu schleichen oder Gespräche mit wohlhabenden Leuten abzuhören, um Informationen zu bekommen. Aber was hat es für einen Sinn, ein Dieb zu sein?

Hat dies an sich schon einen Sinn? Sicherlich nicht nach der Auffassung des selbsterschaffenen Zwecks. Nach dieser Ansicht hat nichts einen Sinn, wenn wir ihm keinen Sinn geben. Wir geben etwas einen Sinn, indem wir Ziele setzen, aber das Ziel selbst bleibt ohne Sinn.

Wenn Dan Arzt ist, so könnte jetzt jemand einwenden, dann tut Dan anderen Menschen Gutes, während er, wenn er als Dieb tätig wäre, anderen

Menschen schaden würde. Dieser Einwand ist durchaus richtig. Dennoch hat er keinen Einfluss auf die hier vorgestellte Auffassung des selbsterschaffenen Sinns. Denn nach dieser Auffassung kann man nicht zwischen dem Helfen und dem Schädigen anderer unterscheiden; man kann nicht urteilen, dass das eine besser sei als das andere. Was ist gut daran, anderen zu helfen? Was ist falsch daran, ihnen zu schaden? In dieser Auffassung hat nichts einen Sinn – es sei denn, wir geben ihm einen Sinn. An sich hat es keinen Sinn, anderen zu helfen. Anderen zu schaden, ist an sich genauso sinnvoll wie alles andere.

In der Tat gibt es für die Vorstellung, dass manche Dinge gut und andere schädlich sind, in der Auffassung des selbsterschaffenen Zwecks keinen Anhaltspunkt. Auf welcher Grundlage behaupten wir, dass manche Dinge gut sind? Erinnern wir uns (aus Kapitel 13), dass wir das Gute in der Erfüllung oder Verwirklichung eines Zwecks oder einer Funktion erkannten. Ein gutes Auge zum Beispiel erfüllt den Zweck oder die Funktion des Sehens. Nur wo wir also eine Funktion finden, können wir das Gute finden. Wenn aber jeder menschliche Zweck oder jede menschliche Funktion durch unsere eigenen Äußerungen geschaffen wird, dann können wir nichts Gutes entdecken, das unabhängig von unseren eigenen Zielsetzungen ist. Nichts ist an sich gut oder schlecht. Daraus folgt, dass auch das Gute der anderen durch die Ziele, die *wir* uns setzen, definiert werden muss. Dan hätte genauso gut erklären können, dass Folter gut für andere sei; dann hätte er die Absicht, seinem Leben dadurch einen Sinn zu geben, dass er ein guter Folterer würde.

Ein empfangener Zweck

Thomas lehnt eine Theorie des selbsterschaffenen Zwecks ab. Wir machen nicht unsere eigenen Zwecke. Vielmehr empfangen wir einen Zweck von etwas, das über uns selbst hinausgeht.[1] Wir haben keine Schwierigkeiten, in den Artefakten, die wir herstellen, einen Zweck zu erkennen, weil wir ihnen diesen Zweck geben. Stifte sind zum Schreiben gemacht, Autos zum Transport und Sägen zum Schneiden. Diese Dinge haben nicht deshalb einen Zweck, weil sie diesen für sich selbst haben. Vielmehr geben wir

[1] *ST*, I-II, q. 1, a. 5.

ihnen einen Sinn. Wir geben unserem eigenen Leben jedoch keinen Sinn. Vielmehr wird unserem Leben ein Sinn gegeben, so wie Artefakten auch ein Sinn gegeben wird.[2]

Die erste Ansicht – dass das menschliche Leben keinen Zweck hat – ist insofern richtig: Wenn wir nichts weiter als kosmische Zufälle sind, dann haben wir keinen Zweck. Nichts, was wir tun – keine Entscheidung, die wir treffen –, kann diese düstere Einschätzung ändern. All die Ziele, die wir uns setzen, all das Vergnügen, das wir verfolgen, und all das Gute, das wir tun, müssen bedeutungslos bleiben. Die Wahl hat keine magische Kraft, um einen Zweck zu schaffen. Der Sinn muss entdeckt werden; wenn er einmal entdeckt ist, können wir wählen, ob wir diesen Sinn leben oder ablehnen.

So wie wir Artefakte für einen Zweck herstellen, so sind auch wir für einen Zweck geschaffen. Wir sind keine kosmischen Zufälle. Vielmehr sind wir gewollt; wir sind geplant; wir werden mit einem Ziel vor Augen geformt und gestaltet. Unserem Leben wird also ein Sinn gegeben. Wenn es keinen Gott gäbe, der uns mit einem Zweck erschaffen hat, dann hätte unser Leben keinen Zweck und ihm könnte kein Zweck gegeben werden. Wir wären nur Materieklumpen, die im Universum herumfliegen. Glücklicherweise müssen wir diese dunkle Vision nicht akzeptieren. Es gibt einen Gott. Wir sind für einen Zweck geschaffen.

Uns wird ein Zweck gegeben, aber wir haben gleichwohl die freie Wahl, ob wir diesen Zweck akzeptieren oder ablehnen. Wir können diesen Zweck leben oder uns dagegen auflehnen. Wir sind nicht nur Marionetten, sondern frei Handelnde. Doch wenn wir uns gegen unser Ziel auflehnen, machen wir uns selbst leer und ohne Sinn.

Manche Menschen finden es erniedrigend, anzunehmen, dass wir von einem anderen einen Zweck empfangen haben. Es macht uns, so behaupten sie, zu bloßen Werkzeugen oder Instrumenten, zu Sklaven für die Ziele eines anderen. Wir geben Kugelschreibern, Autos und Rasenmähern einen Zweck, und dann benutzen wir diese Dinge für unsere eigenen Ziele. Sie sind nichts anderes als Werkzeuge. Wenn Gott uns für einen

---

[2] *ST*, I, q. 103, a. 1; I-II, q. 3, a. 8.

bestimmten Zweck geschaffen hat, dann sind wir ebenfalls nur Werkzeuge. Es ist besser, so das Argument, unabhängig, ohne Zweck zu leben, als das Leben eines Sklaven für einen Zweck zu führen.

Dieses Argument beruht auf einer falschen Annahme. Jeder Zweck, der gegeben wird, so nimmt das Argument an, ist ein instrumenteller Zweck; ein von einem anderen erhaltener Zweck muss ein Zweck sein, um irgendein Ziel zu erreichen, so wie eine Feder das Schreiben bezweckt.
An dieser Vermutung ist etwas Wahres. Viele empfangene Zwecke sind in der Tat instrumentelle Zwecke. Folgt daraus, dass jeder gegebene Zweck instrumentell ist? Oder ist es möglich, dass manchmal ein Zweck nicht nur gegeben wird, um etwas Gutes zu bewirken? Ist es möglich, dass ein empfangener Zweck um der Teilhabe an irgendeinem Gut willen gegeben wird? Den Mitgliedern eines Baseballteams werden verschiedene Zwecke gegeben, die sie erfüllen müssen. Sind ihre Zwecke lediglich instrumentell? Es scheint eher so zu sein, dass ihnen ein Zweck gegeben wird, damit sie am Wohl, am Gelingen eines guten Spiels teilhaben können. Die Mitglieder eines Orchesters haben einen Zweck (eine bestimmte Partie zu spielen), nicht einfach nur Musik zu produzieren; sie haben einen Zweck, damit sie gemeinsam mit anderen am guten Musizieren teilhaben können.

Wenn Gott etwas erschafft, sagt Thomas, sucht er nichts für sich selbst.[3] Das braucht er auch nicht. Er besitzt bereits alles Gute in sich selbst. Während wir Werkzeuge herstellen, weil wir hoffen, einen Nutzen aus den Werkzeugen zu gewinnen, hofft Gott niemals, etwas aus seinen Geschöpfen zu gewinnen. Er braucht nichts hinzuzugewinnen. Wenn er erschafft, dann tut er es, weil er sein Gut mit anderen teilen möchte.[4] Er stellt nicht bloß Werkzeuge für sein eigenes Wohl her. Er erschafft Personen, die an seinem Wohl teilhaben können.

Wie können die Geschöpfe am göttlichen Wohl teilhaben? Sie bekommen nicht etwa ein Stück davon; vielmehr können sie am göttlichen Gut teilhaben, indem sie es widerspiegeln.[5] So wie ein Gemälde einer schönen Landschaft an der Schönheit des Originals teilhat, so können wir am

---

[3] *SCG*, bk. 3, c. 18, ¶4.
[4] *SCG*, bk. 3, c. 18, ¶5.
[5] *SCG*, bk. 3, c. 19; *ST*, I, q. 6, a. 1, ad 2.

göttlichen Gut teilhaben, indem wir wie Gott sind. Die ganze Schöpfung spiegelt Gott auf die eine oder andere Weise wider. Felsen und andere unbelebte Materien zum Beispiel existieren und haben einige kausale Kräfte. Lebende Dinge spiegeln jedoch das göttliche Gut auf eine tiefere Weise wider. Sie wirken auf sich selbst ein, und sie spiegeln die göttliche Ewigkeit wider, indem sie durch ihre Art weiterleben. Tiere spiegeln das göttliche Gut noch deutlicher wider, denn sie sind sich der Welt um sie herum bewusst, so wie Gott sich dessen bewusst ist. Aber nur Menschen spiegeln Gott im tiefsten Sinne wider.[6] Wie Gott können wir die Wahrheit erkennen; wie Gott können wir andere um ihrer selbst willen lieben. Wir können, auf unsere begrenzte Weise, Gott selbst erkennen; wir können Gott selbst lieben. Wie Gott haben wir ein Element in uns, das ewig ist. In gewisser Weise ist der Mensch also ein Abbild des Göttlichen.

Kurz gesagt, wenn Gott uns einen Zweck gibt, ist er anders als wir Menschen. Wir geben Artefakten nur deshalb einen Zweck, damit wir diese Artefakte zur Erfüllung unserer eigenen Ziele nutzen können. Im Gegensatz dazu erschafft Gott, damit die Geschöpfe an seiner Güte teilhaben können. Wenn uns von Gott eine Bestimmung gegeben wird, dann werden wir nicht zu bloßen Werkzeugen gemacht. Vielmehr werden wir fähig, an Gottes Güte teilzuhaben.

Darüber hinaus ist der Zweck, den wir von Gott erhalten, anders als die Zwecke, die wir den Artefakten geben. Wenn wir Artefakte herstellen, schreiben wir ihnen einen Zweck zu. Wir sagen, dass ein Stift dem Schreiben dient oder ein Messer dem Schneiden. Das Messer ist jedoch nichts anderes als Metall, das auf eine bestimmte Art und Weise geformt ist. Dem Metall eine Form zu geben, gibt dem Metall nicht wirklich einen Zweck. Der Zweck liegt tatsächlich in uns, und wir schreiben ihn dem Messer zu.

Im Gegensatz dazu flößt Gott, wenn er erschafft, den Dingen einen Zweck ein.[7] Durch die Natur der Dinge gießt Gott den Bewegungen der Dinge ein bestimmtes Ziel ein. Diese Bewegung verwirklicht sich in den Kräften, die in der Welt zu finden sind. Chemikalien reagieren miteinander, Bäume wachsen, Tiger nehmen Rehe wahr und jagen sie, und Menschen

---

[6] *SCG*, bk. 3, c. 25.

[7] *ST*, I, q. 103, a. 1, ad 3.

erforschen die fundamentalen Kräfte im Universum. Diese vielfältigen Bewegungen entstehen, weil die physischen Realitäten von Natur aus auf ein Ziel gerichtet werden, das ihnen von Gott eingegeben worden ist. Die kleinsten subatomaren Teilchen bewegen sich und drehen sich, ziehen sich an oder stoßen sich ab, nur weil sie den Funken Gottes in sich tragen. Sie haben eine Natur, durch die sie sich in einer regelmäßigen Art und Weise bewegen.[8]

Ein gefundener Zweck

Der menschliche Geist hat die Fähigkeit, die den Dingen eingeflößten Ziele zu entdecken, d.h. er hat die Fähigkeit, die Ziele zu erkennen, zu denen sich die Dinge von Natur aus hinbewegen. Wenn wir die Aktivitäten der Dinge beobachten, stellen wir fest, dass sie sich nach regelmäßigen Mustern bewegen und sich konsequent auf bestimmte Endzustände zu bewegen. Wir beobachten zum Beispiel unbelebte Körper, die sich regelmäßig nach der Schwerkraft oder nach elektromagnetischen Kräften bewegen. Wir beobachten lebende Körper, die sich zu den Zielen des Wachstums, der Selbsterhaltung und der Fortpflanzung hinbewegen. Kurz gesagt, wir beobachten, dass sich natürliche Dinge regelmäßig zu bestimmten Zielen hinbewegen.[9]

Auf diese Weise entdecken wir die Natur dieser Dinge, d.h. wir entdecken ihre grundlegende Beschaffenheit. Wir erkennen die Substanzen anhand ihrer Tätigkeiten, und wir erkennen, dass sich ihre Aktivitäten zu irgendeinem Ziel hinbewegen. Durch die Entdeckung der Ziele kommen wir zum Verständnis der Natur der Substanzen.
Thomas meint, dass wir auch unsere menschliche Natur entdecken können. Wir können entdecken, dass wir als menschliche Wesen ein Empfindungsvermögen besitzen, durch das wir dem empfundenen Objekt ähnlich werden und uns zugleich von ihm unterscheiden. Wir können entdecken, dass wir das Vermögen der Vorstellung oder der Erinnerung haben. Wir können entdecken, dass wir Emotionen haben. Wir können entdecken, dass wir das Vermögen haben, die Naturen der Dinge zu erkennen,

[8] *ST*, I-II, q. 26, a. 1; I, q. 80, a. 1.
[9] *ST*, I, q. 2, a. 3.

losgelöst von den Einzelheiten der Individuen, in denen diese Naturen existieren, und die Fähigkeit, von einer Idee zur anderen zu fortzuschreiten. Wir können entdecken, dass wir ein völlig immaterielles Begehrensvermögen haben, durch das wir tiefer lieben können als jedes Tier.[10]

In unserer eigenen Natur entdecken wir den Zweck, den Gott dort eingepflanzt hat. Die Kräfte des Wachsens, des Reproduzierens, des Fühlens, Vorstellens, Denkens und Wünschens weisen auf verschiedene Bewegungen oder Neigungen in uns hin, Bewegungen, die nicht nur die Bewegungen subatomarer Teilchen sind. Durch unsere Fähigkeit, zu erkennen, neigen wir zum Beispiel zu der immanenten Aktivität des Erkennens, einer Tätigkeit, die in der unbelebten Natur nicht zu finden ist. Diese Bewegungen zu neuen Zielen entstehen nicht zufällig durch komplexe Arrangements. Vielmehr sind sie etwas völlig Neues in unserer Natur, das nicht aus physischen Partikeln, sondern aus der substanziellen Form entsteht. Das Herzstück unserer Natur ist eine Bewegung hin zu den Zielen dieser zahlreichen Kräfte, Vermögen und Fähigkeiten. Diese Bewegung entsteht aus unserer substanziellen Form; sie entsteht aus unserer Natur selbst, aus dem, wodurch wir sind, was wir sind.

In gewisser Weise finden wir verschiedene Ziele in uns selbst, denn wir finden mehrere Vermögen mit verschiedenen Zielen. Dennoch glaubt Thomas, dass wir unseren einen und *einzigen* Zweck entdecken können. Wenn wir tatsächlich ein einheitliches Wesen sind, dann müssen wir ein einheitliches Ziel haben. Wir können nicht einfach eine Ansammlung von Kräften, Vermögen und Fähigkeiten sein, die uns in verschiedene Richtungen zu unterschiedlichen Zielen bewegen. Vielmehr müssen wir auf ein einziges Ziel gelenkt werden.[11]

Ein Auto ist eine komplexe Maschine mit vielen verschiedenen Fähigkeiten. Es hat Türen, die sich öffnen und schließen lassen. Es kann eine Klimaanlage oder Heizung haben, es kann eine Stereoanlage haben und so weiter. Trotz dieser Vielfalt stellen wir Autos als einheitliche Artefakte her. Wir bestellen all diese unterschiedlichen Kapazitäten für ein Ziel, nämlich den Transport. Einige dieser Kapazitäten sind für den Transport

---

[10] *ST*, I, q. 87, a. 4.
[11] *ST*, I-II, q. 1, a. 5.

notwendig, andere machen den Transport angenehmer, aber alle dienen dem Zweck des Transports. Ebenso ist der Mensch ein komplexer Organismus mit vielen verschiedenen Fähigkeiten. Er kann wachsen, sich fortpflanzen, fühlen, erinnern, wünschen und rational denken. Trotz dieser Vielfalt ist der Mensch ein einziger Organismus. All unsere vielfältigen Fähigkeiten und Vermögen haben einen einzigen Zweck.

Der menschliche Zweck

Was ist dieser Zweck? Letztlich, so meint Thomas, besteht der menschliche Zweck darin, Gott zu erkennen.[12] Indem wir Gott erkennen, haben wir Anteil an seinem Wohl, sowohl weil wir, wie er, in der Lage sind, ihn zu erkennen, als auch weil wir ihn gerade im Akt des Erkennens erfassen. Wenn wir einen Baum erkennen, fangen wir den Baum in gewisser Weise in unserem Geist ein; ebenso erreichen wir, wenn wir Gott erkennen, ihn auf eine begrenzte Weise.

Alles andere in uns ist auf dieses eine Ziel gerichtet.[13] Wir haben Vorstellungen, weil unsere Vernunft Phantasmen erfordert, von denen wir die Gemeinsamkeiten der Dinge abstrahieren. Da wir ein Vorstellungsvermögen haben, müssen wir auch äußere Sinne haben, die die Welt erfassen und ihr Wissen an das Vorstellungsvermögen weitergeben können. Da wir Sinne und Vorstellungen haben, müssen wir auch einen Körper haben, denn diese beiden Vermögen sind körperliche Vermögen. Unsere Körper können nicht einfach gebaut sein, sondern sie müssen die komplexen Arrangements beinhalten, die zur Unterstützung der Sinneswahrnehmung und des Vorstellungsvermögens erforderlich sind. Unsere Körper müssen also lebendige Körper sein. Als solche müssen sie die Fähigkeiten haben, zu wachsen, sich selbst zu erhalten und sich fortzupflanzen. Wenn wir nach diesen Kräften handeln wollen – und wenn wir die ausgedehnte Welt um uns herum kennen lernen wollen –, müssen wir die Fähigkeit haben, uns zu bewegen. Wenn unsere Bewegungen nicht willkürlich sind, sondern eine Richtung haben, dann müssen wir in der Lage sein, sie auf bestimmte erwünschte Ziele zu richten, das heißt, wir müssen emotionale

[12] *ST*, I-II, q. 3, a. 8.
[13] *SCG*, bk. 3, c. 37, ¶7.

Wünsche haben. Wenn wir komplexe Emotionen haben, dann müssen wir ein Schätzungsvermögen und ein Gedächtnis haben. Kurz gesagt, wir sind keine willkürlichen Ansammlungen von Kräften, Fähigkeiten und Vermögen. Wir sind wunderbar gestaltet.

Mit unserer Vernunft kommt ein weiteres Begehrungsvermögen hinzu, der Wunsch des Willens, ohne den wir nicht wirklich am göttlichen Wohl teilhaben könnten. Mit unserer Vernunft können wir Gott erkennen, aber nur mit unserem Willen können wir ihn *als Gut* besitzen. Die Vernunft erkennt die Existenz, aber der Wille liebt das Gute. Die Vernunft, sagt Thomas, ergreift die Welt und bringt sie in unser Bewusstsein; der Wille reicht der Welt die Hand. In der Tat, der Wille reicht Gott die Hand und berührt das Gute in ihm.

Wir haben gesagt, dass das menschliche Gut eine Teilhabe am göttlichen Gut ist. Dennoch neigen wir als menschliche Wesen dazu, unser Gut als etwas Einsames und Individualistisches zu betrachten. So nehmen wir zum Beispiel gelegentlich an, dass wir, wenn wir Gott erkennen, unseren eigenen Anteil am göttlichen Gut in uns haben. Dieser Besitz mag uns einsam erscheinen, als etwas, das wir allein und unabhängig von anderen Menschen haben. Wenn wir es jedoch als Einsames belassen, dann besitzen wir das Gute nicht wirklich oder zumindest nicht vollständig. Wenn wir ein Gut haben, möchten wir es mit anderen teilen, und wenn unsere Freunde ein Gut haben, möchten wir es mit ihnen teilen.

Das menschliche Gut sollte nie ein isoliertes Gut sein. Gerade unsere Bedürftigkeit lehrt uns diese Wahrheit. Es wäre voreilig zu glauben, dass wir selbst allein zur Erkenntnis gelangen könnten, sei es zur Erkenntnis der Welt um uns herum oder der Erkenntnis Gottes. So wie ein Mitglied eines Orchesters nicht allein eine Symphonie spielen kann, so kann auch kein Mensch allein zur Erkenntnis gelangen. Das Wohl des Orchestermitglieds ist nicht sein eigenes privates Gut. Es ist nur so gut wie die Gemeinschaft, mit der es geteilt wird. Ebenso ist das menschliche Gut nicht solitär. Es wird nur gemeinsam mit anderen besessen.[14] Gott zu erkennen ist ein kooperatives Projekt.

---

[14] *ST*, I-II, q. 4, a. 8.

Wenn Ludwig „sein Gut" sucht, dann sucht er nicht ein einzelnes Gut. Sein Wohl ist das Wohl der anderen. Wenn Ludwig versucht, Klara zu helfen, sucht er damit nicht nach einem fremden Gut. Er sucht immer auch sein eigenes Wohl. Wenn er das Wohl von Klara sucht, sucht er „unser" Wohl, ein Wohl, das Ludwig und Klara gemeinsam besitzen.

Mit dem Willen, und nur mit dem Willen allein, können wir über uns selbst hinauswachsen und das Gute in anderen erreichen. Wir haben gesehen, dass der Wille ein liebendes Vermögen ist. Diese Liebe umfasst nicht nur die Liebe zum Erwerb verschiedener Güter. Sie schließt auch das ein, was Thomas die Liebe der Freundschaft nennt, d.h. die Liebe zu anderen um ihrer selbst willen.[15] Menschen können durch ihren Willen andere so lieben, dass sie am Guten teilhaben. Ludwig zum Beispiel kann das Wohl von Klara um ihrer selbst willen lieben. Er sucht ein einziges Gut, das sowohl sein eigenes als auch das von Klara ist, ein zwischen ihnen geteiltes Gut. Wenn wir andere lieben, dann lieben wir sie nicht als isolierte Wesen. Wir lieben sie, indem wir uns mit ihnen vereinen.

Das menschliche Gut ist ein Gut, das mit anderen geteilt wird. So wie sich die Mitglieder eines Orchesters miteinander vereinen müssen, um das Gut einer Symphonie zu erlangen, so müssen sich die Menschen miteinander vereinen, um das gemeinsame menschliche Gut zu erreichen. Das menschliche Gut ist also nicht auf ein einzelnes Individuum beschränkt. Es ist in der Tat nicht einmal auf die menschliche Gemeinschaft beschränkt. Wir müssen sogar über unsere Mitmenschen hinausgehen; wir müssen uns nach dem göttlichen Wohl ausstrecken. Unser gemeinsames Gut ist eben eine Teilhabe am göttlichen Gut.[16] Unser Gut wird also nicht wirklich in uns selbst verwirklicht. Es wird letztlich in Gott verwirklicht. Gott ist gut, und wir können hoffen, an seinem Wohl teilzuhaben. Im Vergleich dazu ist nichts anderes wirklich unseres Strebens würdig. Mit dem Willen strecken wir unsere Hand nach Gott aus, indem wir seine Güte in sich selbst lieben. Mit dem Willen berühren wir dadurch unser eigenes Wohl.

---

[15] *ST*, I-II, q. 26, a. 4.

[16] *ST*, I-II, q. 109, a. 3; II-II, q. 26, a. 3.

Gott hat uns die Teilhabe an seinem Wohl angeboten. Wir können diesen göttlichen Zweck erfüllen, indem wir Gott erkennen und lieben. Andererseits können wir uns gegen unseren Zweck auflehnen, indem wir an Stelle Gottes andere, falsche Güter verfolgen. Wir können sinnliche Freuden, materielle Reichtümer, Macht und Ruhm verfolgen. Kurz gesagt, wir können eine Vielzahl von weltlichen Gütern anstreben, Güter, die den in uns verankerten Zweck nicht erfüllen können.
Am Ende werden uns diese Güter niemals zufrieden stellen.[17] Sie werden uns leer und allein zurücklassen und nur einen kleinen Trost bieten: Unser Gut, wenn wir uns selbst trösten, ist nur unser Gut. In der Auflehnung sagen wir zu uns, dass wir uns nicht auf das göttliche Gut verlassen müssen. In der Auflehnung sagen wir zu uns, dass wir uns nicht über uns selbst hinaus erheben müssen, um ein anderes Gut zu berühren. In der Auflehnung sagen wir zu uns, dass wir uns nicht eingestehen müssen, dass wir als begrenzte Wesen auf das Wohl anderer angewiesen sind. Stattdessen können wir uns vormachen, wir hätten das Gute nur für uns selbst geschaffen.

Bei unseren Untersuchungen haben wir festgestellt, dass der Mensch in gewisser Weise göttlich ist. Mit den Vermögen der Vernunft und des Willens haben wir Anteil an Gottes Erkenntnis und Liebe. Wir erkennen, wie Gott, die wahre Natur der Dinge. Noch wichtiger ist, dass wir Gott selbst kennen lernen können. In solcher Erkenntnis teilen wir einen kleinen Teil seines Innenlebens. Mit unserem Willen können wir das wahre Gute genau so lieben, wie es tatsächlich gut ist. Wir lieben nicht nur unser eigenes Wohl, sondern auch das Wohl anderer. Am tiefsten können wir Gott selbst lieben. Wir können uns an seinem Wohl erfreuen und an diesem Wohl für uns selbst und für andere teilhaben. Wie Gott haben wir Kräfte, die völlig immateriell sind. Auf diese Weise können wir am ehesten als verleiblichte geistige Wesen charakterisiert werden. Unser Leben und unser Wohl sind nicht nur leiblich. Sie befinden sich zusammen mit Gott in einem höheren Bereich. Gott hat uns einen Anteil an seinem Leben selbst angeboten. Aber er hat uns auch die Macht gegeben, zu wählen, dies anzunehmen oder abzulehnen. Wir können ihm im Erkennen und in der Liebe die Hand reichen, oder wir können den vorübergehenden Phantomen dieser Welt nachgehen. Lassen Sie uns weise wählen.

---

[17] *ST*, I-II, q. 2.

Bibliografie

Deutsche Übersetzungen von Werken Thomas von Aquins

De ente et essentia / Das Seiende und das Wesen: Lateinisch/Deutsch (Reclams Universal-Bibliothek) Ditzingen (Reclam) 1987.

Die Deutsche Thomas-Ausgabe. Vollständige, ungekürzte deutsch-lateinische Ausgabe der *Summa Theologica.* Graz, Wien, Köln (Verlag Styria u.a.) 1934ff.

Die Gottesbeweise, Hrsg. und übersetzt von Horst Seidl, Hamburg (F. Meiner) 1996.

Die Seele. Erklärungen zu den drei Büchern des Aristoteles ,Über die Seele'; Heusenstamm (editiones scholasticae) 2012.

Kommentar zur Metaphysik *des Aristoteles*, Deutsch – Latein, 11-bändige Studienausgabe, hrsg. von Klaus Obenauer, Heusenstamm und Neunkirchen-Seelscheid (editiones scholasticae) 2016ff.

Summe gegen die Heiden / Summa contra gentiles, hrsg. und übersetzt von Karl Albert und Paulus Engelhardt, 4 Bände, Darmstadt (Wissenschaftliche Buchgesellschaft 1987.

Über das Glück / De beatitudine, Herausgegeben und übersetzt von Johannes Brachtendorf, Hamburg (F. Meiner) 2013.

Quaestiones Disputatae. Vollständige Ausgabe der *Quaestionen* in deutscher Übersetzung, hrsg. von Rolf Schönberger, Hamburg (F. Meiner) 2009ff.

Weitere Einführungen in das Denken Thomas von Aquins

DAVIES, BRIAN (2019): *Thomas von Aquin. Eine kurze Einführung;* Neunkirchen-Seelscheid, (editiones scholasticae).

FESER, EDWARD (2012): *Der letzte Aberglaube. Eine philosophische Kritik des Neuen Atheismus*; Heusenstamm (editiones scholasticae).

Feser, Edward (2014): *Scholastic Metaphysics. A Contemporary Introduction*; Heusenstamm (editiones scholasticae).

EDWARD FESER (2018): *Fünf Gottesbeweise. Aristoteles, Plotin, Augustinus, Thomas von Aquin, Leibniz*; Neunkirchen-Seelscheid, (editiones scholasticae).

FESER, EDWARD (2019): *Philosophie des Geistes. Für Einsteiger;* Neunkirchen-Seelscheid, (editiones scholasticae).

FESER, EDWARD (2019): *Aristotle's Revenge. The Metaphysical Foundations of Physical and Biological Science*, Neunkirchen-Seelscheid, (editiones scholasticae).

HILL, JOHN LAWRENCE (2018): *Nach dem Naturrecht. Wie die klassische Weltsicht unsere modernen moralischen und politischen Werte fördert;* Neunkirchen-Seelscheid, (editiones scholasticae).

HÜNTELMANN, RAFAEL (2012ff.): *Grundkurs Philosophie in sechs Bänden:* Bd. 1: Werden, Bewegung und Veränderung; Bd. 2: Metaphysik; Bd. 3: Erkenntnistheorie; Bd. 4: Das Leib-Seele Problem; Bd. 5: Die Existenz Gottes; Bd. 6: Natürliche Ethik. Heusenstamm und Neunkirchen-Seelscheid (editiones scholasticae).

SPEER, ANDREAS (2005): *Thomas von Aquin:* Die Summa theologicae. Werkinterpretation, Berlin, New York (De Gruyter).

Index